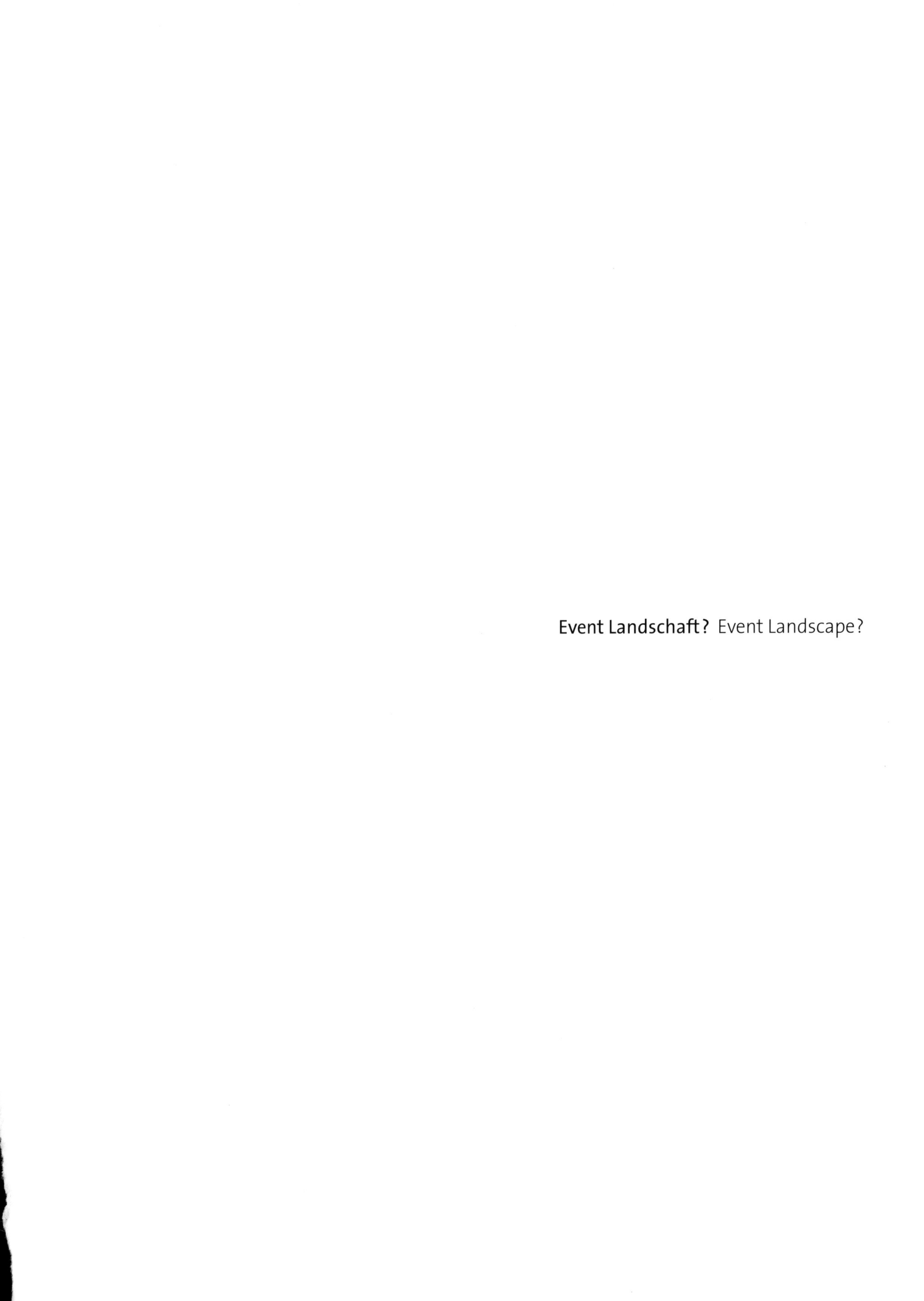

Event Landschaft? Event Landscape?

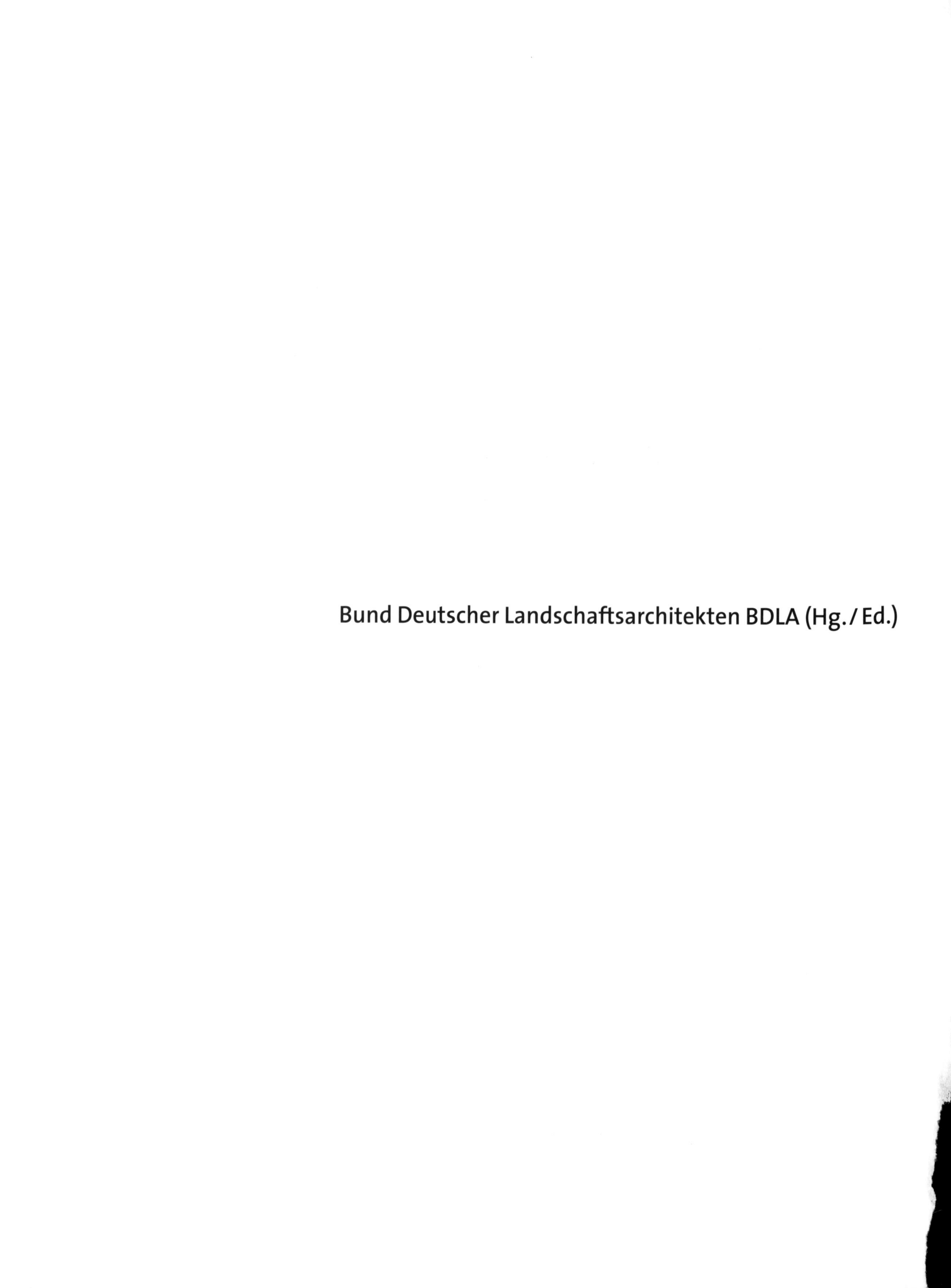

Bund Deutscher Landschaftsarchitekten BDLA (Hg./Ed.)

Event Landschaft?

Zeitgenössische deutsche Landschaftsarchitektur

Event Landscape?

Contemporary German Landscape Architecture

Birkhäuser–Verlag für Architektur
Birkhäuser–Publishers for Architecture
Basel · Berlin · Boston

Redaktion im Auftrag des BDLA / Editor for BDLA:
Thies Schröder, ts redaktion, Berlin mit Sandra Kalcher, Vera Hertlein, Holger Lauinger

Redaktionsbeirat / Editorial Board:
Axel Lohrer
Christof Luz
Andreas Müller
Jutta Sankowski
Jürgen Schultheis
Teja Trüper

Übersetzung / Translation:
Michael Robinson, London
Michael Wachholz, Berlin (Beitrag / contribution Joseph Disponzio)

Gestaltung und Herstellung / Design and production:
Atelier Fischer, Berlin

Wir danken den Förderern des Deutschen LandschaftsArchitektur-Preises für ihre
freundliche Unterstützung dieser Publikation / We would like to thank the
sponsors of the German Landscape Architecture Prize for their kind support of
this publication:
Bruns-Pflanzen-Export GmbH & Co. KG
ComputerWorks GmbH
Rinn Beton- und Naturstein GmbH & Co. KG

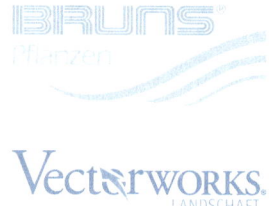

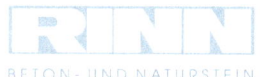

A CIP catalogue record for this book is available from the
Library of Congress, Washington D.C., USA

Bibliographic information published by Die Deutsche Bibliothek
Die Deutsche Bibliothek lists this publication in the Deutsche
Nationalbibliografie; detailed bibliographic data is available in the
Internet at <http://dnb.ddb.de>.

© 2003 Birkhäuser – Publishers for Architecture,
P.O.Box 133, CH-4010 Basel, Switzerland
A member of the BertelsmannSpringer Publishing Group
Printed on acid-free paper produced from chlorine-free pulp. TCF ∞
Printed in Germany
ISBN 3-7643-7016-5

www.birkhauser.ch

9 8 7 6 5 4 3 2 1

Inhalt

Contents

Der Deutsche LandschaftsArchitektur-Preis des BDLA ist als Gradmesser aktueller Entwicklungen in der Gestaltung unserer Lebensumwelt viel beachtet und akzeptiert. Die Resonanz wächst, die Zahl eingereichter Arbeiten wird von Ausschreibung zu Ausschreibung größer. Wir sehen immer mehr Projekte, die von der wachsenden Relevanz der Landschaftsarchitektur zeugen. Konzeptionelle Stärke und gestalterische Sorgfalt, gepaart mit Ideenreichtum, zeichnen die Arbeiten zum diesjährigen Wettbewerb aus.

Offensichtlich findet die Landschaftsarchitektur immer weitergehende Beachtung angesichts der Suche nach städtischer und regionaler Identität, einer Konkurrenz um Freizeitwerte und Lebensqualität, eines gesellschaftlich weitgehend akzeptierten Umweltbewusstseins, aber auch angesichts konkreter Herausforderungen wie Hochwasserschutz oder dem ,Schrumpfen' mancher Städte in Ost- wie Westdeutschland. Die intensive Kooperation mit benachbarten Planerdisziplinen, der Architektur und der Stadt- und Regionalplanung, ist in Projekten wie der Initiative Baukultur offensichtlich.

Es überrascht nicht, dass gerade in einer Situation der Neuorientierung nach einer Phase ungebrochener Wachstumserwartungen die nachhaltig-innovativen Landschaftsarchitekten Wertschätzung erfahren. Erprobt doch unsere Disziplin schon seit Jahrzehnten den Spagat zwischen Bewahren und Entwickeln. Mit wachsendem Erfolg: Die Landschaftsarchitekten sind inzwischen gefragte Gesprächspartner der Politik und der Ökonomie. Die Landschaftsästhetiker sollen Kulturträger sein und Botschaften gegen die Vernachlässigung des Lebensumfeldes schaffen. Landschaftsgestaltung wird vom Prozessbremser zum ökonomisch kalkulierbaren Treibsatz der Entwicklung – so die Hoffnung der Kommunen, Wohnungsbaugesellschaften oder Tourismusregionen, die auf ,weiche Standortfaktoren' setzen.

Vorwort Foreword

von/by Adrian Hoppenstedt

The BDLA's German Landscape Architecture Prize is acclaimed and accepted as a yardstick for current developments in designing the world we live in. The response is growing, the number of entries goes up every time. And we see more and more projects demonstrating the increasing relevance of landscape architecture. Conceptual strength and creative care, linked with a wealth of ideas, are the key features of the work submitted for this year's competition.

Obviously, landscape architecture is attracting considerably more attention in view of the search for urban and regional identity, for leisure values and quality of life, for an environmental awareness that finds general social acceptance, but also in terms of concrete requirements like flood protection or the "shrinkage" of many towns and cities in both East and West Germany. Intensive co-operation with related planning disciplines like architecture and town and regional planning can clearly be seen in projects like the "Baukultur" initiative.

It is not surprising that persistently innovative landscape architects are highly esteemed, particularly when it is necessary to regroup after a phase of unbroken growth expectation. Our discipline has been walking the tightrope between preserving and developing for decades. With increasing success: landscape architects are now in demand for discussion with politicians and economists. The landscape aestheticists are supposed to be bearers of culture and send out messages against neglecting what surrounds us in our lives. Landscape design has changed from a brake on progress to an economically calculable propulsion element for development – that is what the communities, housing associations or tourist regions who are counting on "soft location factors" hope.

This opportunity to be a motor for development is gaining international momentum for landscape architecture at present. The problems are as varied as the ideas

Diese Chance, Motor für Entwicklungen zu sein, nimmt für die Landschaftsarchitektur derzeit international immer mehr zu. Die Probleme sind ebenso vielfältig wie die Ideen zu ihrer Lösung. Die Europäische Union wird größer und wichtiger, und dadurch die internationale Aufmerksamkeit – auch für die Arbeit der hiesigen Planer.

Das vor zwei Jahren veröffentlichte erste Buch zum Deutschen LandschaftsArchitektur-Preis hat gerade auch international gute Akzeptanz gefunden. Grundlage für diesen Erfolg ist die Qualität der Arbeiten, die zum Deutschen Landschafts-Architektur-Preis eingereicht werden. Zudem hat es sich die interdisziplinär besetzte Jury auf die Fahnen geschrieben, wegweisende Lösungen für neue Aufgabenstellungen als Vorbilder auszuzeichnen.

Das vorliegende Buch „Event Landschaft?" zeigt die aktuelle Spannweite der Landschaftsentwicklung. Alle Preise und Würdigungen sowie eine große Auswahl weiterer Arbeiten zum Deutschen LandschaftsArchitektur-Preis 2003 werden vorgestellt. Essays zu den wichtigsten Herausforderungen – von schrumpfenden Städten bis zu wachsenden Kulturlandschaften, von innovativer Pflanzenverwendung bis zur Infragestellung der modischen Landschafts-Events – stellen Fragen nach den Werten, die in der Landschaft aufgehoben sind, und ergänzen so das Buch zum Deutschen LandschaftsArchitektur-Preis 2003.

Im Namen des Bundes Deutscher Landschaftsarchitekten danke ich allen an diesem Buch beteiligten Büros und Behörden sowie den Förderern des Deutschen LandschaftsArchitektur-Preises für ihr Engagement.

for solving them. The European Union is getting larger and more important, and so is the international attention paid to it – and to the work done by its planners as well.

The first book on the German Landscape Architecture Prize, published two years ago, has also been welcomed internationally This success is based on the quality of the work submitted for the German Landscape Architecture Prize. In addition, the interdisciplinary jury has espoused the cause of commending pioneering solutions as models for new sets of problems.

The current book "Event Landscape?" shows the broad spectrum of landscape development today. It covers all the prizes and commendations as well as a large selection of other work for the German Landscape Architecture Prize 2003. Essays on the most important challenges – from shrinking cities to growing cultural landscapes, from innovative use of plants to questioning fashionable landscape events – ask questions about the values stored away in landscape; this publication thus complements the book on the German Landscape Architecture Prize 2003.

On behalf of the Bund Deutscher Landschaftsarchitekten I would like to thank all the practices and offices featured in this book, and also the promoters of the German Landscape Architecture Prize for their commitment.

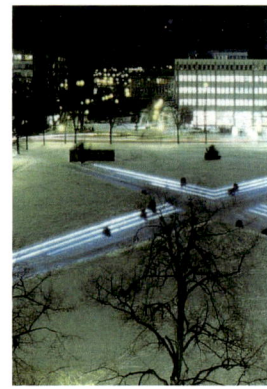

Der Platz der Einheit in Potsdam verankert Historie im Raum. Wettbewerb 1997, Fertigstellung 1998
The Platz der Einheit (Unity Square) in Potsdam anchors history in the given space. Competition 1997, completed 1998

Thies Schröder: Sie sind nicht ursprünglich Gärtner, nicht Landschaftsarchitekt, sondern Künstler, Maler und Bildhauer. Ist die Landschaftsarchitektur eine künstlerische oder eine planerische Aufgabe?

Prof. Hinnerk Wehberg, WES & P: Das kann ich nicht beantworten. Vielleicht ergibt sich eine Antwort aus meiner Biografie. Ich habe freie Malerei studiert, bin dann über reliefartige Bilder zu Plastiken gekommen. In einem glücklichen Moment ist mir zufällig jemand begegnet, den ich früher bewundert hatte, als Fußballer in Osnabrück, linker Verteidiger. Ich war vier Jahre jünger, auch linker Verteidiger, wir gingen auf dieselbe Schule. Nun zeigte er mir als junger Architekt sein Büro in Hamburg. Dort lag gerade ein Wettbewerb auf dem Tisch, eine Schule in Bersenbrück. Meine väterliche Familie kommt aus Bersenbrück. Er zeigte mir die Aufgabe, und ich sagte: „Die müssen ein Rad abhaben." Der Aufgabensteller kannte den Ort offensichtlich nicht, wollte die Schule mit dem Rücken zur Flussaue bauen, den Schulhof zur Stadt ausgerichtet. Ich sagte: „Das kann man so nicht bauen, man muss das umdrehen, der Schulhof muss Teil der öffentlichen Landschaft werden. Eigentlich müssten die einen Hafen haben ..." Die Schule hat heute einen Hafen. Und seitdem hatte ich das Gefühl, dass Architektur etwas gar nicht so Schwieriges, sondern etwas ganz Normales ist, wenn man so will ein ‚common sense'-Thema.

Diese erste Berührung mit der Landschaftsarchitektur war also eine Analyse des Sichtbaren?

Eine Erfahrung aus dem Ort, diesem Landschaftsraum, wo ich gebadet hatte, wo mein Vater Forellen geangelt hatte. Aus diesem direkten Erleben des Raumes ent-

Die Suche nach der Story ist der Anfang Start by looking for the story

Hinnerk Wehberg, WES & P, im Gespräch mit / in conversation with Thies Schröder

Thies Schröder: You were not originally a gardener or a landscape architect, you were an artist. You now work with artists as a landscape architect. Is landscape architecture artistic, or is it more about planning?

Prof. Hinnerk Wehberg: That I can't say. Perhaps my CV can give us an answer. I studied free painting, then came to sculpture via relief pictures. In a happy moment I ran across someone I used to admire; he was a footballer in Osnabrück, left back. I was four years younger, also a left back, we went to the same school. He was now a young architect showing me round his office in Hamburg. He happened to have a competition on the table, for a school in Bersenbrück. My father's family comes from Bersenbrück. He showed me the brief, and I said: "They must be round the bend." The person who wrote the brief clearly didn't know the place. They wanted to build the school with its back to the river meadows, and have the playground facing the town. I said: "They can't build it like that, they've got to turn it round, the playground must be part of the public landscape. Actually they ought to have a harbour ..." The school does have a harbour now. And from then on I felt that architecture wasn't all that difficult, but something quite normal, common sense, if you like.

And so your first contact with the subject was an analysis of what could be seen in this landscape?

Experience drawn from the place, from this landscape, where I had swum and my father used to fish for trout. Gustav Lange and I developed the ideas for the landscape and urban development aspect of the brief from this direct experience of the space.

wickelten Gustav Lange und ich die Ideen für den landschaftlich-städtebaulichen
Teil der Aufgabe.

Stellen Sie einen Ortsbezug her, wenn Sie heute eine Aufgabe angehen?

Als wir unsere Arbeitsgemeinschaft anfingen, waren wir von der Ausbildung her
ganz unterschiedlich zusammengesetzt. Gemeinsam wurde uns die Erfahrung,
dass wir uns jeweils selbst einen Schwarzplan machten. Dieses Zeichnen eröffnete uns die jeweilige Struktur, wir lernten den Ort kennen. Auch meinen Studenten
habe ich später empfohlen, zuerst nur auf dem Blatt zu zeichnen, ohne die Realität
gesehen zu haben. Die Realität lässt einen häufig an Details hängen bleiben, lenkt
ab. Die Kontrolle vor Ort kommt erst, wenn die ersten Ideen da sind – aber keine
Regel ohne Ausnahme.

*Apropos Ortsbezug: Das Werk von WES & P ist überwiegend in der nördlichen Hälfte
Deutschlands platziert. Braucht man einen regionalen Bezug zu den Aufgaben, die
man bearbeitet?*

Es gibt eine uralte Erfahrung, die auch Hamburger Architekten kennen: Man kann
zum Beispiel in Bayern zwar Wettbewerbe gewinnen, aber man bekommt noch
lange nicht den Auftrag. Fast das einzige, was wir in München gebaut haben, ist
das Europäische Patentamt, mit v. Gerkan, Marg + Partner, mitten in der Stadt. Aber
Deutschland ist noch nicht aufgeteilt in Landschaftsarchitekturkartelle. Oder?

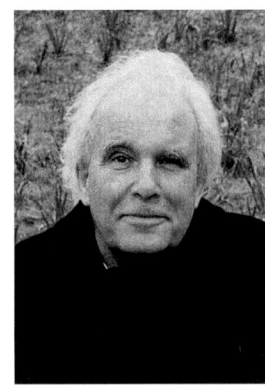

Hinnerk Wehberg

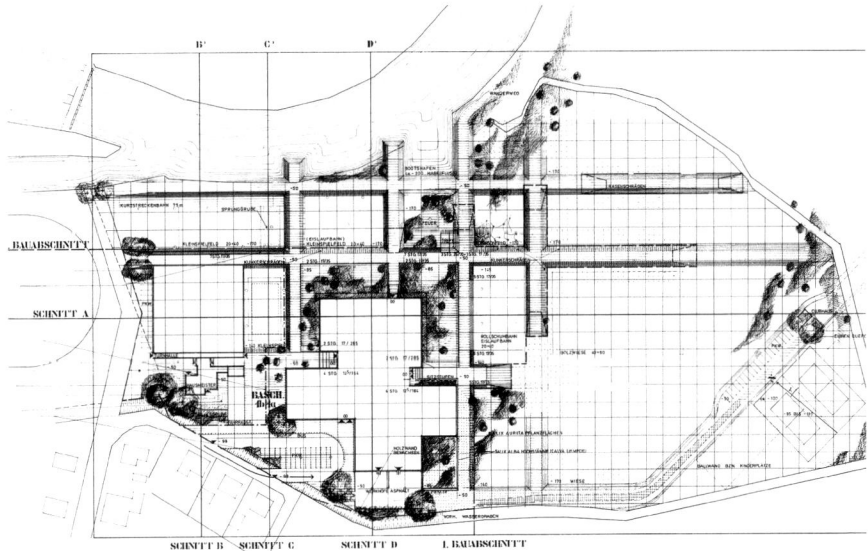

„Architektur ist ‚common sense'":
Gymnasium Bersenbrück, eines
der ersten Projekte der Arbeitsge-
meinschaft Wehberg-Lange, 1971
"Architecture is common sense."
Bersenbrück secondary school,
one of the first projects by the
Wehberg-Lange team, 1971

*Do you still insist on personal experience, a connection with the place, when you
approach a new job?*

When we started our work co-operative we were all very differently trained. What
we had in common was the experience of always making a figure ground plan
ourselves. This drawing exercise opened up the structure for us, we got to know the
place. I also recommended to my students later that they should just draw on
paper first, without having seen the reality. The reality often means that you get

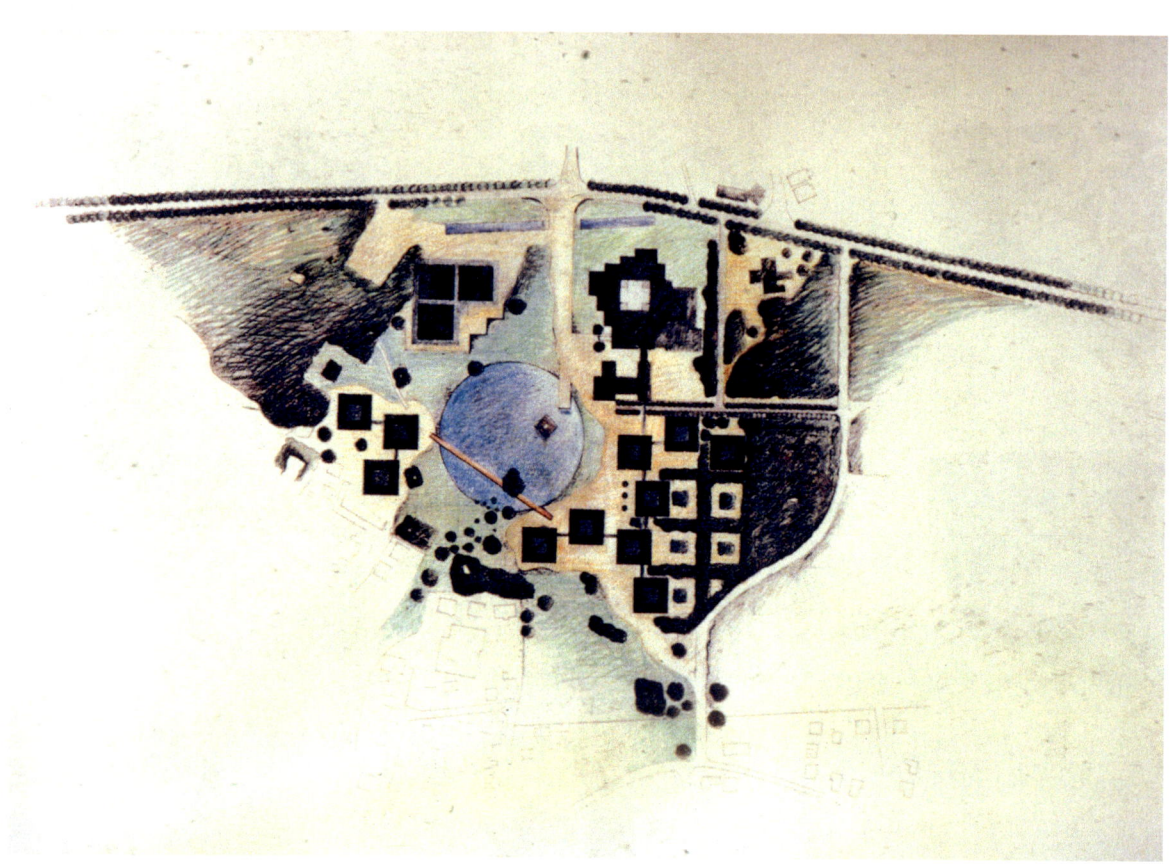

10

hung up on details, it distracts you. You check up on site when the first ideas are in place – but there is no rule without exceptions.

Apropos of links with a location: WES & P's work seems to be mainly in north Germany. Is it necessary to have a regional link with jobs one is working on?

There is a very old experience that Hamburg architects are all too familiar with: you can win a competition in Bavaria, for example, but that doesn't mean you've got the commission. Almost the only thing we've built in Munich is the European Patents Office, with Gerkan, Marg + Partner, in the city centre. But Germany isn't divided up into landscape architecture cartels yet. Or is it?

In the competition for the Jungfernstieg in Hamburg it was noticeable that north German and Scandinavian practices found the theme accessible, but others didn't. Is there something like a regional sensibility?

This is contradicted by the fact that the very next competition, for a port-city pro-ject, was won by the Miralles + Tagliabue EMBT practice from Barcelona. This design has nothing at all to do with Hamburg, the Speicherstadt and the north. But this was obviously what excited the Hamburg jury. For the Jungfernstieg com-petition, we thought for a long time whether we should design something a bit less "Hamburgified", given that architects like Martha Schwartz or Dominique Perrault were our competitors, and also given the jury membership. But then I remembered my Hamburg relatives by marriage, who taught me that in Hamburg even variations on the theme of blue are considered wildly colourful. And so we

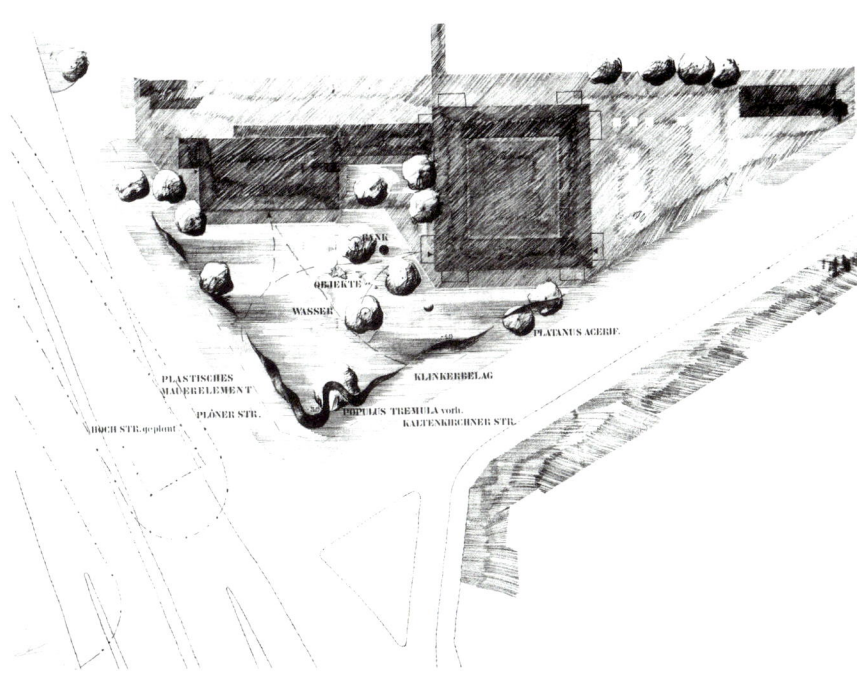

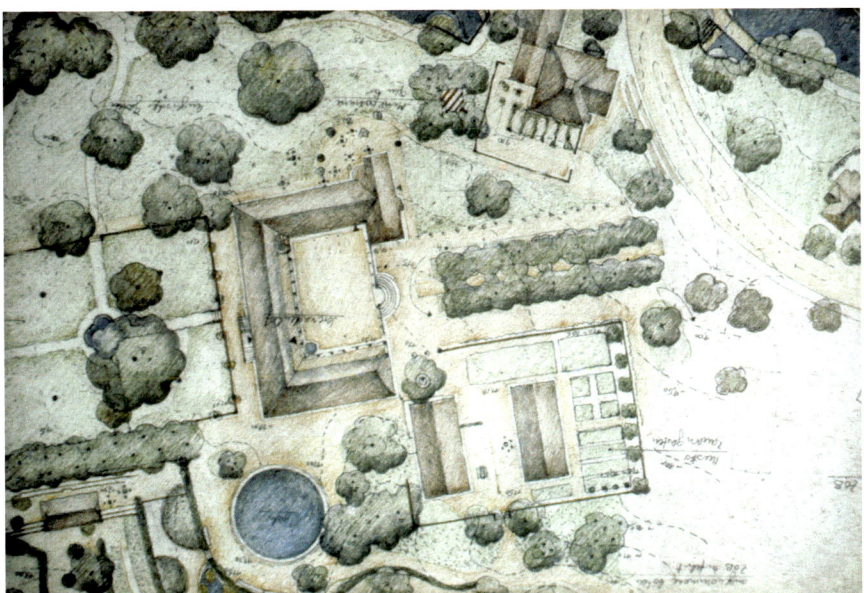

Für die Gestaltung des gärtnerischen und städtebaulichen Umfelds von Schloss Reinbek bei Hamburg erhielten die Architekten Schramm, Bassewitz, Hupertz und Partner und WES & P den Europa-Nostra-Preis 1988
Architects Schramm, Bassewitz, Hupertz and Partners and WES were awarded the Europa Nostra Prize for designing the gardens and urban environment of Schloss Reinbek near Hamburg in 1988

said to ourselves, we'll do it so that it suits Hamburg and fits in with our feelings about the location. Incidentally, Henri Bava's second prize was very closely related to our work.

You taught at the Technical University of Brunswick for a very long time. What did you pass on to your students? Were they to see this profession as applied art, or as applied planning with an artist's understanding?

Die Neugestaltung des
Renaissance-Ensembles Schloss
Reinbek erfolgte mit Gefühl für
die Historie, nicht nach streng
denkmalpflegerischen Aspekten
The new design for the
Renaissance ensemble showed a
sense of history rather than
focusing on aspects relating
strictly to monument
conservation

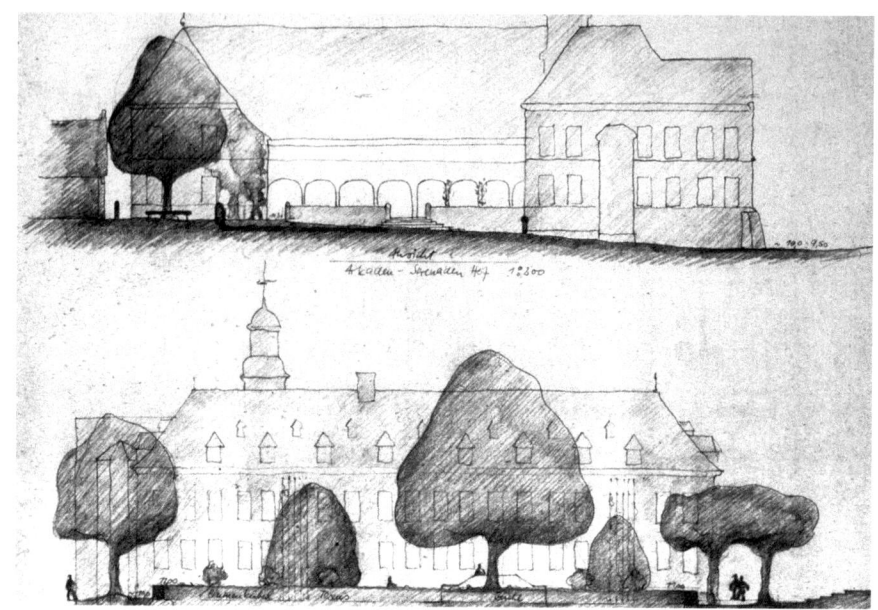

Beim Wettbewerb zum Jungfernstieg in Hamburg, den WES & P 2002 gewann, fiel auf, dass norddeutsche und skandinavische Büros einen Zugang zum Thema gefunden haben, viele andere hingegen nicht. Gibt es so etwas wie ein regionales Empfinden?

Dagegen spricht, dass gleich der folgende Wettbewerb für ein Projekt in der Hafencity vom Büro Miralles + Tagliabue EMBT aus Barcelona gewonnen wurde. Dieser

Interpretation des Außenbereichs der Regierungsbauten in Bonn als
Park. Mit Asmus Werner Architekten, Wettbewerb 1989, 1. Preis
Interpretation of the exterior of the government buildings in Bonn as
a park. With Asmus Werner Architekten, competition 1989, First Prize

12

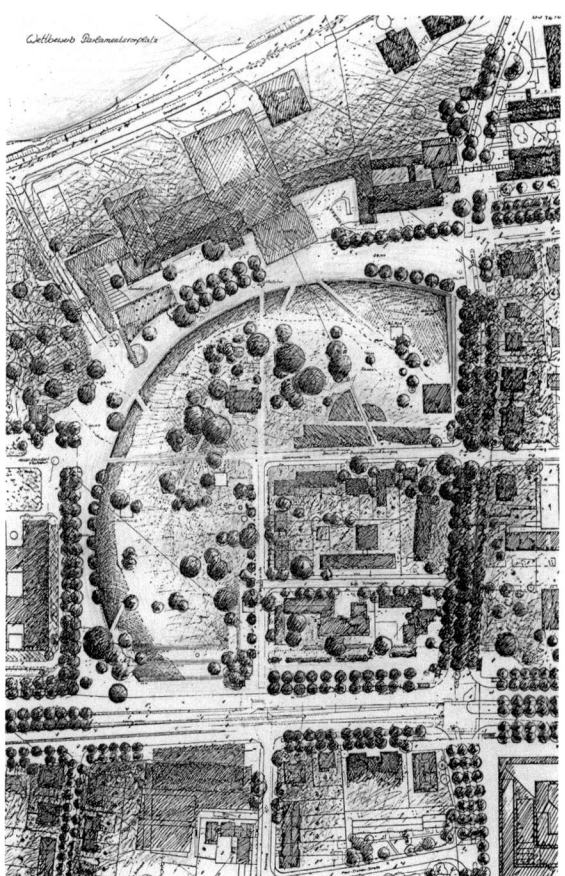

I wanted them to note how exciting it can be to work with landscape architects. Our former partner Gustav Lange once said that it was better to act like an artist because people gave him more freedom. While I was still a student myself, on a scholarship to London, I got the chance to design church windows as a result of a competition. Actually, on our course – I did my diploma in 1962 – a clear distinction was made between applied and free art. Free art was the noble variety, applied art – 'art in building' – was the bread and butter. I studied free art, but quite by chance I started looking at church interiors. If you like, I was spoiled in the spirit of free art, or I spoiled myself, because I got interested in a special field at a particular point in time.

But even then I felt that it is not enough simply to put a sculpture in a building or an open space. You have to have influence the surroundings, help to define them. And there was another significant point: in my studio, pictures and sculptures did nothing but accumulate. So I felt that it would be nice if there was some need for what I do, and someone who was interested in it. This came about in working with architects, like Ernst Kröber in Osnabrück or Elingius and Partners in Hamburg.

How would you define the role of 'Kunst am Bau' ('art in building') today, a concept that has come to be scorned in the meantime?

I was on the City of Hamburg's art committee for 12 years, and I taught 'Kunst am Bau' in London and Bremen. In the case of church windows or interiors, object and space are linked thematically. Otherwise I have always felt that 'Kunst am Bau' should form a unit with a building and its surroundings. I think that artist, landscape architect, town planner and architect have to work together for such a unit

Entwurf hat mit Hamburg, der Speicherstadt und dem Norden überhaupt nichts zu tun. Aber genau dies fanden die Hamburger Jurymitglieder offensichtlich spannend.

Beim Jungfernstieg-Wettbewerb haben wir lange überlegt, etwas weniger Hamburgisches zu entwerfen, angesichts der eingeladenen Konkurrenz wie Martha Schwartz oder Dominique Perrault und auch angesichts der Jurybesetzung. Dann fiel mir meine angeheiratete Hamburger Verwandtschaft ein, von der ich gelernt habe, dass Variationen von Blau in Hamburg schon als Bunt gelten. Also haben wir uns gesagt, wir machen es so, dass es Hamburg gemäß ist und unserem Gefühl für den Ort entspricht. Henri Bavas zweiter Preis war übrigens unserer Arbeit sehr verwandt.

Sie haben lange an der TU Braunschweig unterrichtet. Was haben Sie den Studierenden vermittelt? Sollen sie diese Profession als angewandte Kunst verstehen oder als angewandte Planung mit künstlerischem Verständnis?

„Variationen von Blau gelten in Hamburg schon als bunt": Understatement ist das Thema im erfolgreichen Wettbewerbsentwurf zum Jungfernstieg, 2002
"In Hamburg even variations on the theme of blue are considered wildly colourful." Understatement is the theme in the successfull 2002 Jungfernstieg competition entry

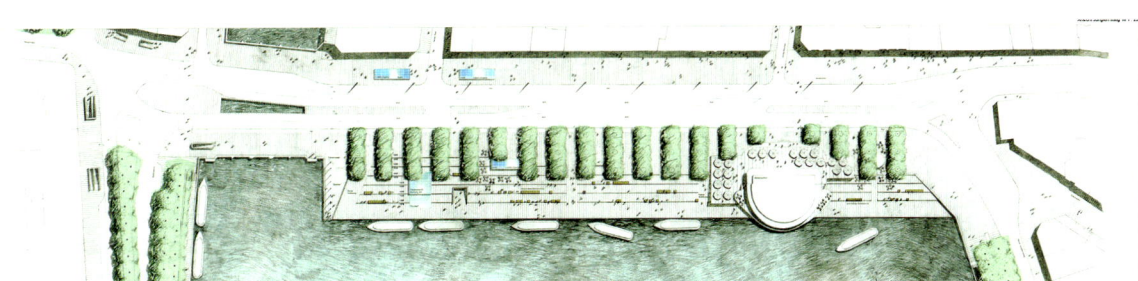

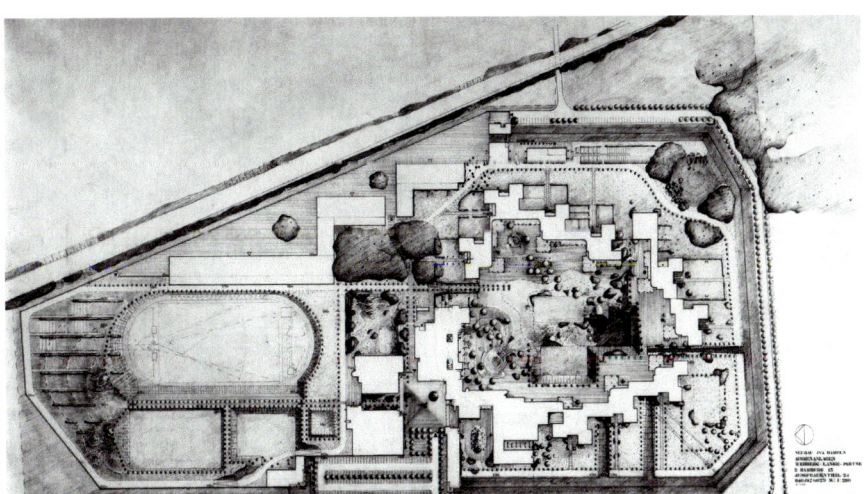

Wall, Wassergraben, Wehrmauer außen, Marktplatz im Zentrum: Der Entwurf für die Jugendstrafanstalt Hameln ist nach dem Prinzip der mittelalterlichen Stadt aufgebaut. Eine der ersten Arbeiten mit Haller, Leonhardt, Nedden, Ausführung 1980
Rampart, moat, defensive wall on the outside, marketplace in the centre: the design for the juvenile prison in Hameln is based on the principle of a medieval town. One of the first projects with Haller, Leonhardt, Nedden. Realised in 1980

to emerge. For this reason, other people and I coined the phrase 'art in public spaces'. Our first experiment with this subject was the University of Konstanz, a I and Art project, if you like. Today, briefs often specify co-operation, or at least suggest it.

After studying painting, you went to London in 1963. To what end?

Like so many things in my life, it was chance; a possible way of seeing how to get on further after finishing my studies. A secretary at college had asked me whether I felt like going in for a scholarship. At that time, most people went to Paris, but that

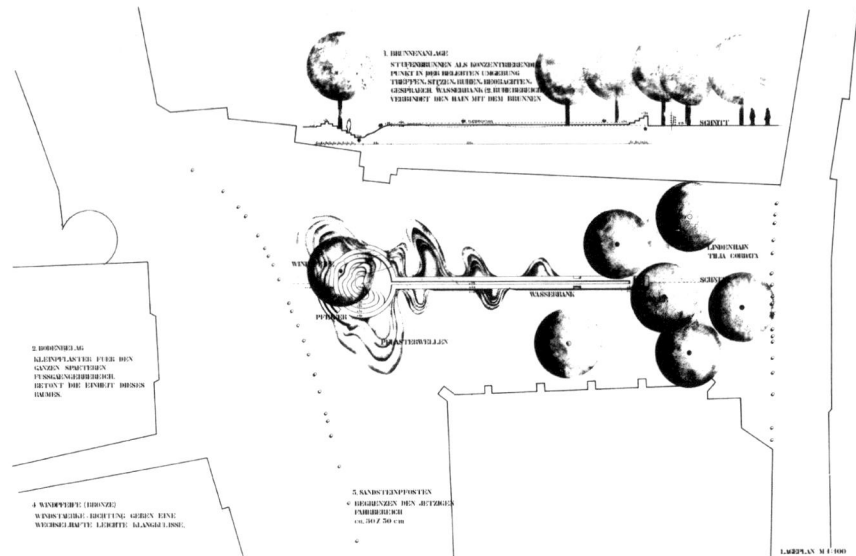

Verschmelzung von Außenraum und Kunstobjekt. Für den ‚Rattenfängerbrunnen' erhielten Wehberg + Lange 1969 den ersten Preis in einem Kunstwettbewerb der Stadt Hameln
Blending exterior space and art object. Wehberg + Lange won first prize for the 'Pied Piper Fountain' in an art competition invited by the City of Hameln in 1969

Sie sollten merken, wie spannend es sein kann, mit Landschaftsarchitekten zusammenzuarbeiten. Unser ehemaliger Partner Gustav Lange hat einmal gesagt, es sei besser, als Künstler aufzutreten, weil die Leute diesem mehr Freiheiten lassen.
Ich kam noch während meines Studiums, während eines Stipendienaufenthalts in London, durch einen Wettbewerb dazu, Kirchenfenster zu gestalten. Eigentlich wurde im Studium – ich habe 1962 Diplom gemacht – klar zwischen angewandter und freier Kunst unterschieden. Die freie Kunst war das Hehre, die angewandte Kunst – ‚Kunst am Bau' – zum Brotverdienen. Ich habe freie Kunst studiert, aber zu-

didn't appeal to me. I was probably an anglophile from the outset, I was interested in Moore, Chadwick, Bacon. I also experienced architecture very consciously in London. 1963, 1964, that was 'swinging London', the most brilliant period, from fashion via music to architecture. My architect friends came to England to look at architecture, James Stirling in particular. This was new, too.

Your relationship with architecture deepened. Did your relationship with landscape architecture deepen as well? Would I be right in thinking that you also discovered some gardens in England?

Actually not; the English have done very little that is modern in the way of open space. I grew up near the horticultural college in Osnabrück. My father was a dentist, and the students used to cut our hedges instead of paying for their treatment. I wasn't interested in those 'green overalls' at all. And later in England, I didn't see Hyde Park or Regent's Park as formal achievements. They looked so natural, like ideal landscapes. Isamu Noguchi's UNESCO garden in Paris, which I saw by chance in 1959, moved me a lot more.

Has your relationship with gardens and landscapes changed in the course of your long professional experience, are you more interested in the 'green overalls' now?

Yes, of course I'm more interested in them, and I respect their knowledge very highly. Three people from Osnabrück, Gundolf Eppinger, Peter Schatz and Michael Kaschke, have been or are partners in WES & P, along with Wolfgang Betz (Weihenstephan)! Though one thing does strike me: if you ask three garden archi-

fällig begann ich mich mit Kirchenräumen zu beschäftigen. Wenn man so will, bin ich im Sinne der freien Kunst verdorben worden oder habe mich selbst verdorben, weil mich ab einem gewissen Zeitpunkt eine spezielle Aufgabe interessierte.

Ich hatte aber schon damals das Gefühl, dass es nicht genügt, eine Plastik einfach in ein Gebäude oder einen Freiraum hinein zu stellen. Man muss die Umgebung mitbestimmen, mitbeeinflussen.

Auch ein anderer Punkt spielte eine Rolle: Im Atelier stapelten sich Bilder und Plastiken. So hatte ich das Gefühl, es wäre schön, wenn es für das, was ich mache, auch ein Bedürfnis gibt und jemanden, den das interessiert. Diese Möglichkeit entstand durch ,Kunst am Bau' in der Zusammenarbeit mit Architekten, etwa Ernst Kröber in Osnabrück oder Elingius und Partner in Hamburg.

Wie würden Sie heute die Aufgabe von ,Kunst am Bau' definieren, ein Begriff, der inzwischen verpönt ist?

Ich war zwölf Jahre in der Kunstkommission der Freien Hansestadt Hamburg und habe einige Jahre in London und Bremen ,Kunst am Bau' unterrichtet. Bei Kirchenfenstern oder sakralen Innenräumen gibt es inhaltliche Bezüge zwischen Objekt und Raum. Ansonsten habe ich immer das Gefühl, ,Kunst am Bau' muss mit einem Gebäude und seiner Umgebung zu einer Einheit werden. Künstler, Landschaftsarchitekt, Städtebauer und Architekt müssen meines Erachtens zusammenarbeiten, dann kann eine solche Einheit entstehen. Deshalb haben wir den Begriff ,Kunst im öffentlichen Raum' geprägt. Unser erster Versuch zu diesem Thema war die Universität Konstanz, wenn Sie so wollen ein Land-Art-Projekt. Heute wird in Ausschreibungen häufig eine Zusammenarbeit verlangt oder wenigstens angeregt.

tects – about whether a particular plant could live in a particular place, for example – you'll get at least four or five opinions. My partner Wieland Schmidtke has gone into this subject so deeply as an 'untrained' individual that I think his stubborn, constantly repeated questioning means he understands more about it than a lot of other people. Someone who impressed me very much at the beginning was Raimund Herms, because he has a highly sophisticated, anthroposophic relationship with plants. Even so, they say just as many of his plants die as ours, which disturbs me a little – and at the same time has irritated me …

What actually fascinates me is the context of particular locations, geographical conditions, which I sometimes think have to be absorbed emotionally, without really being able to get to the bottom of them.

Younger practitioners have rediscovered an interest in handling plants creatively; plants as building materials are undergoing something of a renaissance. Is this a sensible development?

I would be very interested in that, for various reasons. I'll name just one very simple one: In *Joseph and his Brothers*, Thomas Mann writes that Joseph's success lay in being able to amaze people. If it would be possible to astonish by using plants I would find that very exciting. There is a place in Hamburg where an artist has planted palms in the city centre, by an underpass. A holiday memory, to let your thoughts take off, to make you pensive. It reminds me of a time I was lamenting with Kahn von Selen, the client for the EAM building (Energie-AG Mitteldeutschland) in Kassel, about the fact that the employees seldom used the open spaces. But at that very moment, we saw an employee stand up from his desk, open

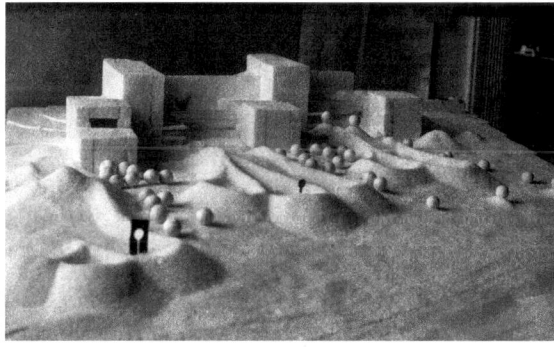

Ein Kunst-am-Bau-Wettbewerb für die Universität Konstanz führte zu einem Land-Art-Projekt, bei dem Kunst und Landschaftsarchitektur verschmolzen, 1969
A 'Kunst am Bau' ('art-in-building') competition for Konstanz University produced a Land Art project blending art and landscape architecture, 1969

Sie sind 1963 nach dem Studium der Malerei nach London gegangen. Mit welchem Ziel?

Wie so viele Dinge in meinem Leben war das Zufall; eine Möglichkeit, nach dem Studium zu sehen, wie man weiterkommen kann. Eine Sekretärin an der Hochschule hatte mich gefragt, ob ich mich nicht um ein Stipendium bemühen wolle. Die meisten gingen damals nach Paris, aber das interessierte mich nicht. Ich war wohl von Anfang an anglophil, mich interessierten Moore, Chadwick, Bacon. In London habe ich auch Architektur richtig bewusst erlebt. 1963, 1964, das war ja ,swinging London', die schärfste Zeit, von der Mode über die Musik bis zur Architektur. Meine Architektenfreunde kamen nach England, um Architektur anzuschauen, vor allem James Stirling. Auch dies war neu.

Ihre Beziehung zur Architektur wurde tiefer – auch die zur Landschaftsarchitektur? Die Vermutung liegt nahe, dass Sie in England einige Gartenentdeckungen gemacht haben.

Eigentlich nicht, denn die Engländer haben im Freiraum ja wenig Modernes getan. Ich bin in Osnabrück neben der Gartenbauschule aufgewachsen. Mein Vater war Zahnarzt, und die Studentinnen und Studenten haben bei uns die Hecken geschnitten, statt die Behandlung zu bezahlen. Mich haben diese ,Grüngekleideten' überhaupt nicht interessiert. Und später in England habe ich den Hyde Park oder den Regent's Park nicht als formale Leistung empfunden. Die sahen ja so natürlich aus, wie ideale Landschaften. Isamu Noguchis UNESCO-Garten in Paris, den ich 1959 zufällig entdeckt hatte, hat mich viel mehr bewegt.

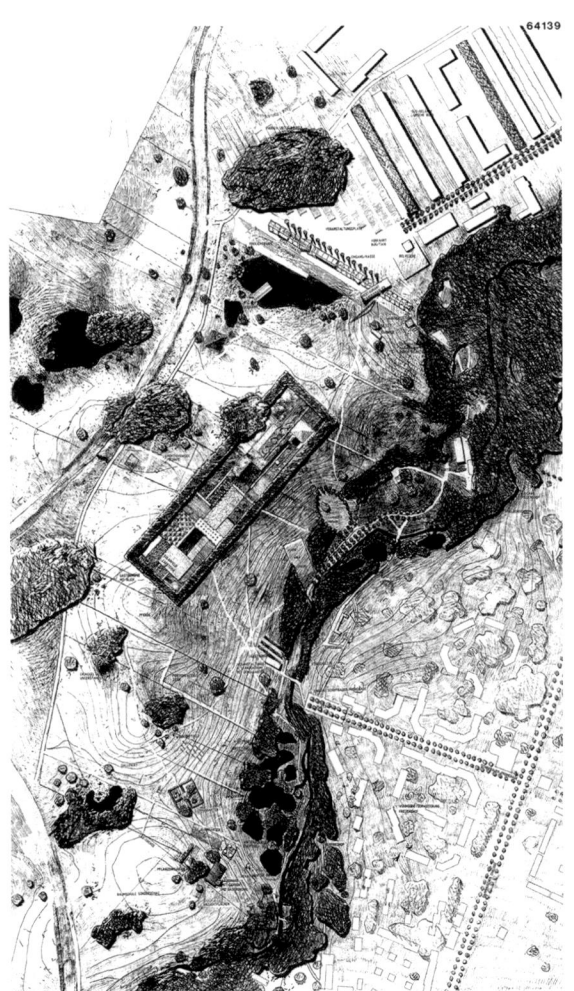

„Die Verehrung der Landschaft wird durch das Fremde erst bewusst." Inszenierung eines Höhensprungs und ein Paradiesgarten als Implantat der Landesgartenschau Wismar 2002
"It is not until something alien is present that veneration of the landscape becomes conscious". Staging a height difference and a paradise garden as an implant for the Horticultural Show in Wismar, 2002

16

the window and look out into the courtyard. After a few minutes, he went back to his desk. Von Selen said: "He'd run completely out of steam, he was miles away, and now he's back again." This astonishing use of plants, which triggers something, just as an exciting picture in a gallery can, would interest me very much.

In recent years, WES & P have accumulated some horticultural show experience in Wismar and Rostock. How important is it to astonish people in your work?

Of course I'd like it if events like that were more frequent. I loved the Expo in Switzerland because it was so stimulating and I felt people really enjoyed the set pieces. Nouvel's work in Murten was a joy. But if I only came across special things at events like those, I'd think it was pretty poor. I'd like to encounter things more frequently in my life that make me feel good.

The art of astonishing people becomes more and more complicated the more we get used to Expos, big horticultural shows, leisure parks. Are there limits to landscape events?

The thing I don't believe is that they have to be bigger and more magnificent each time. As I hear, it was the architects who put our entry for the International Horticultural Show in Rostock in first place, not the landscape architects, who were looking for artistic gestures, for geometrical, exciting designs. But like 'Insel Hombroich', our design is a romantic, even a loving tribute to the wild landscape, with just a few deliberate interventions. Perhaps the astonishing fact is that the desire to enhance an existing atmosphere was unanimously shared by the archi-

Hat sich Ihr Verhältnis zu Gärten und Landschaften im Laufe der langjährigen Berufserfahrung geändert, interessieren Sie die ‚Grüngekleideten' inzwischen mehr?

Ja, natürlich interessieren sie mich mehr, und ich habe eine große Hochachtung vor deren Wissen. Drei Osnabrücker, Gundolf Eppinger, Peter Schatz und Michael Kaschke, waren oder sind neben Wolfgang Betz (Weihenstephan) Partner in WES & P! Wobei mir auffällt: Wenn man drei Gartenarchitekten fragt, erhält man mindestens vier bis fünf Meinungen, ob zum Beispiel eine ganz bestimmte Pflanze an irgendeiner Stelle wächst oder nicht. Mein Partner Wieland Schmidtke hat sich als ‚Ungelernter' im Laufe der Zeit so in dieses Thema hinein vertieft, dass ich das Gefühl habe, er versteht durch hartnäckiges, immer wieder neues Hinterfragen mehr davon als mancher andere. Wer mich zu Anfang sehr beeindruckt hat, war Raimund Herms, weil er ein sehr differenziertes anthroposophisches Verhältnis zu Pflanzen hat. Allerdings heißt es, dass bei ihm ähnlich viele Pflanzen eingehen wie bei uns, was mich dann wieder etwas beruhigt – und gleichzeitig irritiert hat. Was mich fasziniert, sind Zusammenhänge von Standorten, geographische Bedingungen, von denen ich manchmal denke, dass sie auch gefühlsmäßig zu erfassen sind, ohne sie wirklich begründen zu können.

Es gibt ein wiederentdecktes Interesse unter Jüngeren, mit Pflanzen kreativ umzugehen; Pflanze als Baustoff und Material erfährt eine gewisse Renaissance. Eine sinnvolle Entwicklung?

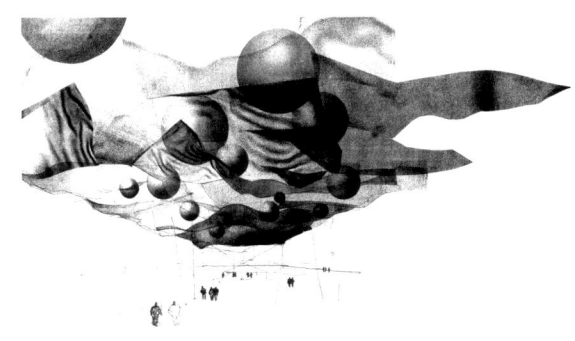

Wasser und Himmel fassen als bestimmende Elemente den Blick der Besucher auf der IGA Rostock 2003 ein, Vorentwurf, 1998
Water and sky frame the visitor's view as defining elements at the IGA Rostock in 2003 (the International Horticultural Show). Preliminary design, 1998

tects. Things are similar in Wismar: there again we paid tribute to the existing landscape, this wide, sweeping topography, by emphasizing the height difference. The paradise garden sits in this like a single alien section, like a picture. And even in Rostock, this contrast between built and grown items would have to be, could have, should have been the attraction – if everything had been built as planned.

The designs by WES & P are characterized by the meeting of built and vegetational structures, and their relationship with water. On the Leipzig Trade Fair site, you let the visitors share the water, in the Wolfsburg Autostadt, you turn landscape into the "brandscape" of the VW car group. What influence does your own will have on designs like that, and what influence does the client's will have?

The Autostadt is the result of a disciplined discussion process and an almost perfect example of a direct exchange between client, architect, landscape architect and also indirectly with the VW group bosses. It was a very open working process because we landscape architects were allowed to have our say on an equal footing from the outset. We had as much influence on the urban development aspects as did the architects and the client. For example, the client suggested the roofed central square, which was actually to have been open. Ferdinand Piëch, we heard, wanted a roof there at first, and then a room. This has now become the reception space in the Autostadt, it's where most events take place. So the client had an uncannily good instinct there, as a businessman he knew his 'audience'.
It was also helpful that the Autostadt; invited Jack Rouse to take part at an early stage in the planning. He is a leisure consultant from Cincinnati, with a world-wide reputation. He mentioned in passing that open space was incredibly important to

Ein Rosenhang zwischen Messe- und Gartenschaugelände ist das intensiv gestaltete, gärtnerische Herzstück des ansonsten zurück-haltenden Entwurfs für die IGA Rostock 2003.
Mit gmp Architekten, Wettbewerb 1997, Fertigstellung 2003
A slope with roses between the sites of the exhibition and the horticultural show is the intensively designed horticultural heart of the otherwise reticent concept for the IGA Rostock 2003.
With gmp Architekten, Competition 1997, completed 2003

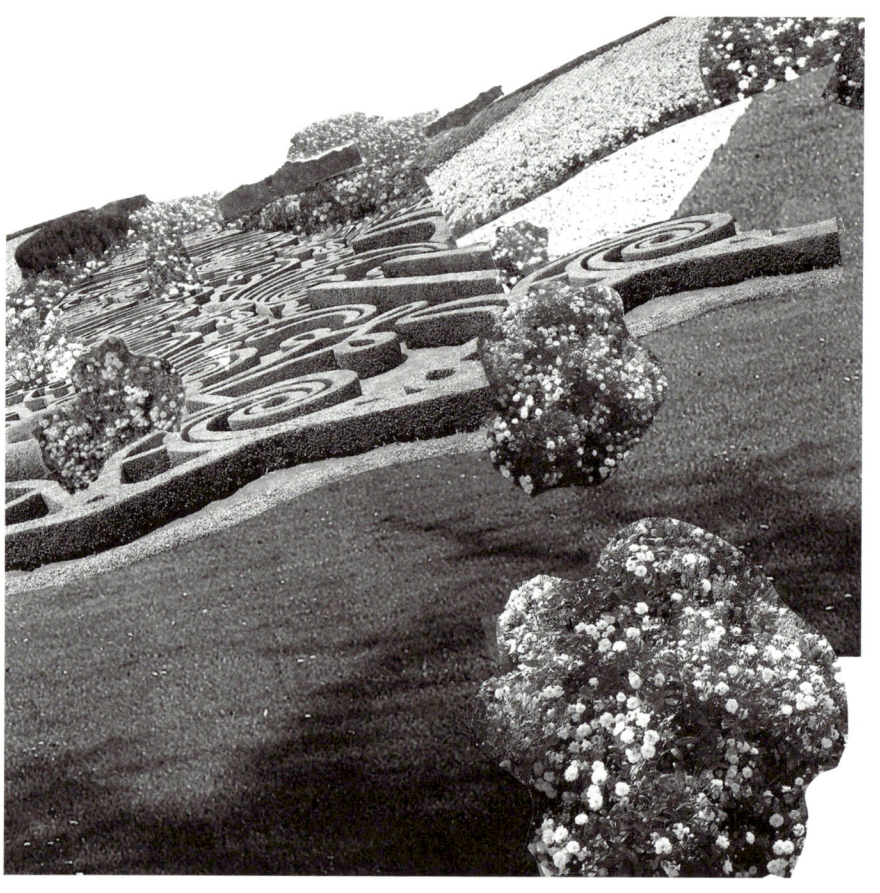

18

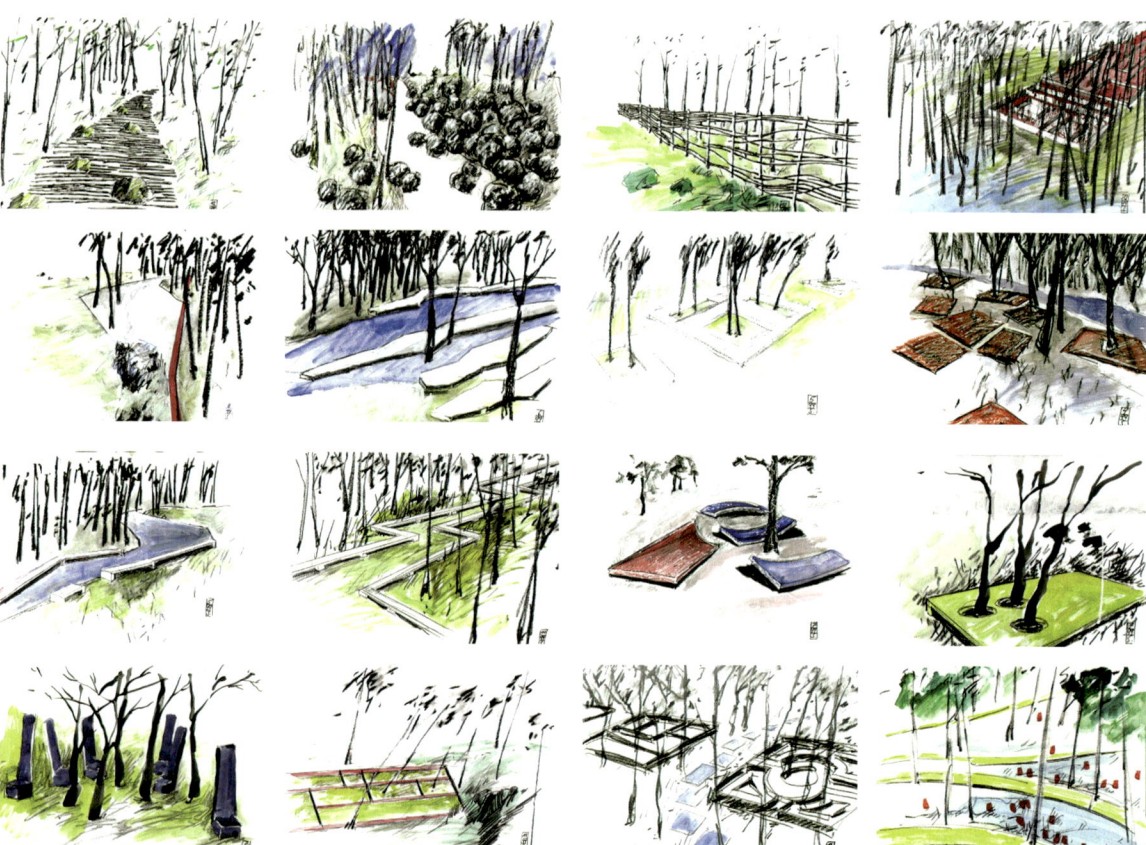

In den Schilfgärten treten skulp-turale Elemente und Wege in einen achtsamen Dialog mit den Naturräumen an der Warnowmündung
In the reed garden, sculptural elements and paths enter into a careful dialogue with the natural spaces in the Warnow estuary

Start by looking for the story

Mich würde das sehr interessieren, aus verschiedenen Gründen. In *Joseph und seine Brüder* schreibt Thomas Mann, dass der Erfolg von Joseph darin besteht, Leute in Erstaunen zu versetzen. Wenn es gelänge, durch den Einsatz von Pflanzen Erstaunen zu erzeugen, dann fände ich dies spannend. Es gibt in Hamburg einen Ort, an dem eine Künstlerin Palmen gepflanzt hat, mitten in der Stadt, an einer Straßenunterführung. Der Versuch einer Erinnerung an Urlaub, zum Abheben, Nachdenken. Einmal lamentierte ich mit Kahn von Selen, dem Bauherrn des EAM-Gebäudes (Energie-AG Mitteldeutschland) in Kassel, dass die Freianlagen eigentlich wenig von den Mitarbeitern genutzt werden. Doch im gleichen Moment beobachteten wir, wie ein Mitarbeiter vom Schreibtisch aufstand, das Fenster öffnete und in den Hof blickte. Nach ein paar Minuten kehrte er zurück an seinen Arbeitsplatz. Von Selen sagte: „Dessen Computer war auf null gestellt, ganz weit weg, und jetzt ist er wieder da." Diese Gestaltung mit Pflanzen, die etwas auslöst, wie es auch ein spannendes Bild in der Galerie kann, interessiert mich.

WES & P hat in den letzten Jahren in Wismar und in Rostock Gartenschau-Erfahrungen gesammelt. Wie wichtig ist das In-Erstaunen-Versetzen für Ihre Arbeiten?

Ich fände es natürlich schön, wenn es häufiger solche Ereignisse gäbe. Ich war begeistert von der Expo in der Schweiz, weil ich dort so viele Anregungen gefunden habe und das Gefühl hatte, dass die Leute die Inszenierungen richtig genossen haben. Nouvels Murten war ein Genuss. Aber wenn ich nur auf solchen Events etwas Besonderes erleben könnte, fände ich dies verhältnismäßig arm. Ich möchte häufiger in meinem Leben zu Dingen kommen, die mir angenehme Gefühle bereiten.

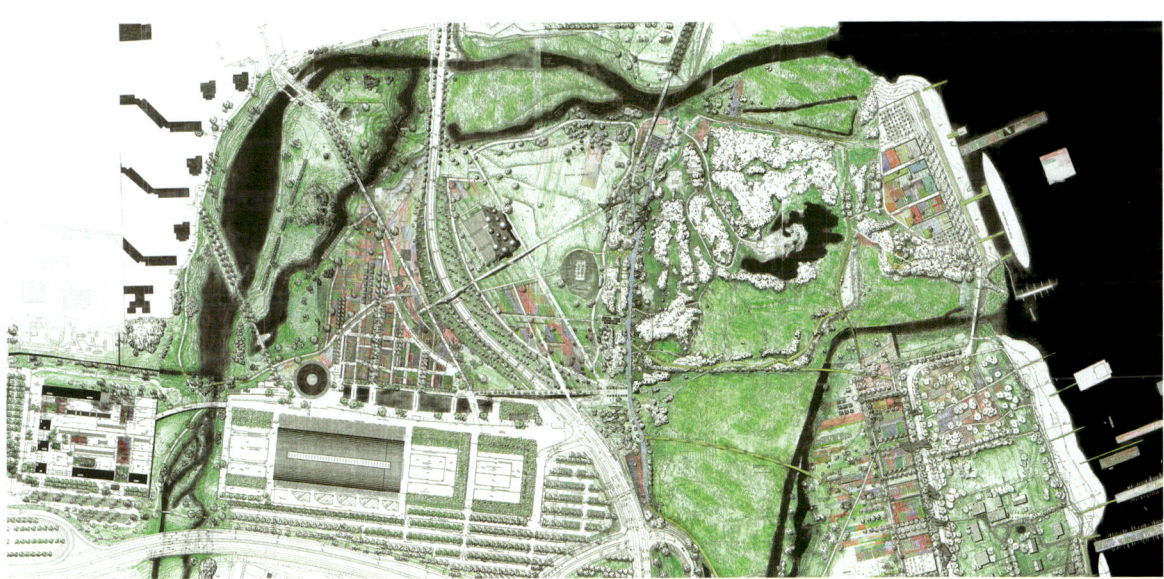

Der Entwurf des Landschaftsparks am Meer / IGA Rostock 2003 wurde bewusst konservativ gehalten. Er gliedert sich in das gärtnerische Messeumfeld, die natürlich gehaltenen Wiesenbereiche und das Dorf Schmarl sowie die Uferpromenade mit ‚schwimmenden Gärten' auf der Warnow

This design for a seaside landscaped park / IGA Rostock 2003 was deliberately kept conservative. It is made up of the gardens around the exhibition centre, the meadowland, which is kept natural, and the village of Schmarl, and then the promenade on the banks of the Warnow with its ‚floating gardens'

*Menschen in Erstaunen zu versetzen wird allerdings immer komplizierter und auf-
wendiger, je mehr wir an EXPO's, BUGA's, Freizeitparks gewöhnt sind. Gibt es
Grenzen des Landschaftsevents?*

Was ich nicht glaube ist, dass sie jedes Mal noch größer, noch prächtiger sein müssen. Wie man hört, ist unser Entwurf für die IGA Rostock von den Architekten auf
den ersten Platz gesetzt worden, nicht von den Landschaftsarchitekten. Diese
suchten nach künstlerischen Gesten, nach geometrischen, aufregenden Entwürfen. Unser Entwurf ist wie die Insel Hombroich jedoch eine romantische, fast eine
liebliche Verehrung und Wiederentdeckung der wilden Landschaft mit nur wenigen gezielten Eingriffen. Vielleicht liegt das Erstaunen darin, dass der Wunsch, eine
vorhandene Stimmung zu steigern, von den Architekten einmütig geteilt wurde.
In Wismar verhält es sich ähnlich: Dort haben wir mit dem betonten Höhensprung
wiederum die vorhandene Landschaft verehrt, diese weite, schwingende Topographie. Und darin sitzt der Paradiesgarten als einziges fremdes Teil, wie ein Bild.
Die Verehrung wird erst durch dieses fremde Element bewusst. Auch in Rostock
müsste, könnte, sollte dieser Gegensatz zwischen Gebautem und Gewachsenem
den Reiz ausmachen – wenn denn alles wie geplant gebaut worden wäre.

*Das Aufeinandertreffen von gebauter und vegetativer Struktur, auch das Verhältnis
zu Wasser, prägt die Entwürfe von WES & P. Auf dem Leipziger Messegelände lassen
Sie die Besucher das Wasser teilen, in der Autostadt Wolfsburg wurde Landschaft
zur 'Brandscape' eines Automobilkonzerns. Welchen Einfluss hat das eigene Wollen,
welchen der Auftraggeber auf solche Entwürfe?*

In Zusammenarbeit mit gmp Architekten entstand ein Beitrag für
die Olympia-Bewerbung der Stadt Hamburg. Der innerstädtische
Zentralbereich mit Stadion und Olympischem Dorf war in der
Hamburger Hafencity geplant, 2002
An entry for the City of Hamburg Olympics bid was submitted with
gmp Architekten. The central inner-city area with stadium and Olympic
village was planned for the Hamburg Harbour City, 2002

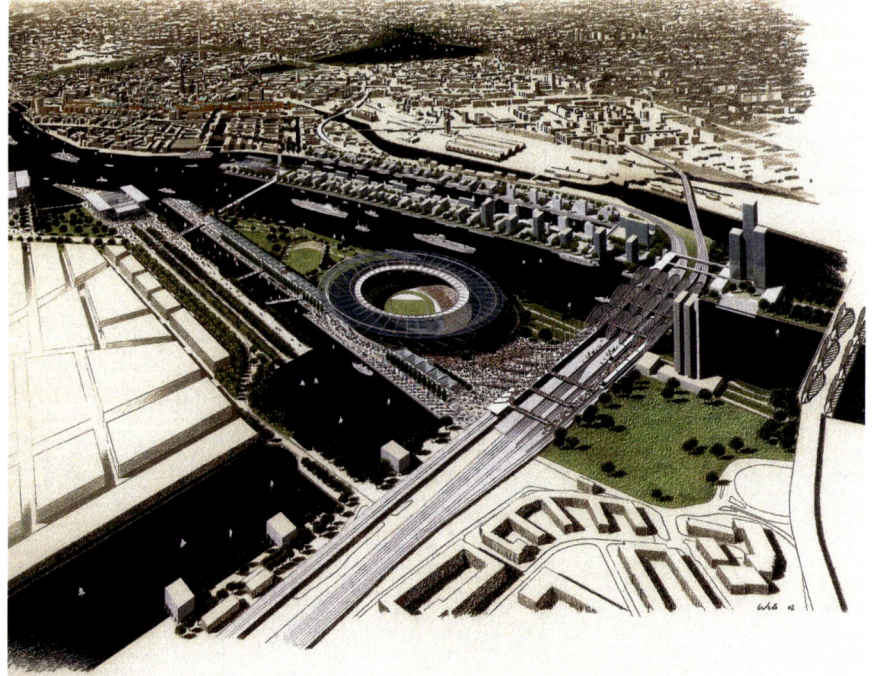

Die Autostadt ist das Ergebnis eines disziplinierten Diskussionsvorganges und fast ein Musterbeispiel für einen direkten Austausch zwischen dem Bauherrn, dem Architekten und dem Landschaftsarchitekten und indirekt auch den Chefs des VW-Konzerns. Das war ein sehr freies Arbeiten, weil wir Landschaftsarchitekten von Anfang an gleichberechtigt mitreden durften. Der Städtebau ist von uns genauso beeinflusst worden wie von den Architekten und vom Bauherrn. Auf den Bauherrn geht zum Beispiel der überdachte zentrale Platz zurück, der eigentlich offen sein sollte. Herr Piëch, heißt es, wollte dort zuerst ein Dach, später einen Raum. Das ist nun der Empfangsraum der Autostadt geworden, dort finden die meisten Veranstaltungen statt. Also hat der Bauherr ein gutes Gefühl gehabt, er kannte als Kaufmann seine ‚audience'.

Hilfreich war auch, dass die Autostadt in einem frühen Stadium der Planung Jack Rouse aus Cincinnati eingeladen hatte, einen der weltweit führenden Projektberater im Freizeitbereich. Der sagte in einem Nebensatz, dass etwa bei Disney der Freiraum eine riesige Bedeutung hat und dass überall gespart wird, aber in keinem Fall am Freiraum. Diese Aussage hat uns ‚Gärtnern' sehr geholfen, erweckte aber auch den sichtbaren Perfektionsanspruch der Autostadt. Lehrreich war auch die von Rouse wiederholte, alte psychologische Erkenntnis der ‚seven seconds impression'. In nur sieben Sekunden fällt man sein Urteil, und diese sieben Sekunden erlebt man in der Regel im Freiraum. Rouse hat dann nicht weiter in die Gestaltung der Autostadt eingegriffen. Aber seine Erfahrung, wie Leute sich verhalten, war interessant.

Von Rouse, der vom Theater kommt, haben wir vor allem Praktisches gelernt: Erst muss es eine ‚storyline' geben, dann das Skript, und dann ist das Ganze so aufgebaut wie ein Film. Aber auch: Nach wie viel Zeit werden Kinder unruhig, wann

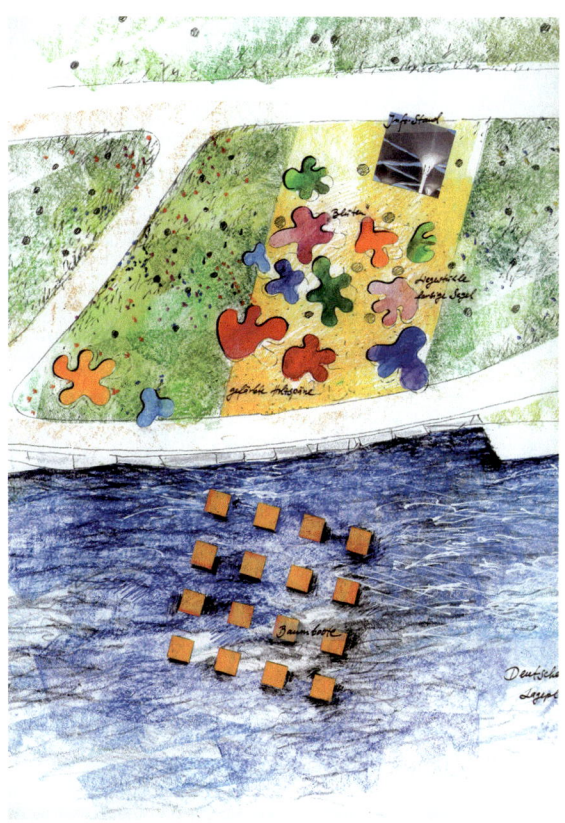

Disney, and that savings were made everywhere, but never when it came to open space. This statement helped us "gardeners" a lot, but also stimulated the Autostadt's visible demand for perfection. The old psychological insight of the 'seven seconds impression', which Rouse also repeated, was instructive as well. People only take seven seconds to make a judgement, and as a rule, these seven seconds are passed in the open air. Rouse didn't intervene any further in the Autostadt design. But his insights about how people behave were interesting.

Rouse originally worked in the theatre, and we learned a great deal of practical stuff from him: firstly there has to be a storyline, then a script, and then the whole thing is built up like a film. But also: how long does it take for children to start getting restless, when does there have to be a toilet, how long do people go before wanting a drink or a snack or needing to have a rest. The pauses between events are important: "The audience – don't call it customers!"

Do you use Rouse's criteria to check your designs today?

I read his lecture through again from time to time: audience, story, script, take away, length of stay, guest service, retail, memory worth repeating. But we don't tick his suggestions off like a catalogue of criteria. Actually, they are familiar insights, common sense, it's just that you don't use them often. But they're helpful in discussions with clients.

Floriade 2002 in Haarlem (Niederlande): ‚Baumboote' mit Kirschbäumen bilden das Gegenüber bunter Sonnensegel auf einer Fläche mit gelben Holzspänen. So präsentiert sich Wehbergs Heimatstadt Osnabrück, eine Partnerstadt von Haarlem
Floriade 2002 in Haarlem (Netherlands): 'tree boats' with cherry trees counter colourful sun awnings on an area covered with yellow wood chippings.
This is the design that Osnabrück, Wehberg's native place and a partner town of Haarlem, chose to present itself with

muss man eine Toilette vorfinden, nach wie viel Zeit müssen die Leute etwas zu sich nehmen, sich ausruhen können. Wichtig sind Pausen zwischen den Ereignissen. Aber das Wichtigste ist: „The audience – don't call it customers!"

Kontrollieren Sie heute Ihre Entwürfe anhand Rouse'scher Kriterien?

Von Zeit zu Zeit lese ich mir seinen Vortrag wieder durch, ich hatte mir die Kriterien auch einmal so richtig wie Gebote aufgeschrieben: audience, story, script, take away, length of stay, guest service, retail, memory worth repeating. Aber die Anregungen wie einen Kriterienkatalog abhaken, tun wir nicht. Es sind ja eigentlich bekannte Erkenntnisse, ‚common sense', nur man benutzt sie nicht so oft bewusst. In der Diskussion mit Bauherren sind sie aber sehr hilfreich.

Mit ‚storyline' und Skript erwähnen Sie eine Technik, die konträr ist zum ursprünglichen Ansatz, der vom künstlerischen Objekt und seiner Beziehung zur Umgebung ausging. Wie dynamisch muss Landschaftsarchitektur heutzutage sein und erlebt werden können?

An der Kunstschule hatte ich mich mit gegenständlichen Bildern beworben. Ich wollte erzählen von der Wärme der Sonnenstrahlen auf der Haut, in manchen Bildern gekoppelt mit einer erotisch-sinnlichen Sehnsucht. Eine ‚story'? Dann malte ich eine Zeit lang abstrakte Bilder, an der Akademie, der Versuch, auf dem Papier etwas zu erfinden. Die Suche nach einer ‚story'? Alle Bilder hatten später einen Titel, etwa *Barrabas*. Und bei der Zusammenarbeit mit Architekten zum Beispiel bei den Kirchen war ganz klar, dass der Grundriss eine Geschichte erzählen und die

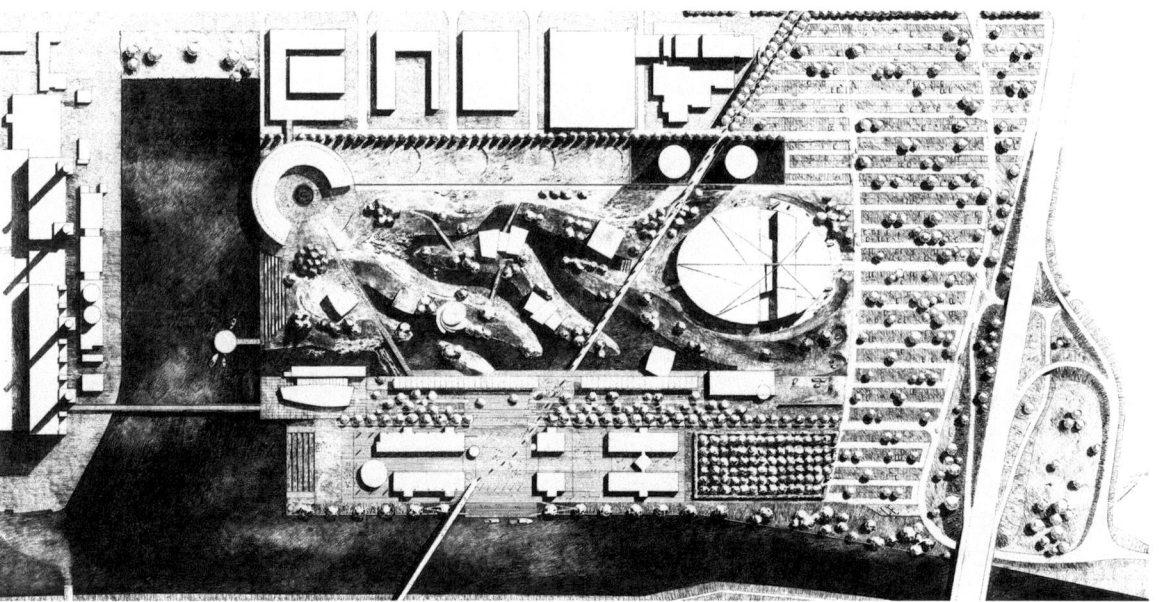

Musterbeispiel eines gleichberechtigten Diskussionsprozesses zwischen Architekt, Landschaftsarchitekt und Bauherr: die Brandscape der Autostadt Wolfsburg. Mit Henn Architekten, Wettbewerb 1997, Fertigstellung 2000
A perfect example of a discussion on an equal footing between architect, landscape architect and client: the ‘brandscape' in the Wolfsburg Autostadt. With Henn Architekten, competition 1997, completed 2000

Start by looking for the story

farbigen Fenster Stimmungen erzeugen sollen. Heute würden wir gerne die ganze Geschichte erzählen. Ganz deutlich wird dies in unserer Arbeit mit der niederländischen Künstlergruppe Observatorium zur Halde Norddeutschland. Die Halde, die Freizeitort für Trendsportarten werden sollte, verstehen wir als einen ‚Berg der Stille'. Dies ist für uns der Trend, und am Fuß des Berges können sich dann die Freizeitanbieter gruppieren. Nicht überall muss ein aktives Angebot entstehen, auch die Abwesenheit von solchen Angeboten kann Anziehungskraft erzeugen. Diese Geschichte wollen wir erzählen. Bei den guten Entwürfen, denen, die Spaß machen, geht es immer um Geschichten. Die Suche nach der ‚story', das ist der Anfang.

Können die Geschichten der Landschaftsarchitekten denn mit denen auf der Kinoleinwand mithalten?

Innen- und Außenraum, Stahl, Glas, Wasser und Vegetation bilden auf der zentralen Achse der Neuen Messe Leipzig einen Rhythmus.
Mit gmp Architekten, Wettbewerb 1991, Fertigstellung 1996
Interior and exterior space, steel, glass, water and vegetation set up a rhythm on the central axis of the New Leipzig Trade Fair exhibition centre. With gmp Architekten, competition 1991, completed 1996

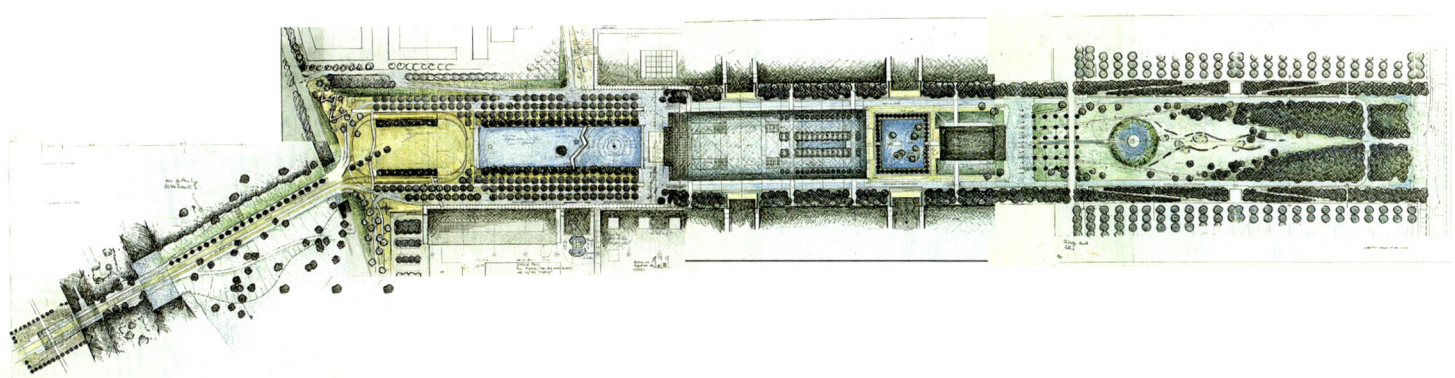

When you say 'storyline' and 'script' you are mentioning a technique that runs counter to the original approach, which started with the artistic object and its relationship with the surroundings. How dynamic does landscape architecture have to be today, and in how far are we to experience it as such?

I applied to art school with representational pictures. I wanted to tell people about the warm sun on my skin, tinged with erotic and sensual longing in some pictures. A 'story'? Then, for a time, I painted abstract pictures at the academy: an attempt to invent something on the paper. The search for a 'story'? All the pictures acquired a title later, like *Barrabas*, for instance. And when working with architects, on the churches, say, it was quite clear that the ground plan was supposed to tell a story and the coloured windows create an atmosphere. Today we'd like to tell the whole story. This can be seen very clearly in our collaboration with the Dutch artists' group Observatorium on the Halde Norddeutschland (North German Slag Heap). We see the Halde, the slag heap, which was supposed to become a leisure area for trend sports, as a 'hill of silence'. This is the trend as we see it, and the leisure providers can be grouped around the foot of the hill. There doesn't have to be something actively offered everywhere, the absence of such offers can be attractive as well. This is the story we want to tell. In good designs, designs that are fun, it's always about stories. Start by looking for the story.

So can landscape architects' stories keep up with film stories?

Compared with the speed of other media, landscape takes a lot of time for a tree to grow, and finally provide some shade. I worry a bit about how long short-term

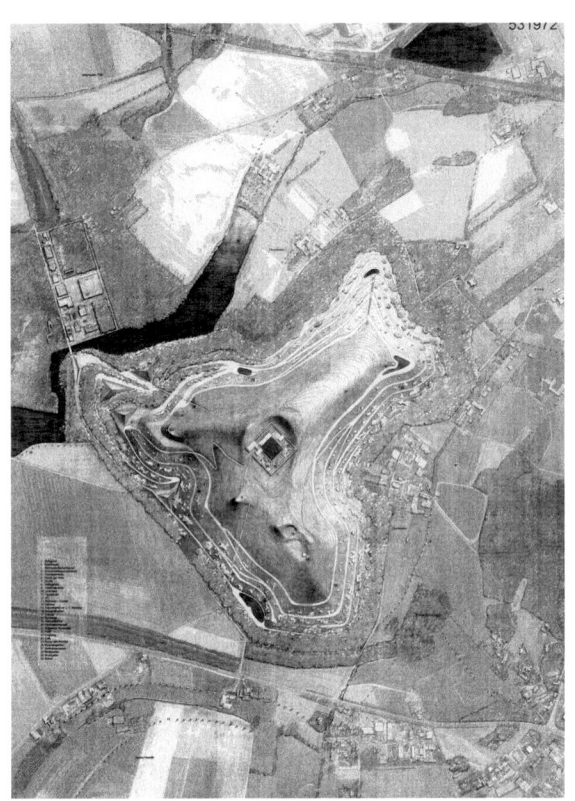

Gegenüber der Schnelligkeit der anderen Medien braucht Landschaft viel Zeit, es dauert, bis ein Baum groß ist, endlich Schatten wirft. Ich habe etwas Sorge, wie lange kurzfristige Dinge in der Landschaftsarchitektur tragen. Beim Platz der Einheit in Potsdam ist der Entwurf aus einer Geschichte entstanden. Es war einerseits die Kenntnis, dass dieser Platz immer wieder aufgefüllt worden ist, weil er immer wieder absackte, und zum anderen die geschichtlich nachgewiesene Form des Andreaskreuzes, die schon Lenné dort geplant hatte und die man auch zu DDR-Zeiten in der Rasenfläche ablesen konnte. Wie bekommt man nun die Diagonalen und das Absinken in ein Thema? Das ist der Witz dieser Arbeit geworden. Der Entwurf ist eigentlich primitiv, einfacher geht es ja kaum, aber ich hoffe, dass die Idee lange genug trägt, auch ohne dass man die Geschichte kennt. Und noch eine Sache ist an diesem Entwurf interessant. Es stehen dort Denkmäler und Bäume aus DDR-Zeiten. Bei einem klaren Entwurf würde man auf diese Unterbrechung der Wege nie kommen, aber genau das ist der Witz dabei, dass etwas nicht stimmt, dass dieser unvorhergesehene Zufall hineinkommt. Libeskind sagt in seinen Vorlesungen oft: „You've got to provoke the accident." Auch Menschen, die einen wirklich interessieren, haben doch meist irgendeine Macke, oder?

Wie würden Sie das heutige Verhältnis zwischen Architektur, Landschaftsarchitektur und Städtebau beschreiben? Sie haben ja in Braunschweig an einer Architekturfakultät Landschaftsarchitektur gelehrt.

Als wir im Büro anfingen, waren auch die Architekturbüros in Hamburg noch sehr jung, Gerkan und Marg, Patschan Werner Winking, Graaf und Schweger. Wir sind unvorbelastet, häufig naiv an die Fragestellungen herangegangen. Dadurch haben

Die Halde Norddeutschland ist ein Eldorado für Gleitschirmflieger. Der siegreiche Entwurf entstand in Kooperation von WES & P mit der Künstlergruppe Observatorium, Rotterdam. Wettbewerb 2003
The Halde Norddeutschland (North German Slag Heap) is an Eldorado for hang gliders. The winning design was created with the Observatorium group of artists from Rotterdam. Competition 2003

things can be successful in landscape architecture. In the case of the Platz der Einheit in Potsdam, the design arose from a story. First there was the fact that the square has constantly had to be filled up because it kept sinking, and then there was the historically proven shape of the St. Andrew's cross, which had already been planned by Lenné, and that could be made out in the lawns even in the GDR period. Now how do you link diagonals and sinking to make a single theme? That was the whole point of this job. The design is actually primitive, it could hardly be simpler, but I hope the idea will work for long enough even without people knowing the story. And there's another interesting thing about this job. There are monuments and trees there from the GDR era. In a clear design you'd never think of interrupting paths like this, but that's just the point, there's something that isn't right, there's this unforeseen coincidence. Libeskind always says in his lectures: "You've got to provoke the accident". Even people we find really interesting usually have some kind of quirk, don't they?

How would you describe the current relationship between architecture, landscape architecture and urban development? You have taught landscape architecture in a Brunswick architecture department, after all.

wir erlebt, dass man sehr wohl gut zusammenarbeiten kann, und das teilte sich auch anderen mit. An der Hochschule hingegen kam es durchaus zu Reibereien, weil die Kollegen etwas behaupteten, das nach meinem Gefühl anders war. Manchmal habe ich rein aus Penetranz immer wieder etwas anderes behauptet. Das Wichtigste ist, nicht aufzuhören, Fragen zu stellen. Ich habe gelernt, dass es keine dummen Fragen gibt. Aber sehr wohl dumme Antworten.

Würden Sie selbst Städtebau oder Architektur in eigener Verantwortung machen?

Architektur nicht. Das einzige, was wir entworfen haben, ist eine Kapelle für die Messe in Leipzig, die leider nicht gebaut wurde. Das wäre mehr ein Objekt gewesen. Bei meinen Studenten habe ich Städtebau so betreut, als wenn ich Städtebauer wäre. Ob das Büro etwa einen Wettbewerbsbeitrag als Städtebauer abgeben würde, weiß ich nicht. Allerdings haben wir in Dortmund beim Gutachterwettbewerb Stadtkrone Ost mit Tom Sieverts einen ersten Platz gemacht. Dort ist das Grundkonzept sehr wohl auch unseres, aber eben in intensiver Diskussion entstanden.

Teilen Sie den Eindruck, dass den Landschaftsarchitekten in den letzten Jahren ein immer größerer Aufgabenhorizont zugetraut wird, zum Beispiel in der Debatte um schrumpfende Städte?

Im Zusammenhang mit schrumpfenden Städten finde ich das sehr legitim, daran haben wir am Lehrstuhl seit drei oder vier Jahren gearbeitet, in Wittenberge zum Beispiel. Dort wurde die Diskussion erst spannend, als wir den Studierenden gesagt

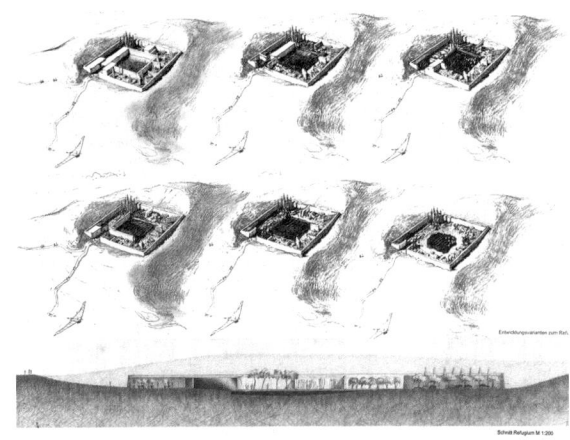

Ein ‚Berg der Stille' soll am zukünftigen Trendsport-Standort Halde Norddeutschland im Ruhrgebiet entstehen
A 'hill of silence' is to emerge at the future Halde Norddeutschland, a trend sport location in the Ruhr Basin

When we started our practice, the Hamburg architectural practices were all still very young, Gerkan and Marg, Patschan Werner Winking, Graaf and Schweger. We talked projects over frankly and without prejudice, and frequently approached the questions very naïvely. This showed us that we could very probably work well together, and it got round to other people as well. But there was sometimes a lot of friction at the college because colleagues suggested things I thought should be different. I sometimes insisted on putting something different forward just to be difficult. The most important thing is never to stop asking questions. I have learned that there is no such thing as a stupid question. But there can be stupid answers.

Would you consider working as a town planner or an architect in your own right?

Not as an architect. The only thing we have done is a chapel for the New Leipzig Trade Fair, which unfortunately never got built. That would have been more of an object. With my students, I did look at town planning as though I was a town planner myself. I don't know whether the practice would participate in a town planning competition. For example, we won first prize in the Stadtkrone Ost competition in Dortmund with Tom Sieverts. There the basic concept was very probably ours as well, but it emerged from a vigorous discussion.

Do you also have the impression that in recent years landscape architects have considerably broadened their job horizons, in the shrinking cities debate, for example?

As far as shrinking cities are concerned, I find that very legitimate; we worked on it at university three or four years ago, in Wittenberge, for example. There the discus-

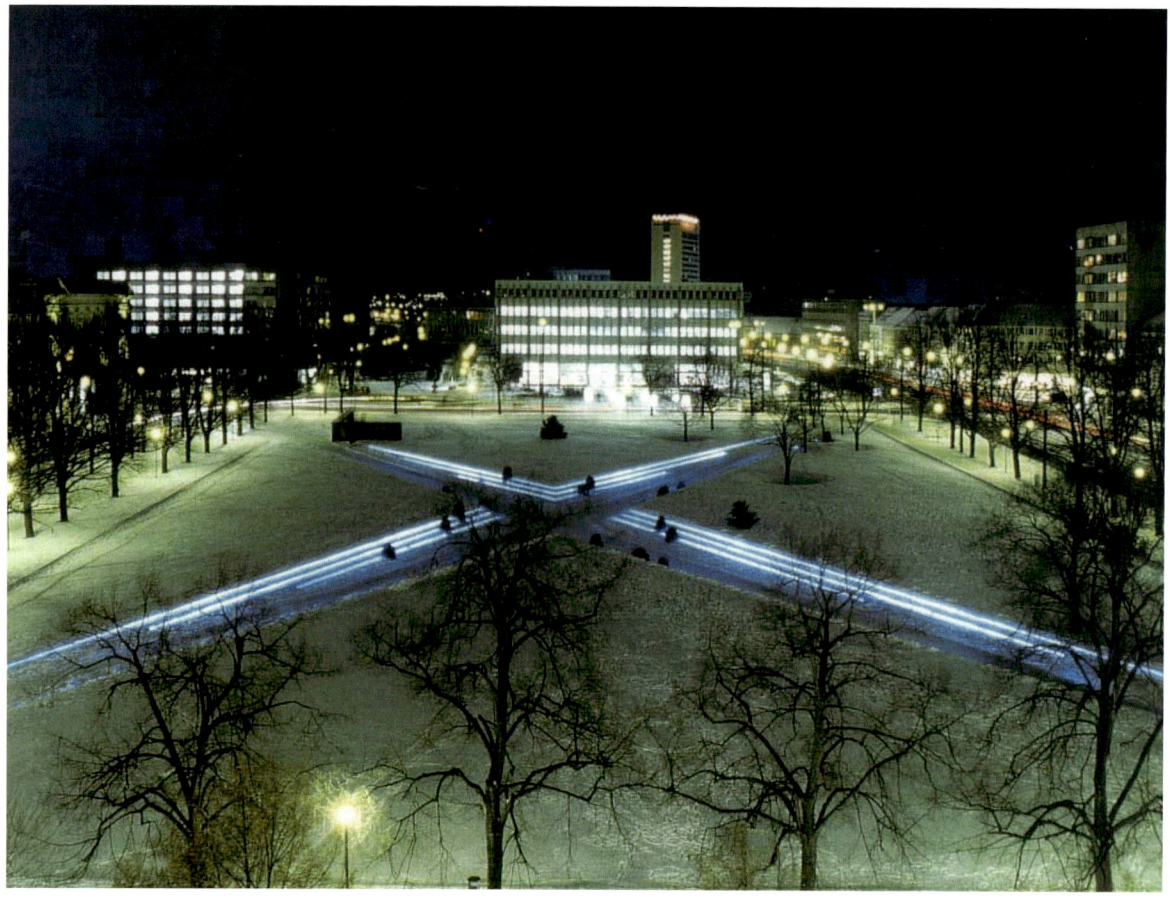

Die Verankerung von Historie im Raum, das Erzählen einer Geschichte, war ‚der Clou' des Entwurfs zum Platz der Einheit, Potsdam, Wettbewerb 1997, Fertigstellung 1998
The Platz der Einheit (Unity Square) in Potsdam anchors history in the given space. Competition 1997, completed 1998

26

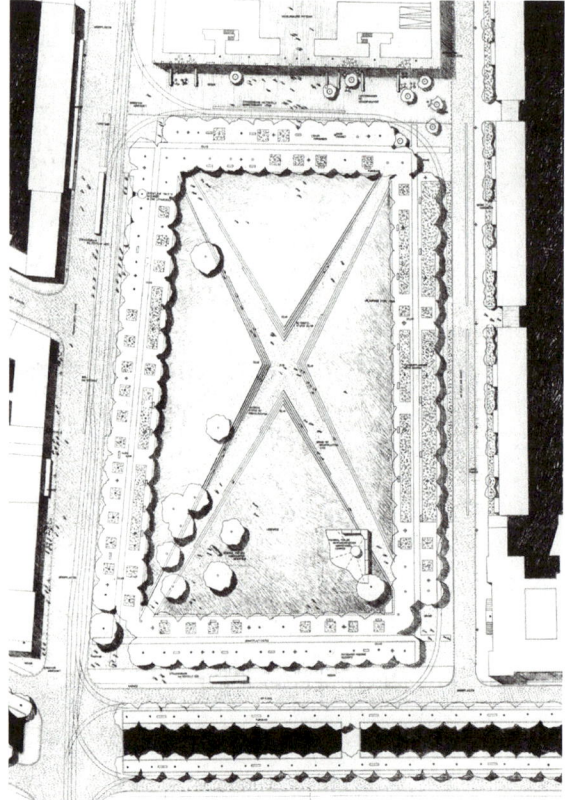

Das sumpfige Gelände im Zentrum Potsdams, das früher immer wieder absackte, wurde zum Thema des Entwurfs. Die Form des Andreaskreuzes geht auf eine Gestaltung Lennés zurück
The marshy terrain in Potsdam's centre, which used to keep sinking, became the theme of the design. The shape of St. Andrew's cross goes back to a design by Lenné

sion didn't start to liven up until we said to the students: think like a town planner about what can be got rid of – regardless of what condition the buildings are in. It must actually be possible to get rid of everything except the things that led to the place being there originally. That was the river, the river crossing, the road. If we were going to proceed deliberately, as planners, the whole thing would have to be taken back to its origins. Then what once gave the place its meaning survives, and if it ever starts to be on the up again, it can expand from there. Now that needs fundamental thinking on the basis of town and landscape planning – and a lot of courage. But what happens at any particular moment is mere chance, affected by plot ownership and things like that.

Why are landscape architects expected to be more likely to be able to contribute something to problems like that than architects or urban developers?

Presumably, people think that landscape architects will have more ideas for enhancing the areas that would be opened up than architects would.
Though when I compare the work of Schinkel and Lenné, I find there doesn't have to be and isn't any need to distinguish between architects and landscape architects in the quality of urban development.

haben: Denkt doch mal stadtplanerisch darüber nach, was man beseitigen kann – unabhängig vom Gebäudezustand. Beseitigen können müsste man eigentlich alles bis auf das, was mal den Ursprung des Ortes ausgemacht hat. Das war der Fluss, der Flussübergang, die Straße. Wenn man gezielt planerisch vorgehen dürfte, müsste man das Ganze auf den Ursprung zurückführen. Dann bleibt erhalten, was den Ort einmal ausgemacht hat, und wenn es wieder aufwärts gehen sollte, kann man sich wieder von dort aus ausbreiten. Nur verlangt dies grundsätzliche städtebaulich-landschaftsplanerische Überlegung – und viel Mut. Was dagegen im Augenblick passiert, ist reiner Zufall, bedingt durch Grundstücksverhältnisse und ähnliches.

Warum wird von den Landschaftsarchitekten erwartet, dass sie zu solchen neuen Aufgaben eher etwas beisteuern können als Architekten oder Städtebauer?

Vermutlich glaubt man, dass dem Landschaftsplaner für die Aufwertung der dann frei zu räumenden Flächen mehr einfallen würde als dem Architekten.
Ich finde allerdings beim Vergleich der Arbeiten des Architekten Schinkel und des Gartenarchitekten Lenné, dass in der Qualität des Städtebaus keine Unterschiede zwischen Architekt und Landschaftsarchitekt bestehen müssen oder bestehen.

WES & P: Büro für Freiraumplanung und Landschaftsarchitektur seit 1969. Seit 1996 fünf Partner und ca. 30 Mitarbeiter in Hamburg und Oyten bei Bremen.

1969–1970 Wehberg-Lange
1971–1980 Wehberg-Lange + Partner
1981–1992 Wehberg-Lange-Eppinger-Schmidtke
1993–1996 Wehberg-Eppinger-Schmidtke
seit 1996   WES & Partner, Wehberg-Eppinger-Schmidtke-Schatz-Betz

WES & P: open space planning and landscape architecture practice from 1969. Five partners from 1996 and about 30 employees in Hamburg and Oyten near Bremen.

1969–1970 Wehberg-Lange
1971–1980 Wehberg-Lange + Partner
1981–1992 Wehberg-Lange-Eppinger-Schmidtke
1993–1996 Wehberg-Eppinger-Schmidtke
from 1996   WES & Partner, Wehberg-Eppinger-Schmidtke-Schatz-Betz

Einer der ersten Wettbewerbe, die für eine Zusammenarbeit zwischen Architektur, Landschaftsarchitektur und Kunst ausgeschrieben wurden, fand 1971 in Westerland, Sylt, statt. Um diese Zeit entstand auch der Begriff von Kunst im öffentlichen Raum.
1. Preis im Wettbewerb mit Brockstedt–Discher Architekten, Kiel
One of the first competitions involving co-operation between architecture, landscape architecture and art took place in Westerland (Sylt) in 1971. The idea of art in public spaces also emerged about then.
Won First Prize in cooperation with Brockstedt–Discher Architekten, Kiel

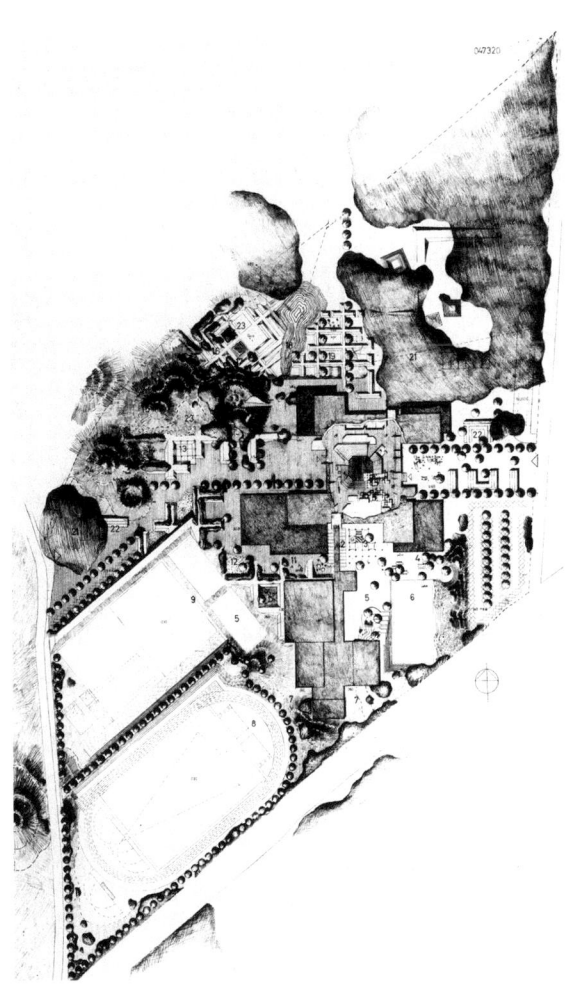

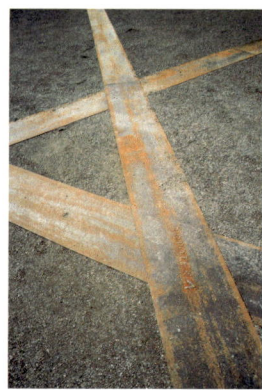

Bänder aus Stahl sind Markenzeichen des Geländes der
Landesgartenschau Eberswalde
2000
The area of the Horticultural
Show Eberswalde 2000 displays
steel ribbons as its characteristic
mark

Trends sind selbstgenügsame Kulturprodukte. Und launische noch dazu. Ist ein Trend heute ausgerufen, so hat er sich morgen schon verflüchtigt. Oder er wurde von einem neuen Trend verdrängt. Dem kuriosen Spiel der Trends konnten wir in der Überflussgesellschaft der neunziger Jahre bis zum vollständigen *ennui* zuschauen. Doch in letzter Zeit wurde es deutlich ruhiger um jenes hektische Treiben. Seit Wirtschaftsflaute, Flutkatastrophe und Krieg sind alle Trends zusammen passé, die heiße Luft hat sich verflüchtigt. Die trendarme Zeit bietet daher die Möglichkeit, über vergangene Erscheinungen nachzudenken, die auch vor der Gartenkunst nicht Halt gemacht haben: die Inszenierungen des menschlichen Daseins zum Event.

Im Zentrum dieses Strudels, der in den neunziger Jahren immer größere Reißkraft entwickelt hatte, standen die Medien und ihre neue Rolle. Nicht mehr Übermittlung und Interpretation von Realität waren ihr Gegenstand, sondern eine eigene, medieninterne Wirklichkeit. Es galt nicht mehr allein der Satz: „Jeder Mensch, der etwas erreicht hat, kommt ins Fernsehen", sondern es galt auch umgekehrt: „Jeder, der ins Fernsehen kommt, hat etwas erreicht". Nicht allein Banalität, sondern auch die Austauschbarkeit der Inhalte sind ein Ergebnis dieser Entwicklung. Da jegliches Thema zur Ware wurde, war ein Beitrag über Gartengestaltung genauso viel wert wie ein Feature über Buchbinder oder Maulwürfe. Unterschiede entstanden lediglich durch eine Deklarierung – also in der Behauptung, etwas sei wichtig, weil es im Trend liege oder diesen begründe. Bisweilen gelang der Coup tatsächlich: Angestachelt von einem fiktiven Trend zogen die Konsumenten los und übersetzten die mediale Erfindung in kapitalistische Wirklichkeit.

Anfang 2002 wurde im Internet die Botschaft verbreitet, die ‚Natur' liege wieder einmal im Trend. Diese Behauptung wurde auf der Homepage www.trendim-

Landschaftsarchitektur nach dem Trend Landscape architecture after the trend

von/by Christian Welzbacher

Trends are self-satisfied cultural products. And fickle, too. Today's trend can be gone tomorrow. Or can have been forced out by a new trend. In the affluent society of the nineties, we could watch trends playing their curious games ad nauseam. But recently all that hectic activity has calmed down a little. After an economic downturn, flood disasters and a war in the Middle East, all the trends are passé at once, in other words the hot air has funnelled down. So these low-trend times give us the chance to reflect about past phenomena that have not left horticultural art untouched: staging human existence as an event.

At the centre of this whirlpool, which generated even greater power in the nineties, were the media and their new role. They were no longer there to convey and interpret reality, their own inherent reality was the point. It was no longer enough to say: "Everyone who has achieved something gets on television", the converse was also the case: "Everyone who gets on television has achieved something." This has meant banality, but also interchangeable content. As every subject became a commodity, a feature about garden design was just as good as a feature about bookbinding or moles, so differences were established only by declaration – in other words by asserting that something was important because it was part of a trend, or because it justified the said trend. And sometimes it came off: spurred on by a fictitious trend, off the consumers went and translated the media invention into capitalist reality.

Early in 2002, a message appeared on the Internet that 'nature' was trendy again. This assertion was launched on the homepage www.trendimpulse.de, which collects new trends from all social spheres every month. Under the heading "Nature Incorporated", it announced that this trend involved "a new kind of respect for treatment and use of nature in our society". Three points would confirm this view:

pulse.de lanciert, auf der monatlich neue Trends aus allen gesellschaftlichen Bereichen versammelt werden. Unter der Überschrift „Nature Incorporated" hieß es dort, dieser Trend beschreibe „eine neue Art des Respekts, Umgangs und Einsatzes der Natur in unserer Gesellschaft". Diese Haltung würde anhand dreier Punkte nachvollziehbar: „Innovationsmotor Natur: Die Natur steht Pate für technologische Entwicklungen, organisches Design, genetische Architektur und bestimmt mit ihrer Weisheit das Streben nach Innovation. Koproduzent Natur: Die Natur bietet Inspiration und Lebensqualität. Ihre unveränderbaren Abläufe sind ein Ruhepol in einer Gesellschaft der Datenhighways und des nie endenden Informationsflusses. Teilhaber Natur: In der modernen Architektur werden Häuser nicht mehr gebaut, sie wachsen."

Selbstverständlich bedarf es keiner rhetorisch getunten Homepages, um eine anhaltende Begeisterung für wilde oder gestaltete Natur festzustellen. Bundesgartenschauen oder ihre kleineren Pendants der Länder und Gemeinden bestätigen, dass Gärten Anziehungspunkte für Menschen sind. Warum genau aber sich Millionen Besucher von solchen Schauen angesprochen fühlen, ist kaum zu ermitteln. Jene Bevölkerungsschicht, die einen eigenen Garten besitzt und sich daher auch für die Gestaltung im Großen interessiert, bildet dabei allenfalls den Bodensatz. Und quantitativ messbaren Erfolg haben auch Rummelplätze und Stehbierhallen, ohne dass sie mit Nachhaltigkeit werben müssten. Klaus E. R. Lindemann hat in seinem Buch über Gartenschauen[1] versucht, die Aspekte zusammenzufassen, die zum Gelingen einer Gartenausstellung beitragen. Er zeigt, dass die inhaltliche Ebene nur einer von vielen Faktoren ist, neben den beteiligten Ausstellern, Gartenplanern, Stadtverwaltungen, Besuchern, Anwohnern, ausführenden Firmen, Gastronomen und vielen weiteren Aspekten einer erfolgreichen Schau.

Die Planer des Henriette-Herz-Parks in Berlin entschieden sich für eine respektvolle abstrakte Gestaltung dieses öffentlichen Raumes. Entwurf: DS Landschapsarchitecten, Amsterdam und Shlomo Koren, Amsterdam, 2001–2002
The planners of the Henriette-Herz-Park in Berlin decided on a respectful abstract design. Design: DS Landschapsarchitecten, Amsterdam and Shlomo Koren, Amsterdam, 2001–2002

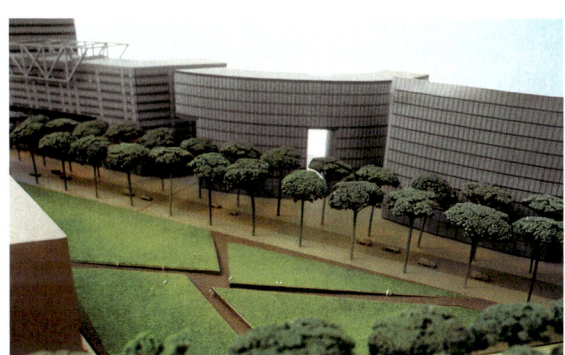

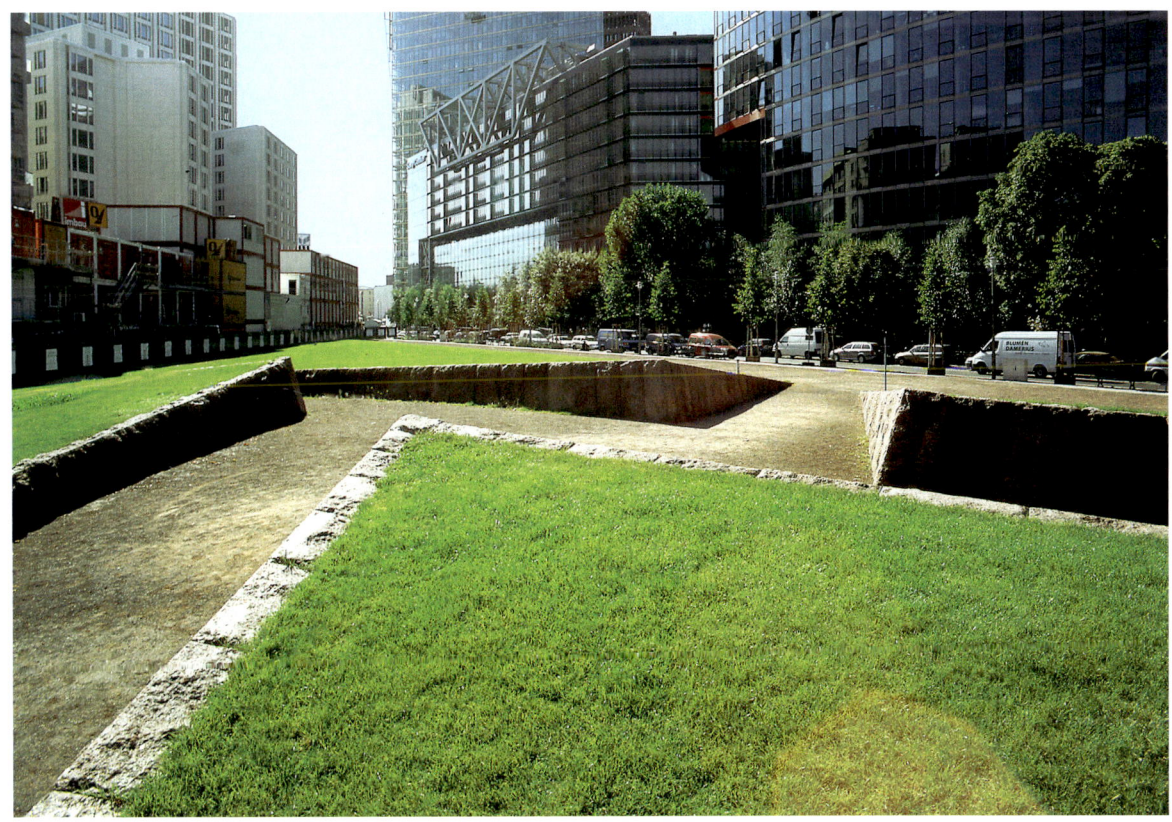

Der Henriette-Herz-Park strahlt eine besondere Kraft aus: Sonne, Regen, Schnee, Nebel und andere Wettererscheinungen sorgen für wechselnde Erfahrungen der Besucher an einem Ort der Ruhe
The Henriette-Herz-Park exercises a particular power: sun, rain, snow, fog and other weather phenomena give visitors varied experiences in a quiet place

Landschaftsarchitektur nach dem Trend Landscape architecture after the trend

Der Georg-Freundorfer-Platz in München dient Anwohnern und Passanten als Treffpunkt, als Veranstaltungsort, als multifunktionale Fläche zum Spielen und Verweilen.
Entwurf: Levin Monsigny Landschaftsarchitekten, Berlin, 2001 – 2002
Residents and passers-by meet at Georg-Freundorfer-Platz in Munich; it is an events location, a multi-functional area for play and relaxation.
Design: Levin Monsigny Landschaftsarchitekten, Berlin, 2001 – 2002

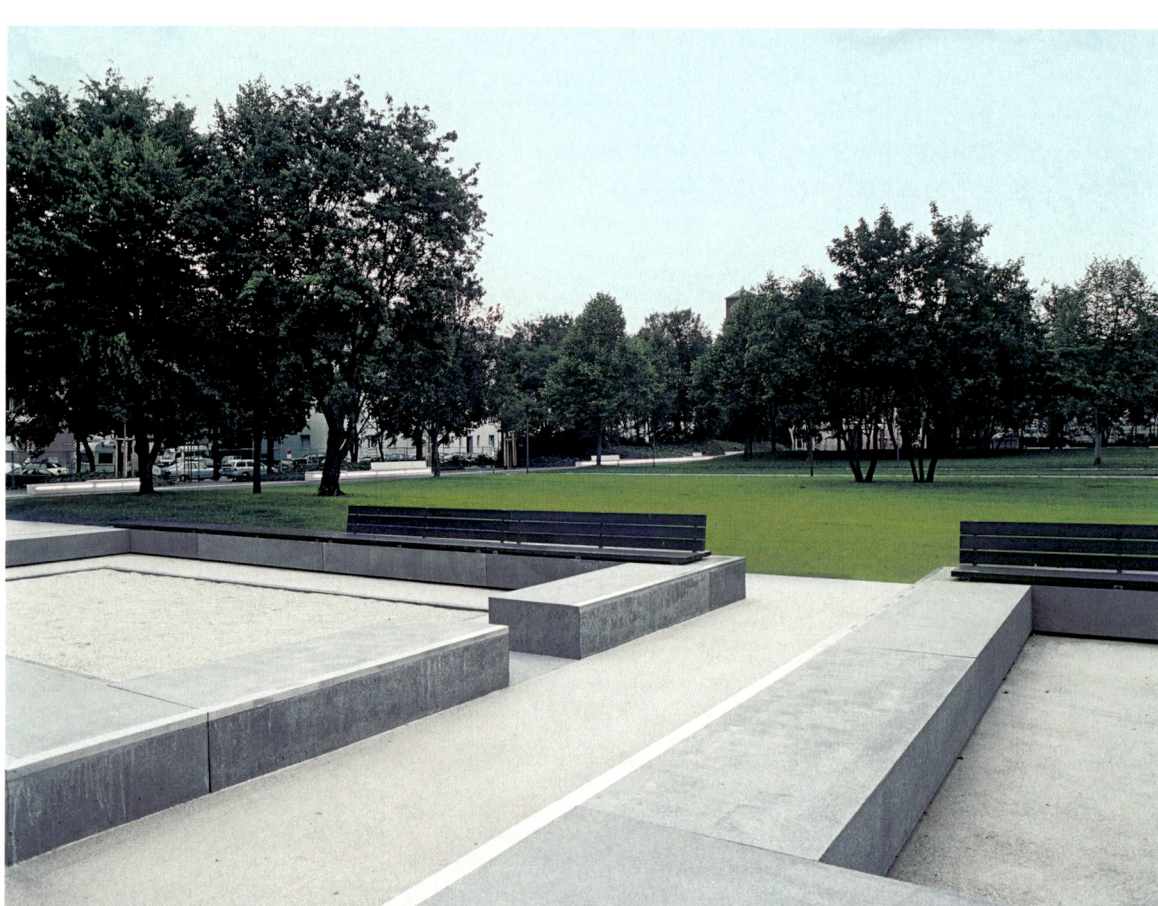

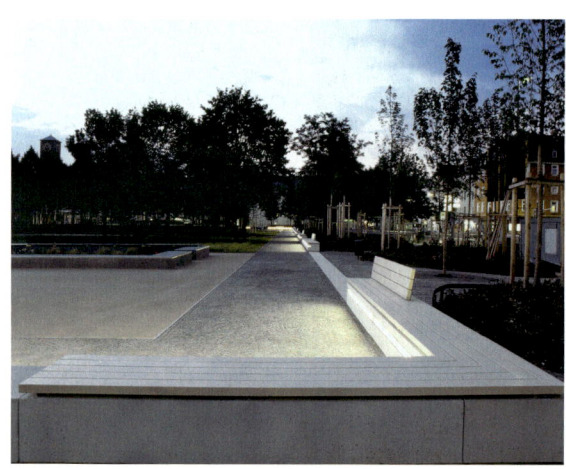

Der Platz erhielt gestalterisch und funktional einen Rahmen. Dieser fasst den durch Ausgestaltung und Nutzungsansprüche zergliederten Platz zu einer Einheit zusammen
The square was framed to address both design and function. This concept brings together what had previously been torn apart by its form and different uses

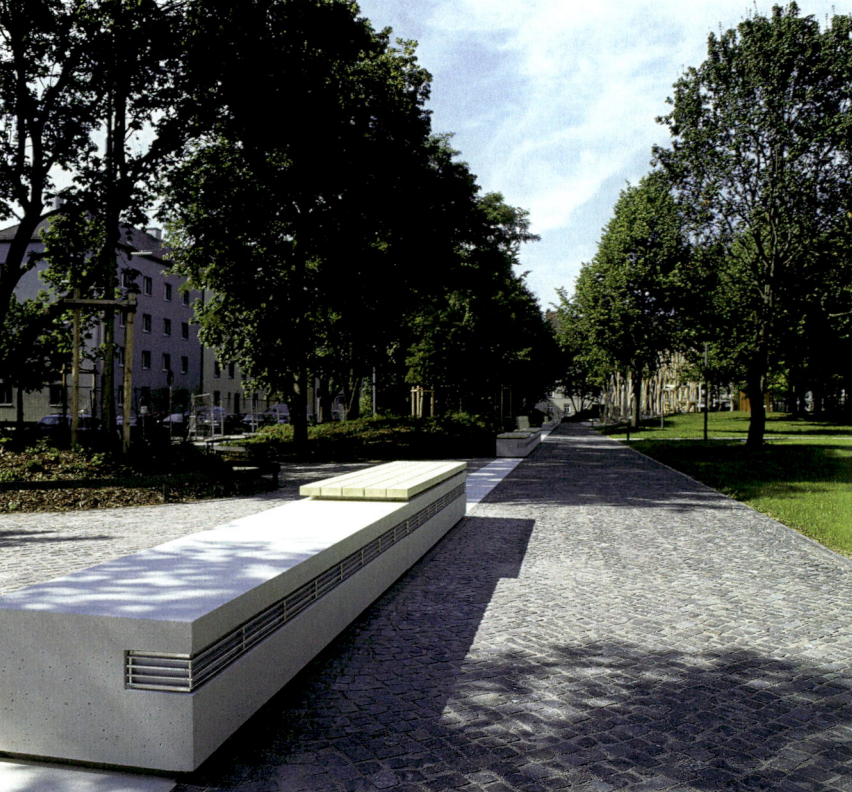

Der Rahmen, der durch eine helle ‚Zierleiste‘ akzentuiert wird, ist der Schwerpunkt der Umgestaltung.
Es entstand ein grünes Forum für die umliegenden Quartiere
The frame, accentuated by a decorative strip of lights, is the focal point of the new design. A green forum for the surrounding districts has emerged

Landscape architecture after the trend

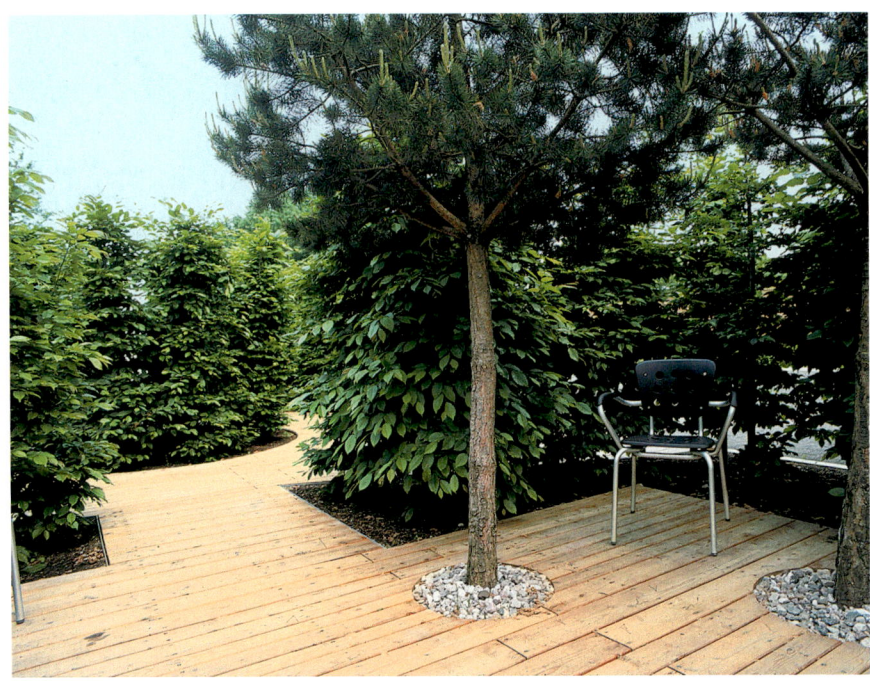

Es sind die vorsichtig implantierten gestalterischen Gesten, die dem neuen Park seine Qualität geben

The park acquires its quality from carefully implanted design gestures

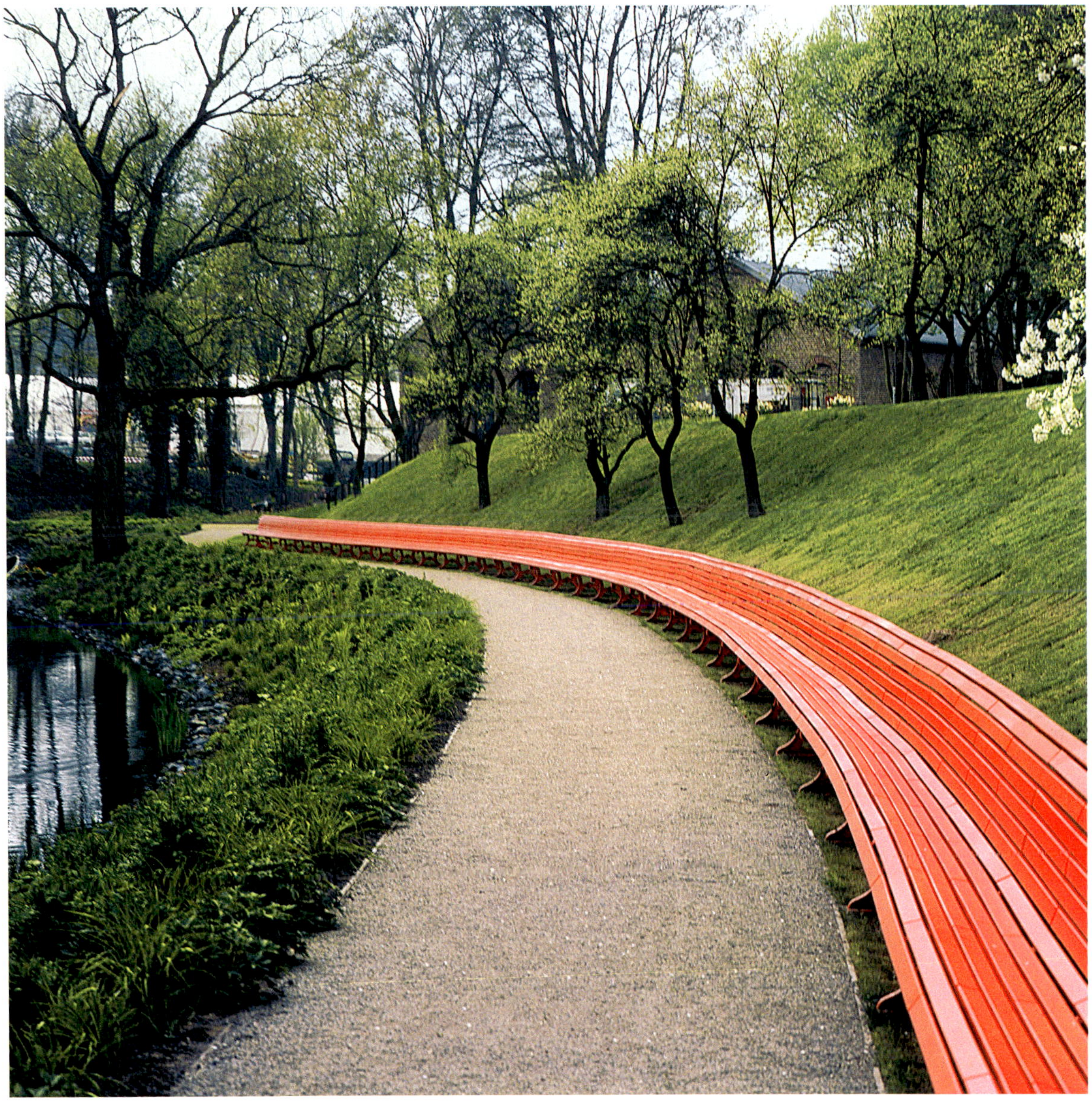

Das Konzept für einen postindustriellen Landschaftspark setzt auf das Gelände neu markierende Höhepunkte, hier die industriell verlängerte Bank

The concept for a post-industrial landscape park uses highlights that map the area in new ways, in this case the industrially elongated bench

Landschaftsarchitektur nach dem Trend

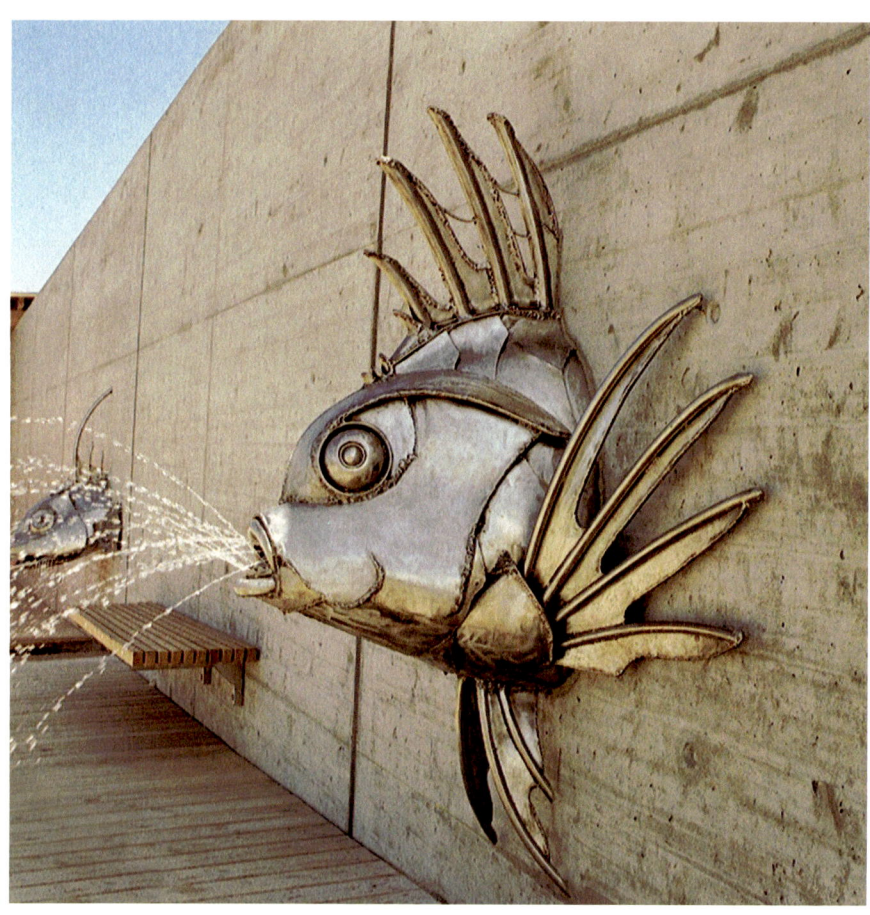

36

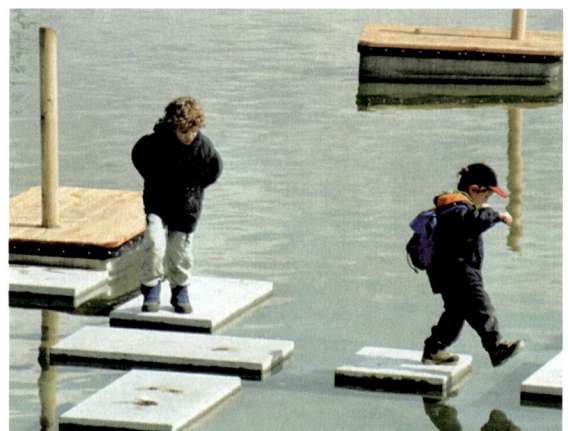

Flöße und Trittsteine fordern dazu heraus, die Wasserfläche zu überwinden
Rafts and stepping-stones challenge people to cross the water

gardens of Sanssouci, of Muskau, or Wörlitz and Schwetzingen?"[2] The organizers of the 1985 Berlin show denied precisely this, and tried to find an alternative to an entertainment industry with plants. And yet it was in most cases difficult to see in what way a large horticultural show was markedly different from any other event. The organizers of large and small horticultural shows should not so much feel put off by the idea that people are perhaps less interested in the content than the event itself, but should feel inspired and liberated by it. They do not have to proclaim any trends, or sell products, they do not have to compete with the giant fairgrounds of private commerce. A slightly more relaxed approach to exaggerated quantitative demands could lead, in the current 'post-event regeneration phase', to essentials returning to their proper place.

One central theme has held its own ever since the very first large-scale horticultural shows: as early as 1939, the terrain on the Killesberg in Stuttgart was to be restored and developed, and thus returned to the citizens. This handing back was staged in the form of a horticultural show, in other words, the temporary event preceded permanent use, and this has been constantly improved and developed ever since. There is nothing wrong with a good fanfare at the opening, so long as it does not overwhelm the actual purpose of the whole as an event in its own right. For ultimately, when the pop stars, cameras and politicians have gone away, parks and gardens remain regenerative areas in which people can go for a walk. But it is only in this calm state that a basis can emerge for identification that grows and flourishes gradually. It will rise above being fashionably short-lived.

erschlossen und somit den Bürgern zurückgegeben werden. Die Rückgabe wurde mit einer Gartenschau inszeniert, die temporäre Veranstaltung also einer dauerhaften Nutzung vorangestellt, an der seither kontinuierlich gefeilt und gestaltet wurde. Gegen einen ordentlichen Paukenschlag bei der Eröffnung ist nichts zu sagen, solange er nicht als selbstgenügsames Event den eigentlichen Zweck des Ganzen überwuchert. Denn schließlich bleiben Parks und Gärten auch nach dem Abzug von Popstars, Kameras und Politikern regenerative Bereiche, in denen Menschen spazieren gehen können. Erst in diesem beruhigten Zustand aber kann der Boden für eine Identifikation entstehen, die allmählich wächst und gedeiht. Sie wird über modische Schnelllebigkeit erhaben sein.

Plattformen am Wasser sind Orte von besonderer Atmosphäre, die zu Rollenspielen, zum Ausruhen oder zum Träumen einladen
Platforms by the water are places with a particular atmosphere that invite people to role-play, rest or dream

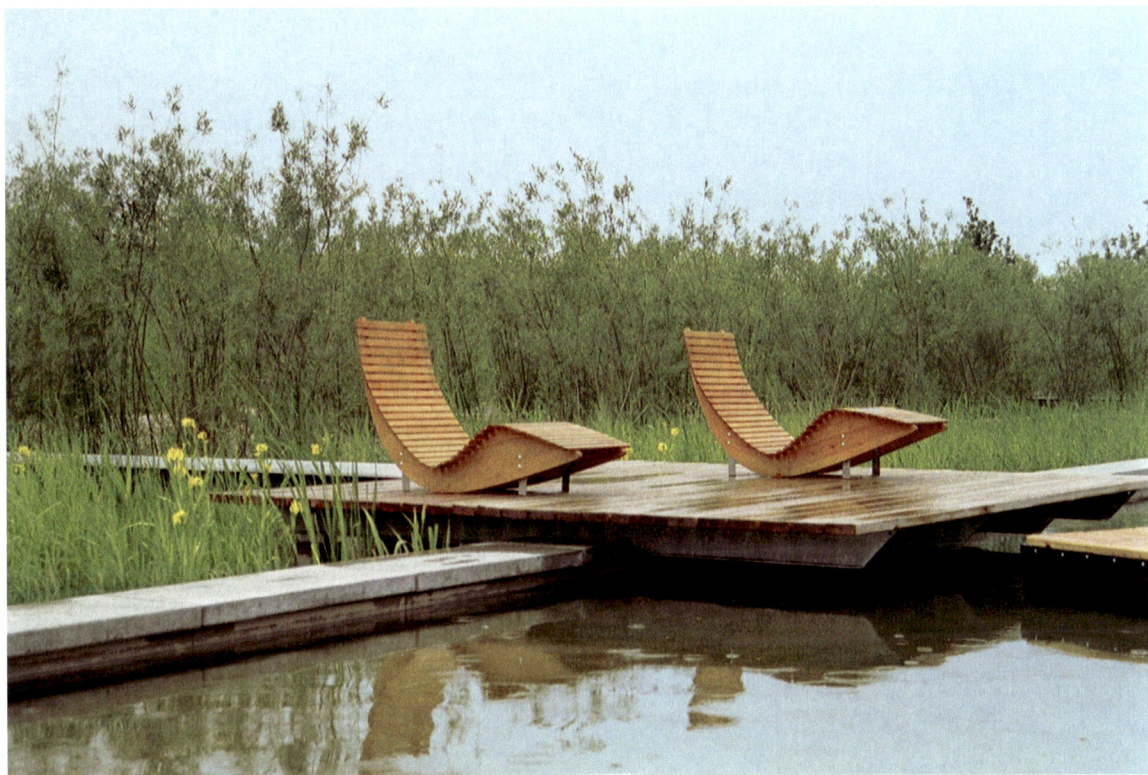

37

Anmerkungen
1   Lindemann 1977: *Die Verwirklichung eine Idee. 25 Jahre Bundesgartenschauen.* Dokumentation, Karlsruhe.
2   Galerie Aedes (Hg.) 1985: *Unrealisierte Projekte zur Bundesgartenschau.* Berlin.

Footnotes
1   Lindemann 1977: *Die Verwirklichung einer Idee. 25 Jahre Bundesgartenschauen.* Dokumentation, Karlsruhe.
2   Galerie Aedes (Ed.) 1985: *Unrealisierte Projekte zur Bundesgartenschau.* Berlin.

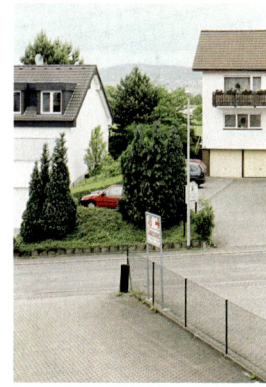

Main-Taunus-Kreis, 2002
Fotografin: Tina Brüser
Main-Taunus-District, 2002
Photographer: Tina Brüser

Umbruchzeiten erzeugen immer Unsicherheit. Wir stecken tief im Umbruch, auch wenn es schwer fällt zu bestimmen, wann die Industriegesellschaft durch die Informationsgesellschaft abgelöst sein wird.

Für Inhalte und Aufgabenfelder der Landschaftsarchitektur folgen daraus Konsequenzen. Die gesamte Vorgehensweise der Disziplin ist geprägt durch die Sicht- und Arbeitsweise der Industriegesellschaft. Dies trifft sowohl für die Landschaftsplanung als auch für die Objektplanung, die Landschaftsarchitektur, zu. Das Instrumentarium der Landschaftsplanung dient bekanntermaßen vor allem dem Schutz des Naturhaushaltes vor Eingriffen und Nutzungsansprüchen sowie der Entwicklung qualitätvoller Landschaften. Die Wertmaßstäbe sind dabei überwiegend rückwärtsgewandt.

Die Landschaftsarchitektur beschäftigt sich vor allem mit städtischen Freiräumen – oftmals immer noch an den in der Industriegesellschaft artikulierten Bedürfnissen nach Freizeit und Erholung orientiert. Man benutzt alte Naturbilder und spielt mit dem nur noch historisch begreifbaren Gegensatz zwischen Stadt und Landschaft.

Haben wir die gegenwärtigen gesellschaftlichen Veränderungen und ihre reale Konsequenz in der Landschaft schon ausreichend verstanden, um überhaupt die richtigen Fragen stellen zu können?

Nachhaltige Gestaltung der Zwischenstadt

Es häufen sich Aussagen, dass durch die Gestaltung des Freiraums wichtige Impulse für die Weiterentwicklung der urbanisierten Landschaften zu erwarten sind.[1] Das Wachsen der Zwischenstädte ist das zentrale Problem der Urbanisierung in den entwickelten Ländern Europas. Die ökologischen, ökonomischen, sozialen

Wohin mit Landschaft? Whither landscape?

von/by Jörg Dettmar

Times of upheaval always cause uncertainty. We are in the midst of an upheaval, even though it is difficult to determine precisely when the industrial society will be replaced by the information society.

This has consequences for landscape architecture's ideas and operational fields. The discipline's whole approach is shaped by industrial society's way of looking at and working with things. This applies both to landscape planning and to project planning, which is landscape architecture. As is well known, landscape planning instruments are intended above all to protect nature from intervention and attempted exploitation, and to develop high-quality landscape. Here the standards and values are largely backward-looking.

Landscape architecture is concerned above all with urban open spaces – often still addressing industrial society's needs for leisure and recreation. Old images of nature are used and play is made with a contrast between town and countryside that is now only comprehensible historically.

Have we yet sufficiently understood current social changes and their real consequences for landscape to be able to ask the right questions?

Sustainable design for the "Zwischenstadt"

It is repeatedly said that designing open spaces should allow us to expect important impetus for further development of urbanized landscapes.[1]

The emergence of the "Zwischenstadt" – in-between or intermediate city – is the central urban development problem in the highly developed countries of Europe. The ecological, economic, social and aesthetic problems created by these structures have been sufficiently described. And as long as the intermediate cities are described or evaluated as mobilized, characterless, placeless urban structures,

Die folgende Fotoserie zeigt Aufnahmen, die Studierende der Hochschule für Gestaltung und Kunst Zürich und der Hochschule für Grafik und Buchkunst Leipzig anfertigten. Die Arbeiten wurden 2003 im Rahmen der Ausstellung „Psychoscape – Peripherie und Fotografie" in Leipzig gezeigt.
The following series of photographs presents works by students of the School of Art and Design, Zurich, and the Academy of Graphics and Book Art, Leipzig. They were shown as part of the exhibition "Psychoscape – Periphery and Photography" in Leipzig.

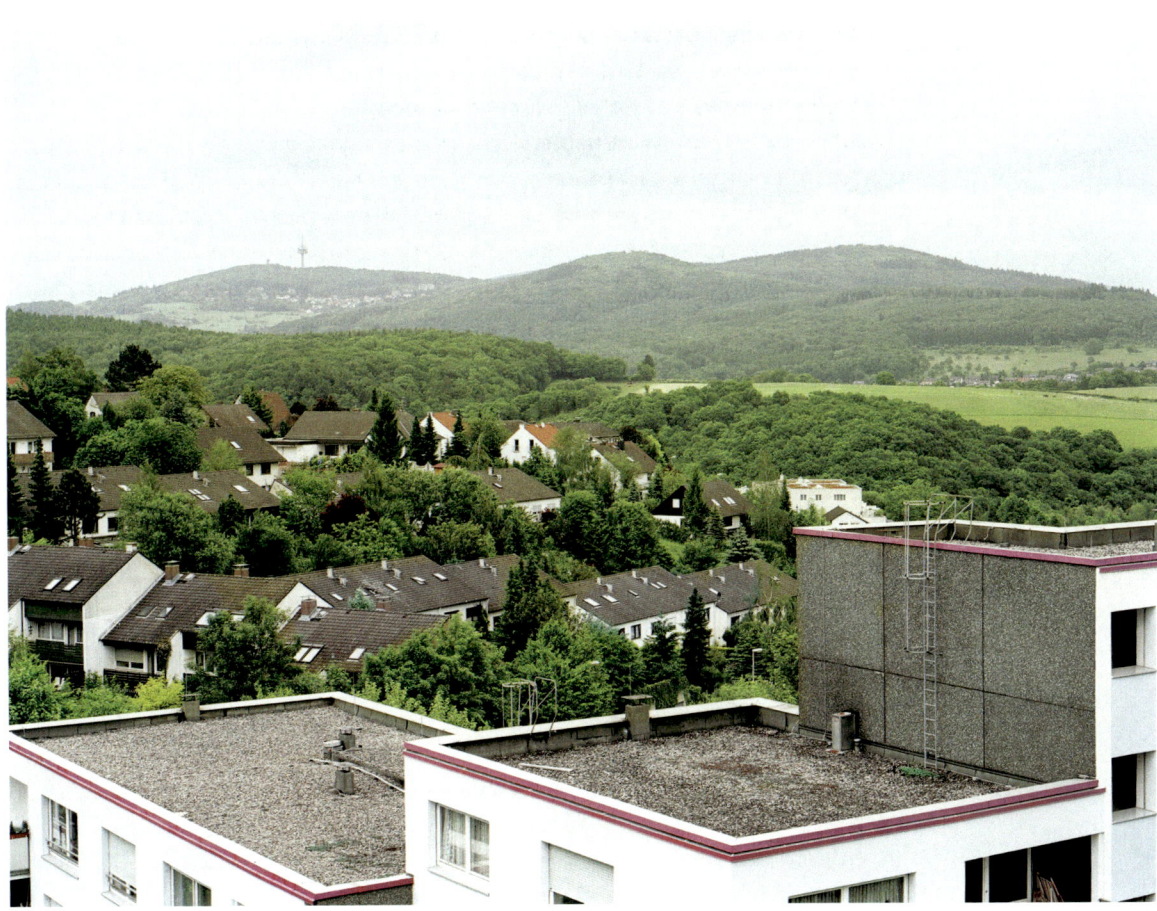

Main-Taunus-Kreis, 2002
Fotografin: Tina Brüser
Main-Taunus-District, 2002
Photographer: Tina Brüser

people start asking how this could be changed. The undeveloped spaces in between are seen as the starting-point from which the backbone of the Zwischenstadt is supposed to develop. The aim is: designing sustainable and suburbanized landscapes with a distinctive character.

When dealing with the supposed chaos of the Zwischenstadt, the traditional planning approach is to create order. Sightlines, development axes, clear spatial figures are found in both town planning and landscape architecture. Zwischenstadt design requirements have so far involved creating ordering structures. Apart from the fact that these will not be practicable, they also produce a backward-looking image.

Another approach is to reinterpret existing structures and enhance them artistically with the aim of 'value addition'. This has been attempted most consistently by IBA Emscher Park in the industrial landscape of the Ruhr. Considerable power can be mobilized if there are enough structural and spatial relics of a past economic mode that can be aestheticized and romanticized, and if these relics are spectacular enough to hold their own with the events of here and now. The prerequisite was that a perception of 'industrial culture' had to be laboriously learned, involving re-examining and re-programming of perception patterns for all participants.[2]

There is something to be said for learning to perceive the structure and matrix of alleged non-places before starting to reflect about designing the Zwischenstadt and thus constructing a landscape spine.

The question of how an urbanized landscape form can be created can be asked only on the basis of changed perceptions. One conceivable solution is to connect cyclical processes: environmentally friendly agriculture linked with regional marketing, a newly emerging 'wilderness' linked with acquiring terrain as a space for

und ästhetischen Probleme dieser Strukturen sind ausreichend beschrieben. Sofern man die Beschreibungen bzw. die Bewertung als mobilisierte, charakterlose, ortlose urbane Struktur nachvollzieht, stellt sich die Frage, wie dies zu ändern wäre. Als Ansatzpunkt werden die unbebauten Zwischenräume gesehen, aus denen sich das Rückgrat der Zwischenstädte entwickeln soll. Das Ziel heißt: Gestaltung nachhaltiger und charaktervoller suburbanisierter Landschaften.

Im Umgang mit dem vermeintlichen Chaos der Zwischenstadt ist der traditionelle planerische Ansatz die Schaffung von Ordnung. Sichtachsen, Entwicklungsachsen, klare räumliche Figuren finden sich im Städtebau wie in der Landschaftsarchitektur. Die Forderung nach der Gestaltung der Zwischenstadt hat bisher in erster Linie mit ordnenden Strukturen zu tun. Abgesehen davon, dass diese praktisch nicht umsetzbar sein werden, ergeben sie zudem ein rückwärtsgewandtes Bild.

Ein anderer Ansatz ist die Neuinterpretation vorhandener Strukturen und ihre künstlerische Überhöhung mit dem Ziel der ‚Inwertsetzung‘. Dies ist am konsequentesten durch die IBA Emscher Park mit der Industrielandschaft im Ruhrgebiet versucht worden. Hierin liegt eine erhebliche Kraft, wenn es genügend ästhetisierbare und romantisierbare baulich-räumliche Relikte einer vergangenen Wirtschaftsweise gibt, die spektakulär genug sind, um mit den Events der Jetztzeit mithalten zu können. Voraussetzung war das mühsame Erlernen einer Wahrnehmung von ‚Industriekultur‘, die Überprüfung und Umprogrammierung der Wahrnehmungsmuster bei allen Beteiligten.[2]

Es spricht einiges dafür, dass wir erst einmal die Struktur und Matrix der vermeintlichen Unorte wahrnehmen lernen sollten, bevor wir anfangen, über die Gestaltung der Zwischenstadt, den Aufbau eines landschaftlichen Rückgrats nachzudenken.

40

experiencing nature and an attractive, ecologically valuable ‘urbanized cultural landscape’. It is up to landscape architecture to define such new and appealing images.

Open spaces in shrinking cities

The scale of the decline in population has still not been fully understood in Germany, and above all not accepted as a permanent factor. The predicted 40% population shrinkage in some East German towns is just the economically determined tip of a development that will hit almost all local authorities. It will trigger enormous economic, social and planning problems. Over 300,000 dwellings (of 1.3 million that are standing empty) that are to be pulled down as part of the programme "Stadtumbau Ost" (urban restructuring in eastern Germany) will create a lot of new open spaces.

Usually the planning concepts presented for these areas to date have been looking at traditional open-air spaces in the parks and gardens range. But as most local authorities can no longer maintain public green spaces, this path is blocked. Developing and maintaining private green areas will be viable only if the remaining building stock is upgraded on a profitable basis. Given declining demand, this is a field where the calculations are difficult.

New types of open space have to be developed. They have to be laid out and maintained in a way that is advantageously priced and at the same time open to a variety of uses. Starts have been made in this direction with concepts for transforming perforated districts, coming from Leipzig [3] or Berlin,[4] for example. But ultimately these ‘new’ elements are familiar: they include above all waste land, succession, wilderness, woodland, allotments and self-seeded gardens. So far, these ap-

Erst auf der Basis einer geänderten Wahrnehmung ist zu fragen, wie eine Form der urbanisierten Landschaft nachhaltiger zu gestalten ist. Eine vorstellbare Lösung ist die Verknüpfung von Kreislaufprozessen, von umweltgerechter Landwirtschaft mit regionaler Vermarktung, von neu entstehender ‚Wildnis' mit Eignung als Naturerlebnisraum und einer attraktiven ‚urbanisierten Kulturlandschaft' von hohem ökologischen Wert. Die Definition solcher ansprechenden und neuen Bilder ist Aufgabe der Landschaftsarchitektur.

Freiräume in schrumpfenden Städten
Die Dimension des Bevölkerungsrückgangs wird in Deutschland nach wie vor nicht begriffen und vor allem nicht als dauerhafter Faktor akzeptiert. Die prognostizierte Schrumpfung der Bevölkerung in einigen ostdeutschen Städten um bis zu 40 Prozent ist nur die wirtschaftlich bedingte Spitze einer Entwicklung, die fast alle Kommunen erreichen wird. Dies löst massive ökonomische, soziale und planerische Probleme aus. Mehr als 300000 Wohnungen (von 1,3 Millionen leerstehenden Wohnungen), die im Rahmen des Programms Stadtumbau Ost abgerissen werden sollen, schaffen viele neue Freiräume.

Meist sehen die bislang vorgestellten planerischen Konzepte auf diesen Flächen die Entwicklung von traditionellen Freiraumtypen im Spektrum zwischen Parks und Gärten vor. Da öffentliche Grünflächen jedoch von den meisten Kommunen schon jetzt nicht mehr unterhalten werden können, ist dieser Weg verbaut. Die Entwicklung und Unterhaltung privater Grünflächen wird nur bei rentabler Aufwertung des verbleibenden Gebäudebestands tragfähig sein. Dies ist angesichts sinkender Nachfrage ein schwer kalkulierbares Feld.

proaches have not taken a form that can be codified, and presumably have not been widely accepted either.

Public space in built-up city areas
The future of public space in built-up towns and cities is also a central operational field for landscape architecture. The spectrum available for dealing with public spaces is a broad one. There are towns that try to combine up to date development with retaining traditional functions (e.g. Stuttgart). Alongside this, privatization and commercialization by shopping arcades and leisure parks plays a major part in many towns (e.g. Oberhausen). And there are examples showing that neglect is setting in – at least in certain parts of the town – because of a lack of financial resources (e.g. Hamburg or Berlin).

The question of how much the general social conditions created by the information society lead to changed demands on public open spaces is still open. There are no empirical studies on this,[5] merely speculation. One logical consequence is starting to develop open spaces with no specified use. But it is questionable how much flexibility, as a central design characteristic, is in a position to shape locations with a distinctive character.

The future of cultural landscapes
With or without an agricultural revolution – it is obvious that current industrialized agriculture has no future in many European regions. At the latest, when the EU widens to the east, large areas will become available in less efficient agricultural regions. The known concepts swing between relegation to museum status, creating an ecological function, allowing areas to go wild and developing tourist

Die Entwicklung neuer Freiflächentypen ist notwendig. In ihrer Anlage und Unterhaltung müssen sie kostengünstig und gleichzeitig offen für wechselnde Nutzungen sein. Ansätze in dieser Richtung zeigen einige Konzepte für die Umwandlung perforierter Stadtteile z. B. aus Leipzig[3] oder Berlin[4]. Die „neuen" Bausteine sind allerdings letztlich bekannt: Es geht vor allem um Brache, Sukzession, Wildnis, Wald, Mietergärten und Spontangärten. Bislang fehlt diesen Ansätzen noch eine nachprüfbare Gestalt und vermutlich auch die Akzeptanz.

Öffentlicher Raum in verdichteten Stadtzonen

Die Zukunft des öffentlichen Raumes in verdichteten Städten ist ebenfalls ein zentrales Aufgabenfeld der Landschaftsarchitektur. Das Spektrum des Umgangs mit öffentlichen Räumen ist breit. Es gibt Städte, die eine zeitgemäße Weiterentwicklung unter Bewahrung traditioneller Funktionen versuchen (siehe Stuttgart). Daneben spielt die Privatisierung und Kommerzialisierung durch Einkaufspassagen und Freizeitparks in vielen Städten eine große Rolle (siehe Oberhausen). Und es gibt Beispiele beginnender Verwahrlosung – mindestens in bestimmten Stadtteilen – aufgrund fehlender finanzieller Mittel (siehe Hamburg oder Berlin).

Offen ist die Frage, inwieweit die gesellschaftlichen Rahmenbedingungen der Informationsgesellschaft zu veränderten Ansprüchen an die öffentlichen Freiräume führen. Darüber gibt es keine empirischen Untersuchungen[5], sondern nur Spekulationen. Der Ansatz der Entwicklung nutzungsoffener Freiräume ist eine logische Konsequenz. Fraglich ist allerdings, inwieweit die Flexibilität als zentraler Gestaltungsinhalt in der Lage ist, charaktervolle Orte zu prägen.

42

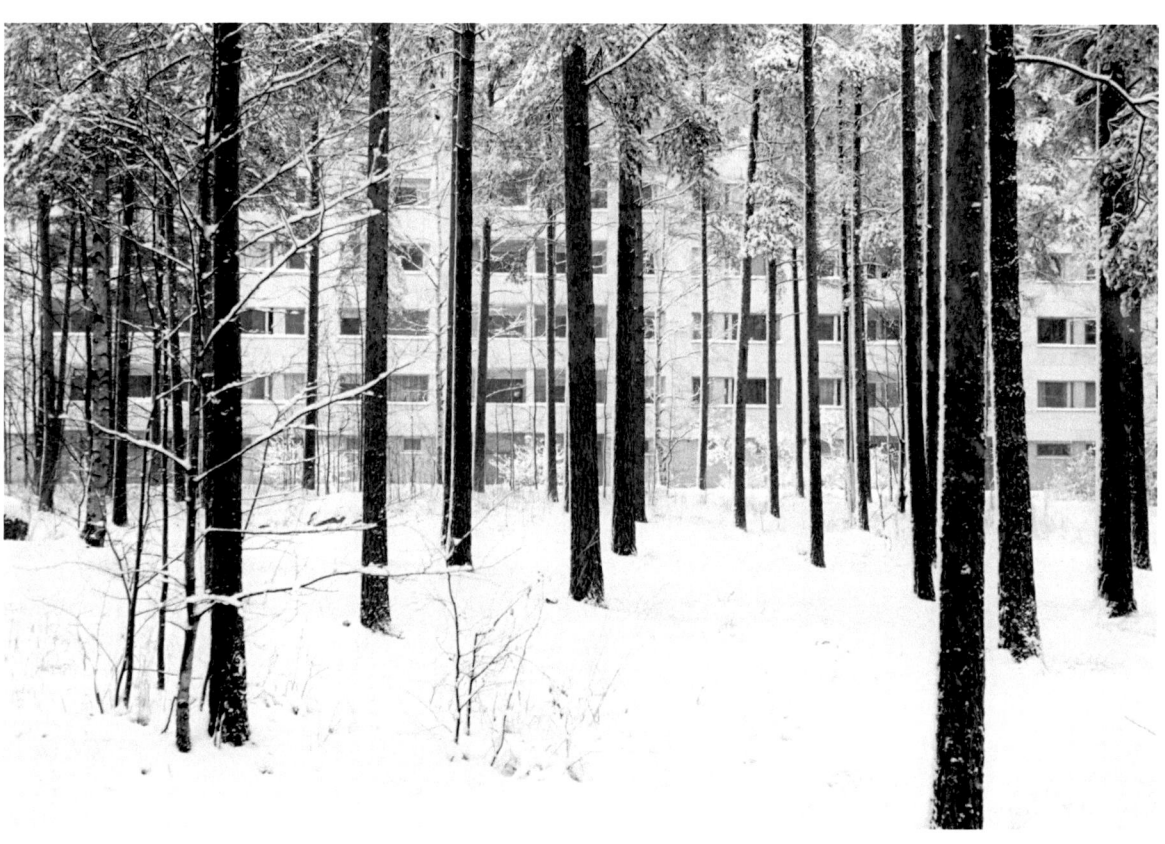

Polarnacht, 2002
Fotograf: Michael Lio
Polar night, 2002
Photographer: Michael Lio

Zukunft der Kulturlandschaften

Ob mit oder ohne Agrarwende – es ist offensichtlich, dass die industrialisierte Landwirtschaft der Gegenwart in vielen europäischen Regionen keine Zukunft hat. Spätestens mit der Osterweiterung der EU werden in weniger leistungsfähigen Agrarregionen umfangreiche Flächen freigesetzt. Die bekannten Konzepte pendeln zwischen Musealisierung, ökologischer Funktionalisierung, Verwilderung und der Entwicklung von Tourismuslandschaften. Die gestalterische Weiterentwicklung von Kulturlandschaften mit veränderter ökonomischer Basis bleibt eine große Aufgabe, deren wichtigste Klammer die Weiterentwicklung einer urbanen Kulturlandschaft ist.

80 Prozent der Bevölkerung Deutschlands leben bereits heute in urbanen Verdichtungsräumen; Lebensstile und Lebensformen sind urbanisiert. Kennzeichnend ist die von dem Historiker Rolf-Peter Sieferle getroffene Charakterisierung[6] unserer zeitgenössischen urbanisierten Landschaft, die bestimmt ist durch die Mobilität von Menschen und Materialien, eine zunehmende Ortlosigkeit und die Permanenz des Wandels. Natürlich gibt es noch strukturelle, ökologische oder ästhetische Unterschiede zwischen besiedelten Räumen und weitgehend unzersiedelten Landschaften. Allerdings ist das funktionsbezogene Verständnis aller mitteleuropäischen Landschaftsräume nur möglich, wenn sie im Zusammenhang mit der Urbanisierung begriffen werden.

Bei der Betrachtung der realen Form industrialisierter Landwirtschaft wird der Bezug zur urbanen Lebensweise schnell deutlich. Die Industrialisierung der Landwirtschaft bedeutet in der Konsequenz die völlige Vernachlässigung des Ortsbezugs und ist somit letztlich das Ergebnis der städtisch-industriellen Denkweise.

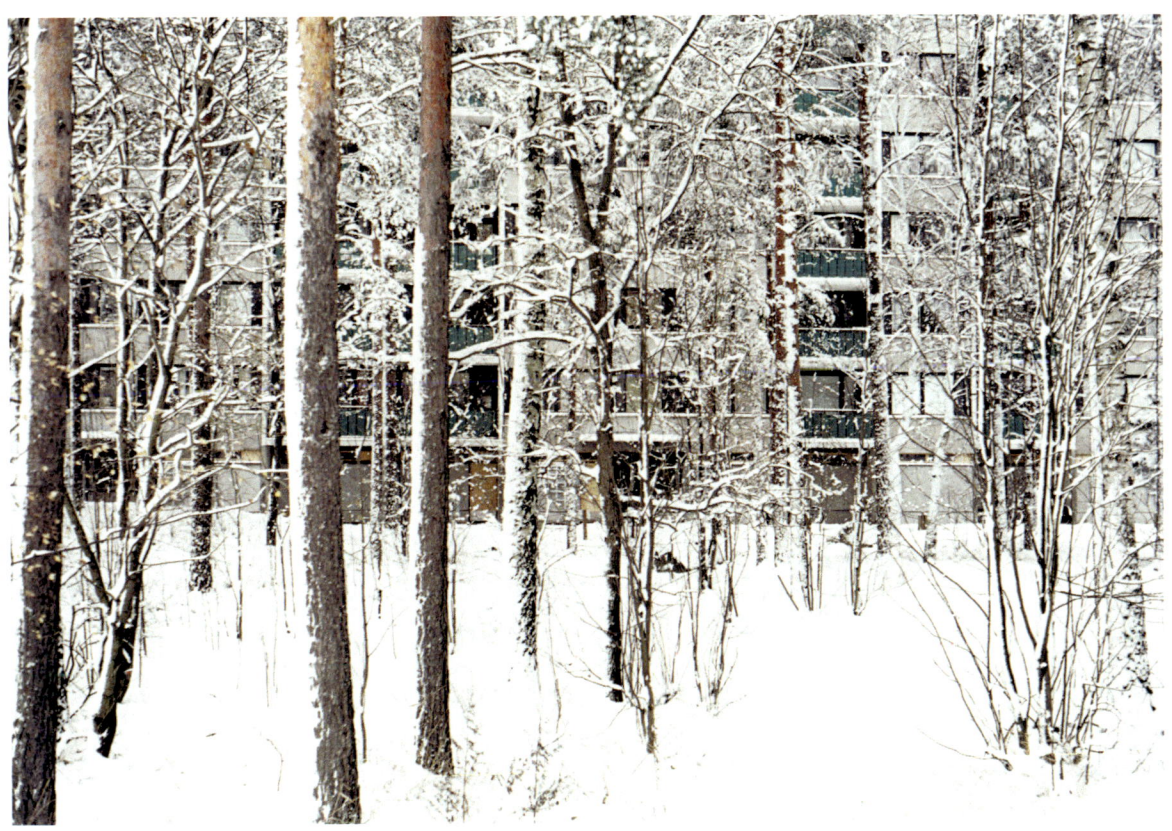

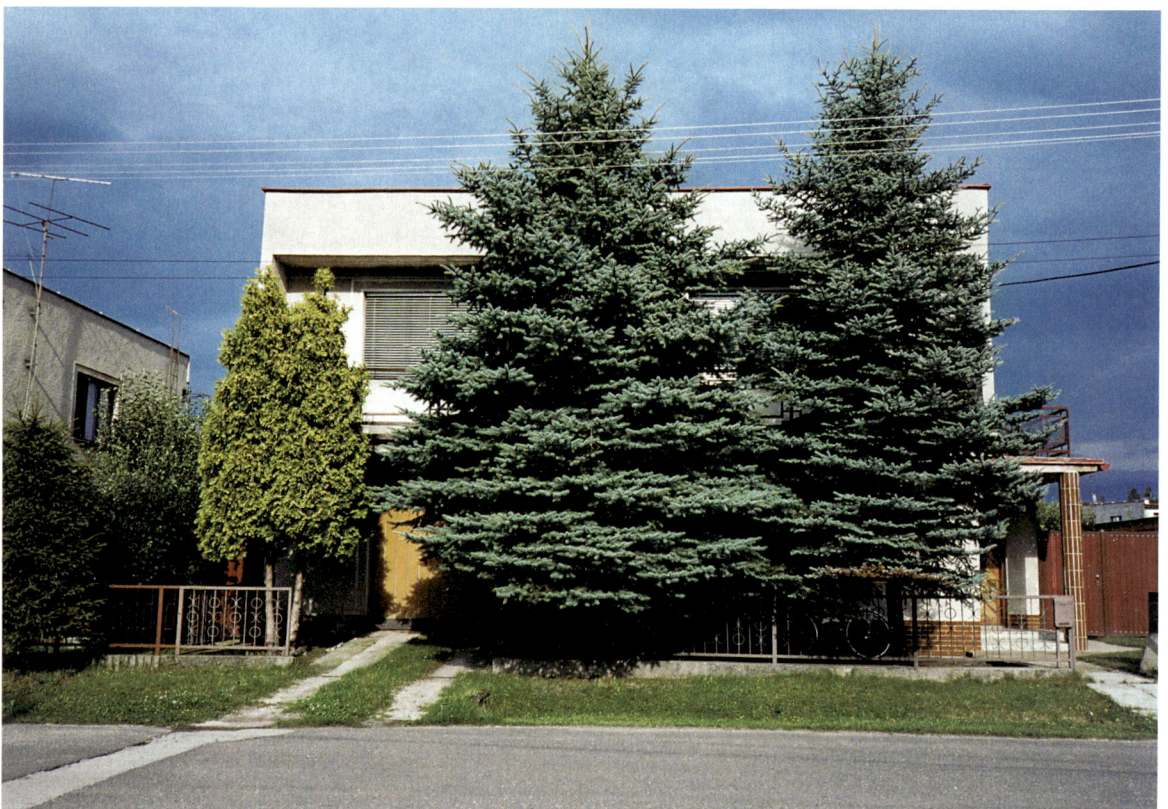

44

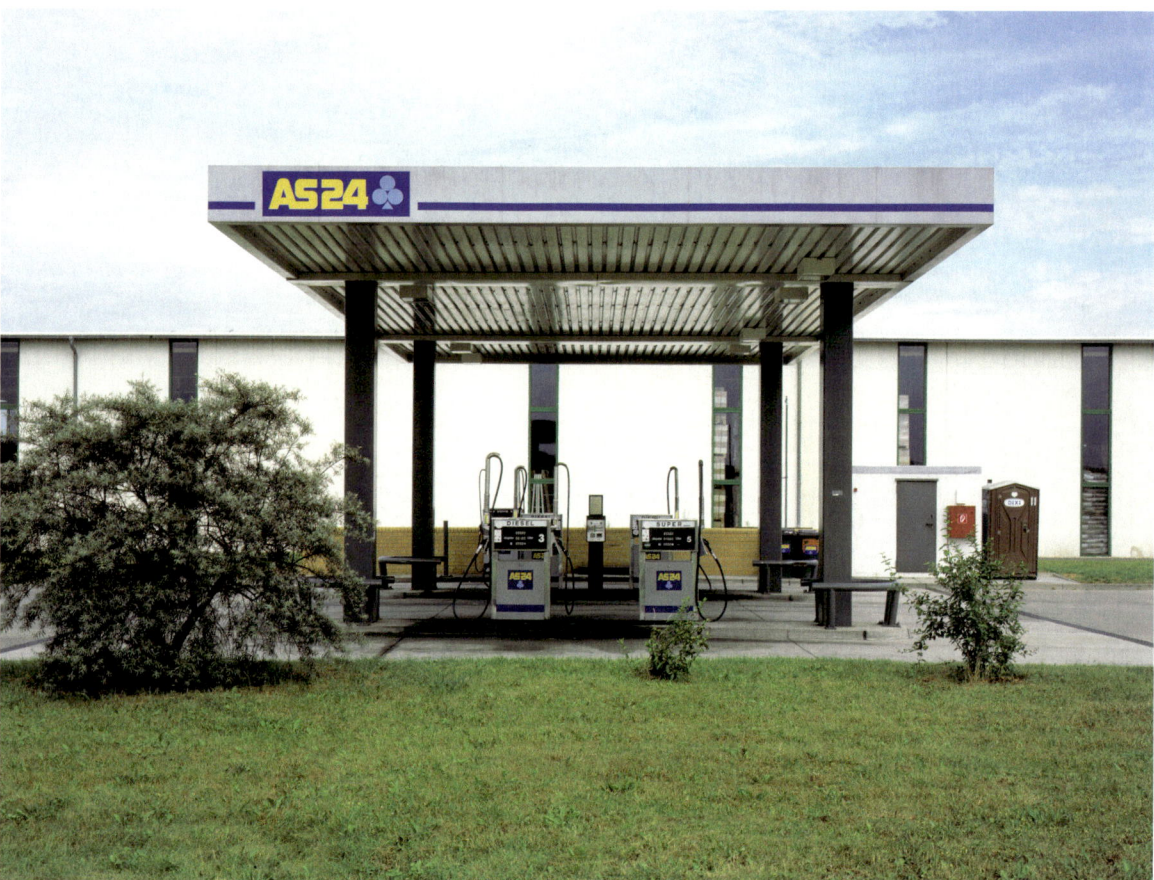

Whither landscape?

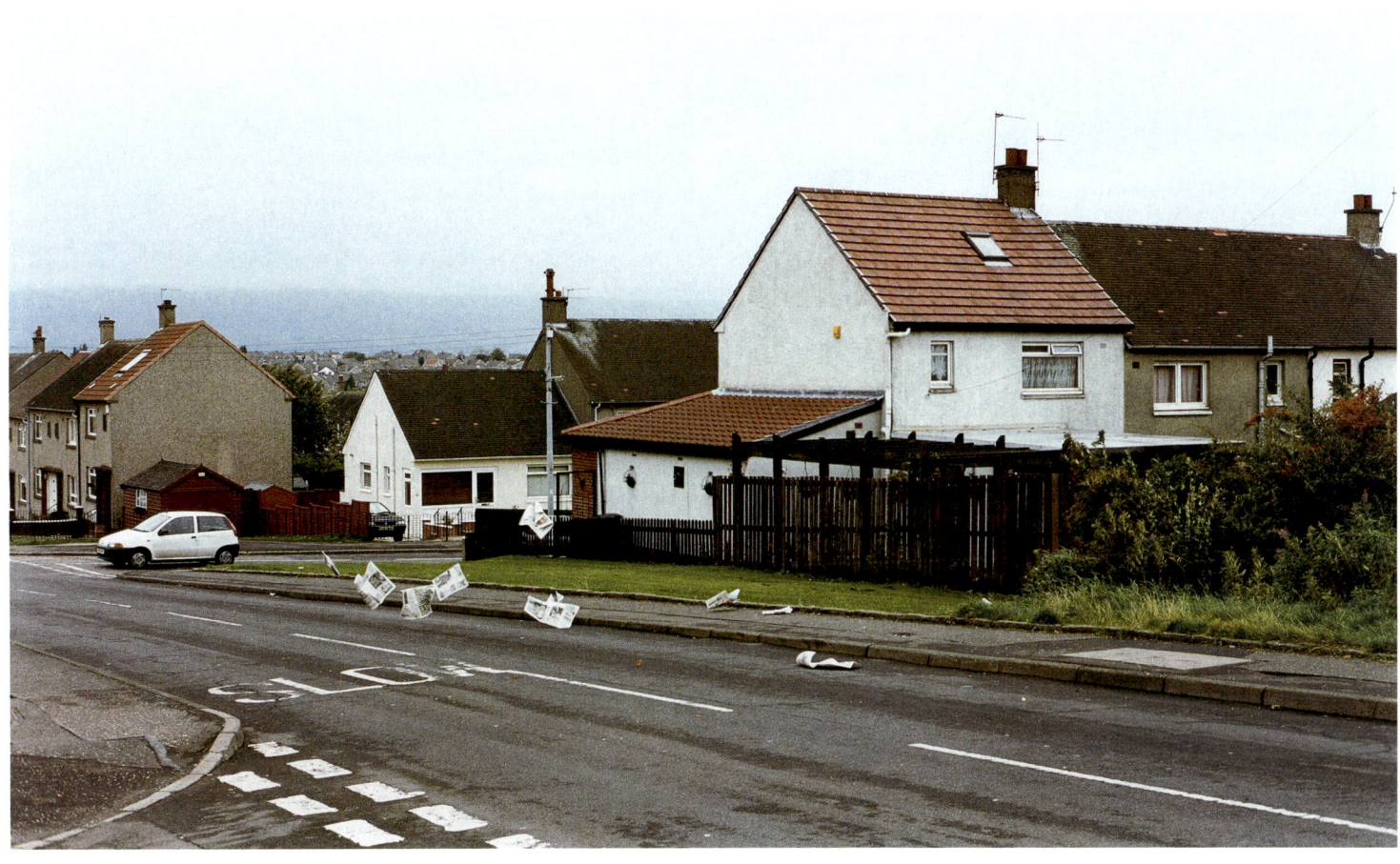

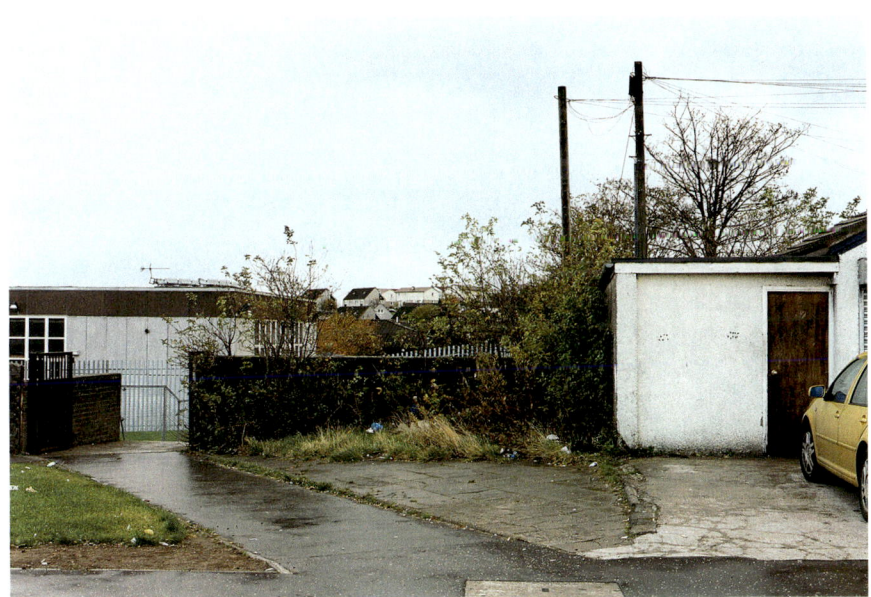

Suite World, 2001 / 02
Fotografin: Susanne Huth
Suite World, 2001/02
Photographer: Susanne Huth

Wohin mit Landschaft?

Die traditionellen Ansätze von Natur- und Landschaftsschutz, Landschaftsplanung und Landschaftsentwicklung haben bislang versucht, an der extensive-
ren Nutzung in der Vergangenheit anzuknüpfen und kulturbedingte Lebensräume
museal zu konservieren. Auf Reservatinseln und Ackerrandstreifen ist dies tolera-
bel; es passt zum absoluten Konstruktionscharakter unserer Landschaft.

Kommt es aufgrund der ökonomischen Bedingungen, der postulierten Agrarwende und der Konsequenzen der EU-Osterweiterung jedoch zu einer spürbaren
Veränderung in der Landwirtschaft (inklusive größerer Flächenstilllegungen), wird
schnell Unsicherheit bei Planern spürbar. Die ökologisch fundamentierte
Sichtweise über die Leistungsfähigkeit des Naturhaushaltes, die Biodiversi-
tätsdebatte, führt in Kombination mit vor allem emotionalen Aspekten des
Schutzes des Landschaftsbildes als Kulturgut zu einer Orientierung an Vergan-
genem. Erst dynamische Naturschutzansätze, Wildniskonzepte und extensive
Weidelandschaften der 1990er Jahre sind Reaktionen auf die Erkenntnis, dass ein
flächendeckendes Festhalten an vergangenen Kulturzuständen ohne ökonomische Basis fehlschlagen muss.

Nur wenn wir den Mut aufbringen, Natur als dynamisches Entwicklungsprinzip
zuzulassen, statt vorbestimmte Ergebnisse erzielen zu wollen, wird eine
Weiterentwicklung der Kulturlandschaft möglich sein.

Wohin?
Die Weiterentwicklung unserer gesamten Landschaft muss konsequenter mit den
Urbanisierungsprozessen zusammen gedacht werden. Urbanisierung kann nicht
auf unmittelbare Verstädterungsprozesse begrenzt werden. In einer ursprüng-
licheren Bedeutung war Urbanität eine kulturgesellschaftliche Lebensform, welt-

46

landscapes. Creative development of cultural landscapes with a changed economic basis remains a major task whose most important binding force is developing
an urban cultural landscape.

80 per cent of the German population already live in conurbations; life-styles and
forms have been urbanized. According to historian Rolf-Peter Sieferle[6] our contemporary urbanized landscape is characterized by the mobility of people and materials, an increasing sense of dislocation and the permanence of change. Of course,
there are still structural, ecological and aesthetic differences between populated
areas and landscapes largely unscathed by overdevelopment. But it will only be
possible to understand all central European landscapes with respect to their functions if they are considered in the context of urbanization. When looking at the real
form of industrialized agriculture, the connection with an urban lifestyle becomes
clear very quickly. So logically the industrialization of agriculture means complete
neglect of a link with place, and is thus ultimately the result of an urban and industrial way of thinking.

The traditional approaches taken by nature and landscape conservationists, landscape planners and landscape developers have so far attempted to link up with the
more extensive uses of the past and to preserve culture-determined habitats as
museums. This is tolerable for isolated reserves and strips on the arable periphery;
it is appropriate to the absolute constructed character of our landscape. But if the
economic conditions, the postulated agricultural revolution and the consequences
of EU expansion to the East lead to a discernible change in agriculture (including
extensive withdrawal of areas from use), planners will quickly start to feel anxious.
The ecologically based view relating to the efficiency of natural regulation, the
bio-diversity debate, in combination with above all emotional aspects relating to

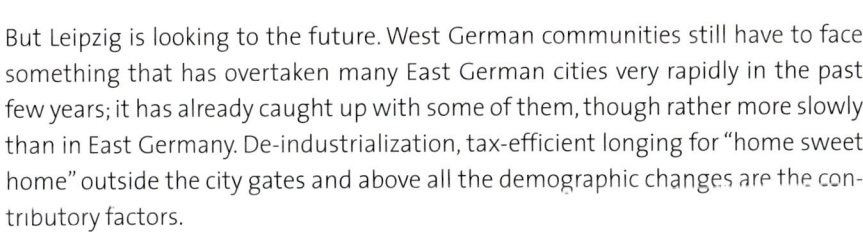

But Leipzig is looking to the future. West German communities still have to face something that has overtaken many East German cities very rapidly in the past few years; it has already caught up with some of them, though rather more slowly than in East Germany. De-industrialization, tax-efficient longing for "home sweet home" outside the city gates and above all the demographic changes are the contributory factors.

New requirements

The prognoses are unambiguous: without immigration, the German population will have shrunk to under a third of its present level by the end of the century. This was calculated by Herwig Birg, director of the Institute of Population Research and Social Policy at the University of Bielefeld. According to Birg's study, Hamburg for instance, a major city of 1.6 million, will be left with only 350,000 people (not counting immigration) – about as many as now live in Wuppertal. Bremen would only just be able to maintain its status as a large city, and would have the same number of inhabitants as Neuss near Düsseldorf does today. [3]

Probably the big cities will not be permanently affected: ultimately there are immigration movements, and also movement around the country. But there is no doubt that German population is getting smaller. People born in the "baby boom" in the west and the slightly later "Honecker hump" in the east are ageing, and will have died between 2030 and 2050. At the same time, the current birth rate is only 1.4. So urban development and infrastructure planning have to prepare for completely new conditions.[4] Even so, themes like downsizing and demolition have been ignored in a lot of places – at best people are talking about "conversion" – and a frantic hunt for new ways of using empty buildings is under way.

Auf dem ehemaligen Flugplatz München-Riem befindet sich heute die Neue Messe München mit der modernsten Park-and-Ride-Anlage Deutschlands. Entwurf: real-grün, München, 2002
The area of the former Munich-Riem airport is today the site of the New Munich Trade Fair Centre. Its park and ride facility is the most modern one in Germany. Design: real-grün, Munich 2002

Die Längsseiten werden von
zwei dunklen Wänden aus
Sichtbeton eingefasst, die als
Keile nach Süden aufsteigen
The long sides are framed by
two dark exposed concrete walls,
rising to the south as wedge
shapes

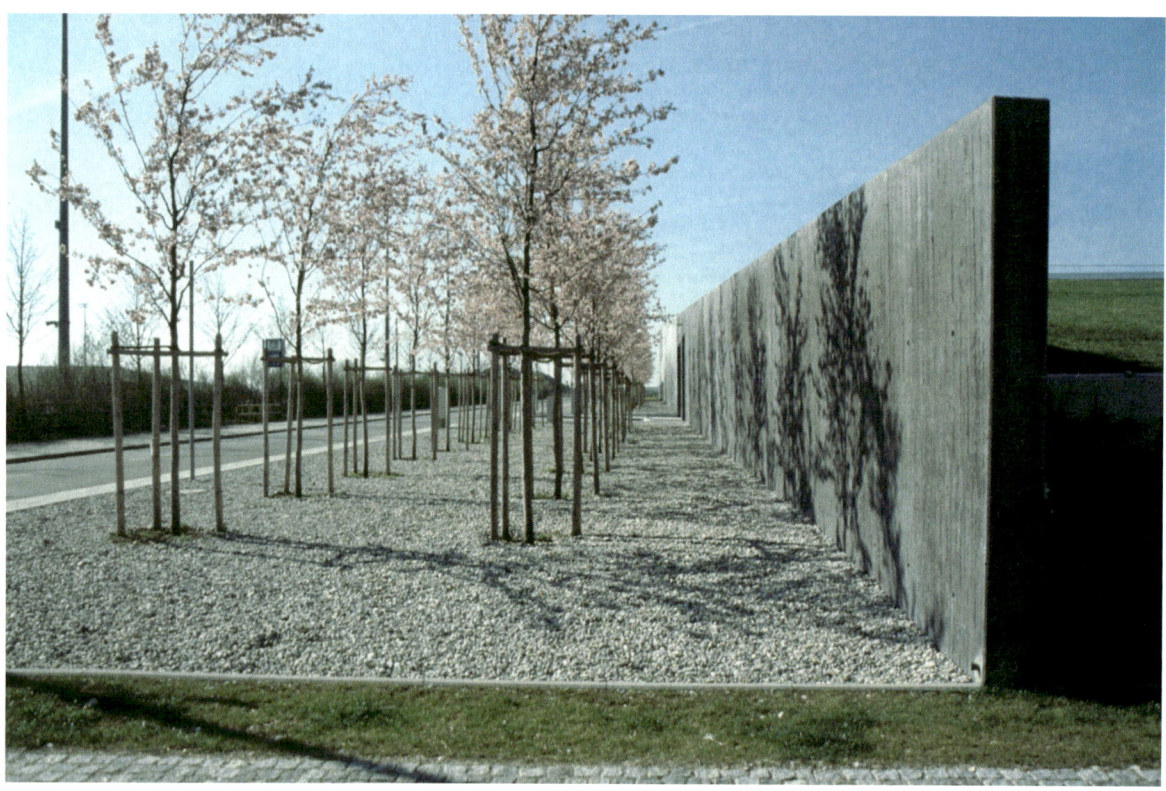

52

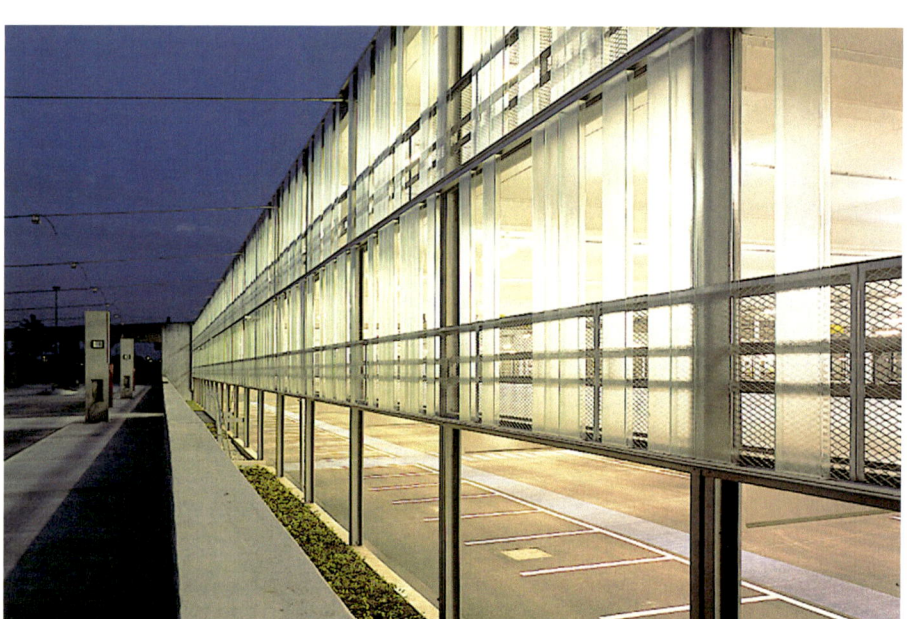

Das Parkhaus wurde zwischen
Wandscheiben gestellt.
Großzügige begrünte Lichthöfe
belichten und belüften es auf
natürliche Weise
The multi-storey car park was
placed between walls.
Generously planted atriums light
and ventilate it naturally

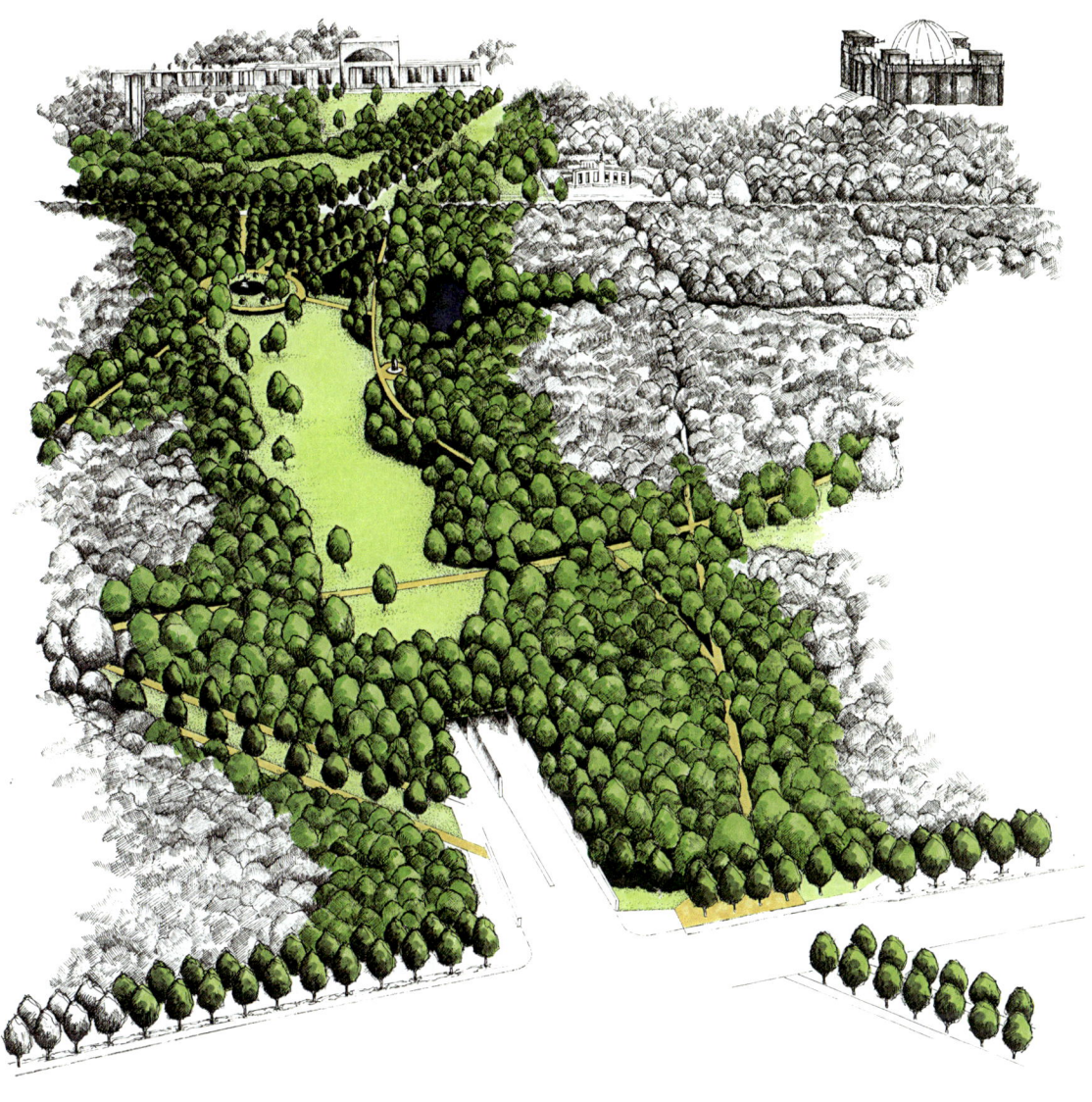

Der Neubau des Tiergarten-
tunnels in Berlin ermöglicht die
Wiederherstellung der seit den
1960er Jahren zerschnittenen
Parkanlage.
Entwurf: Neumann Gusenburger,
Berlin, 1999 – 2002
The new Tiergarten tunnel in
Berlin made it possible to restore
an area of the park, which had
been cut in two since the 1960s.
Design: Neumann Gusenburger,
Berlin, 1999 – 2002

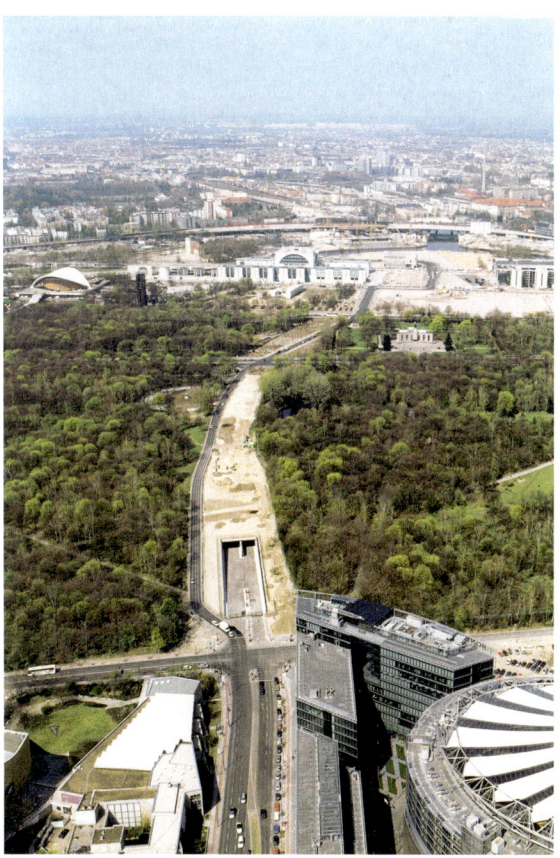

Die durch die Teilung Berlins
erforderlich gewordene proviso-
rische Nord-Süd Verkehrsverbin-
dung über die Entlastungsstraße
verursachte über Jahrzehnte hinweg eine Zerschneidung des
Großen Tiergartens
The provisional north-south
traffic link via the so-called 'relief
road', demanded by the division
of Berlin, dissected the Great
Tiergarten for decades

Rückbau Stadt?

Herzstück der Parkstadt Schwabing sind die Themengärten, die verschiedene Landschaften zwischen München und den Alpen wiedergeben. Entwurf: Rainer Schmidt Landschaftsarchitekten, München, 2000–2002
The themed gardens representing landscapes between Munich and the Alps form the heart of the Parkstadt Schwabing complex. Design: Rainer Schmidt Landschaftsarchitekten, Munich, 2000–2002

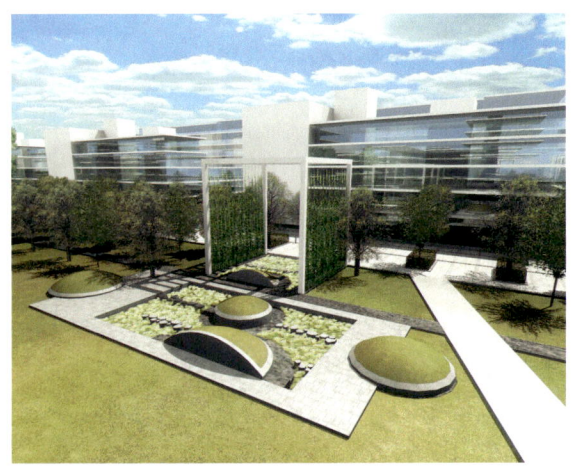

prozess wird „in der Regel mit Rückschritt, Misserfolg, ja sogar Krankheit und Absterben gleichgesetzt."[2]

Leipzigs Perspektive ist jedoch zukunftsorientiert. Was viele ostdeutsche Städte in den vergangenen Jahren in rasender Geschwindigkeit erlebt haben, steht den westdeutschen Gemeinden ebenfalls bevor oder hat sie, wenn auch langsamer als in Ostdeutschland, bereits ereilt. Deindustrialisierung und die steuerlich geförderte Sehnsucht nach dem ‚sweet home' vor den Toren der Stadt sind dabei nur zwei Ursachen. Für die Zukunft viel entscheidender sind demographische Veränderungen.

Neue Voraussetzungen

Die Prognosen sind eindeutig: Ohne Zuwanderung wird sich die deutsche Bevölkerung am Ende des Jahrhunderts auf unter ein Drittel ihrer heutigen Zahl reduziert haben. Dies hat Herwig Birg, Direktor des Instituts für Bevölkerungsforschung und Sozialpolitik an der Universität Bielefeld, errechnet. Birgs Studie zufolge würden (ohne Zuwanderung) im Jahr 2100 in der heutigen 1,6-Millionen-Stadt Hamburg nur noch 350000 Menschen leben – etwa so viele wie heute in Wuppertal. Bremen würde nur knapp seinen Status als Großstadt behaupten und hätte so viele Einwohner wie gegenwärtig Neuss.[3]

Wahrscheinlich werden die Metropolen so nachhaltig nicht betroffen sein, denn schließlich gibt es Wanderungsbewegungen von außen und auch innerhalb des Landes. Dass jedoch die Bevölkerung bundesweit stark abnimmt, bleibt unbestritten. Die Generation des ‚Baby-Booms' im Westen und des etwas späteren ‚Honecker-Buckels' im Osten vergreist und wird zwischen 2030 und 2050 gestorben sein. Zugleich liegt die Geburtenrate derzeit bei nur 1,4.

Wachsende Städte im Süden Deutschlands: In der Parkstadt wurde ein 40,5 Hektar großes Areal mit neuen Wohn- und Büroflächen in einem attraktiven Umfeld geschaffen
Growing cities in the south of Germany: 40.5 hectares in the garden city in Munich's Schwabing provide new housing and office space in an attractive environment

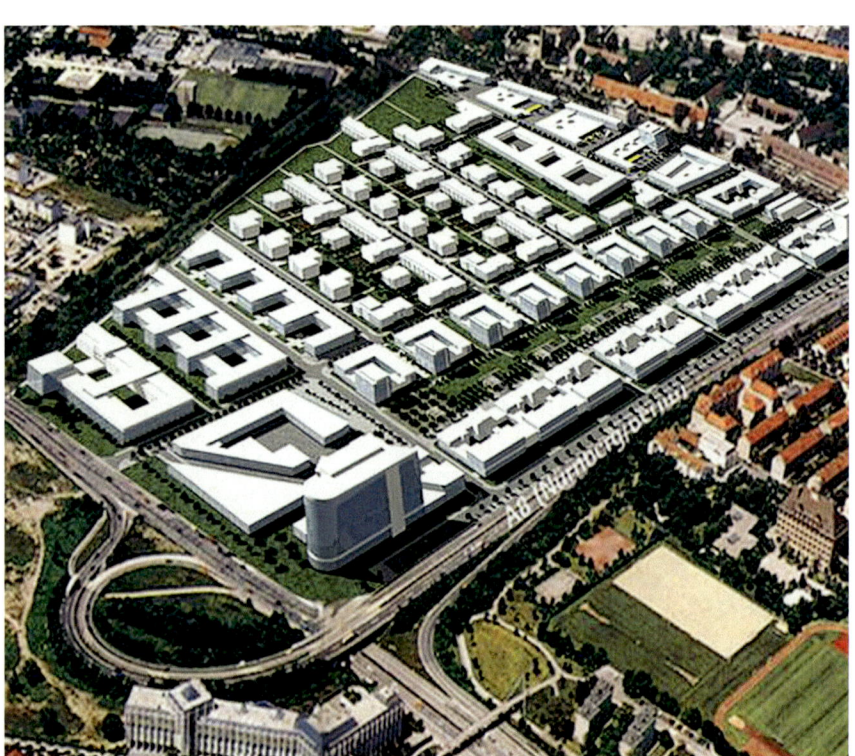

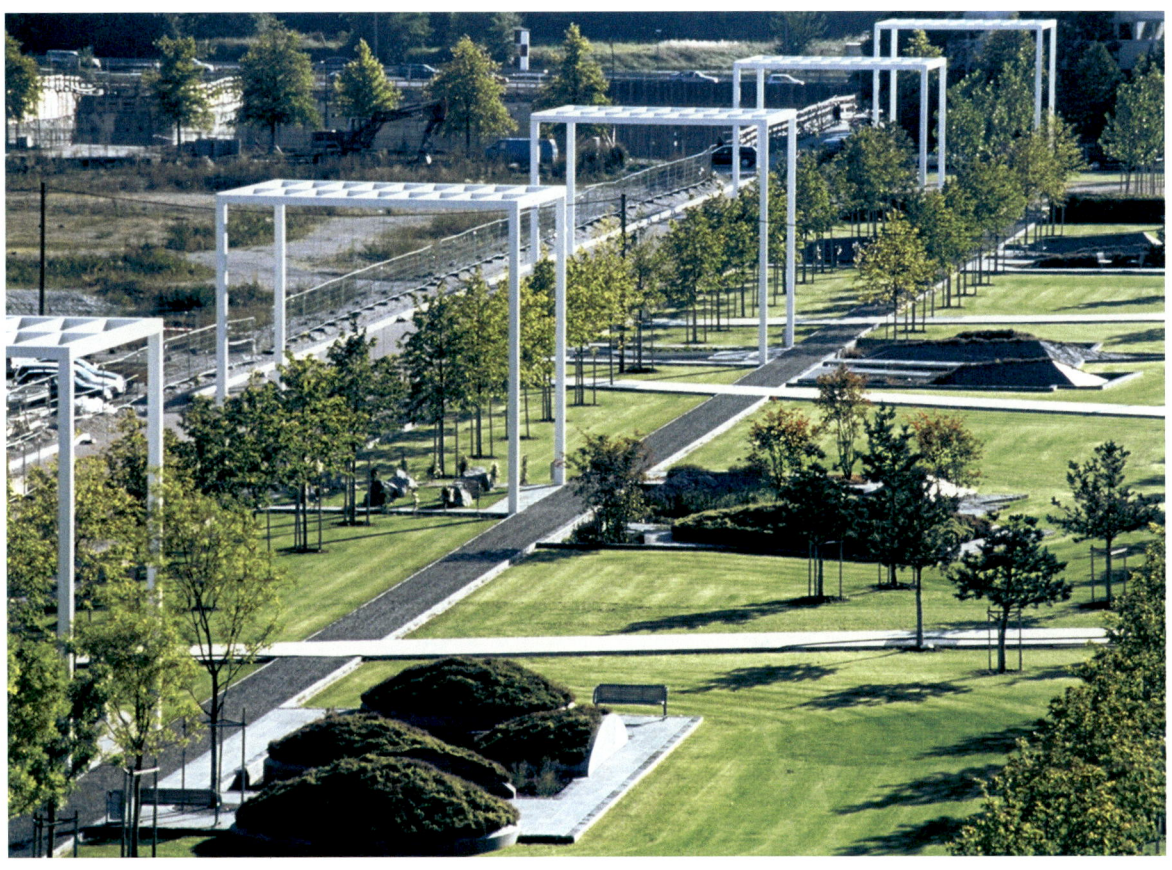

Das verbindende Element stellt ein zentraler Park dar, der in Nord-Süd-Richtung verläuft
The connecting element is a central park running north-south

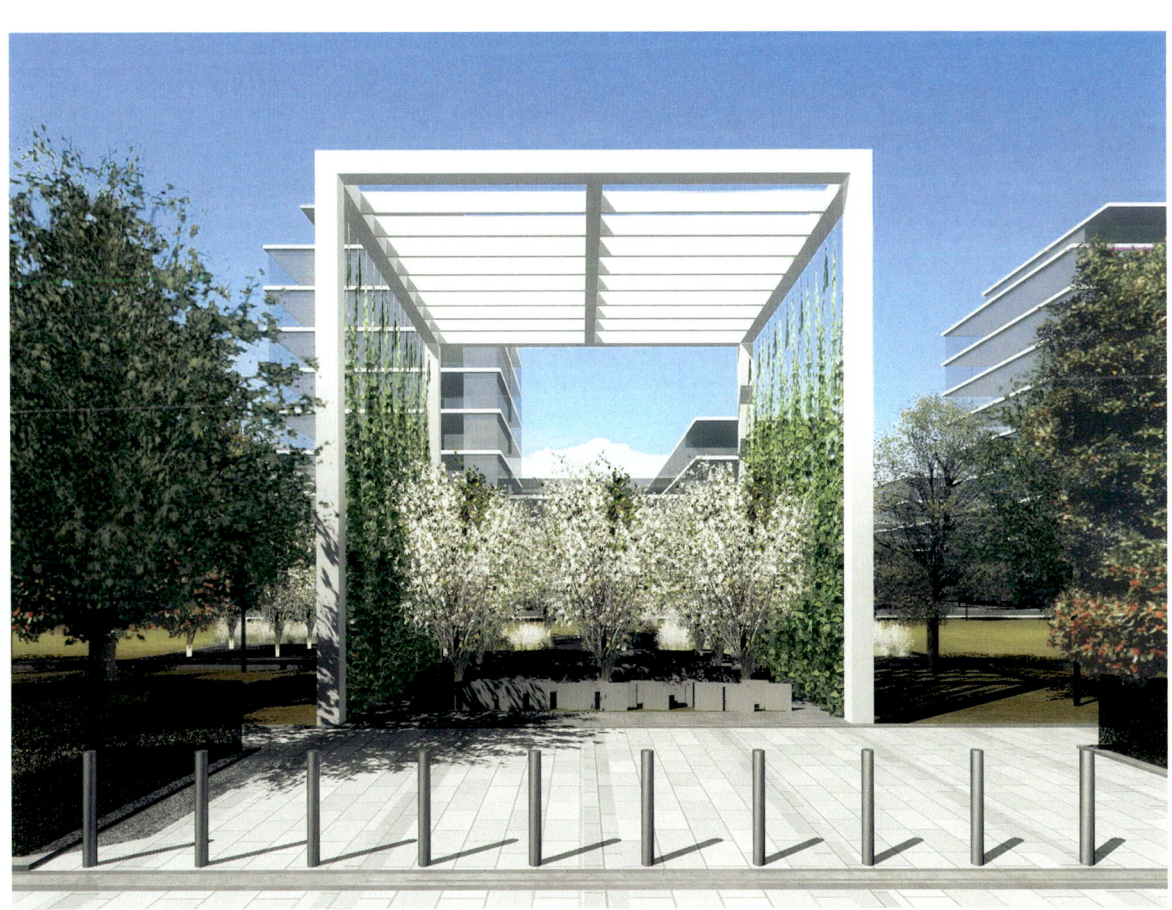

Rückbau Stadt?

Einer der Themengärten ist der Forstgarten, der durch Felsenbirnen dargestellt wird
One of the themed gardens is the forest garden, created using June-berries

Konzentration auf die Innenstädte:
Der Entwurf zur Neugestaltung
des Angers in Erfurt bezieht das
historisch gewachsene Umfeld ein
und wird gleichwohl den zeitgemä-
ßen Ansprüchen gerecht. Die
eigens für diesen Platz entworfene
Möblierung und Beleuchtung
zeichnet die Konturen und
Raumabfolgen subtil nach.
Entwurf: Gnüchtel – Triebswetter
Landschaftsarchitekten, Kassel,
2000 – 2002
Focusing on the inner cities: the
design for the new commun green
in Erfurt includes the historical surroundings and also meets current
needs. The furniture and lighting
were designed specially for this
square, and follow the lines and
spatial sequences subtly.
Design: Gnüchtel-Triebswetter
Landschaftsarchitekten, Kassel,
2000 – 2002

56

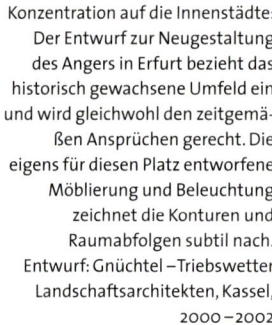

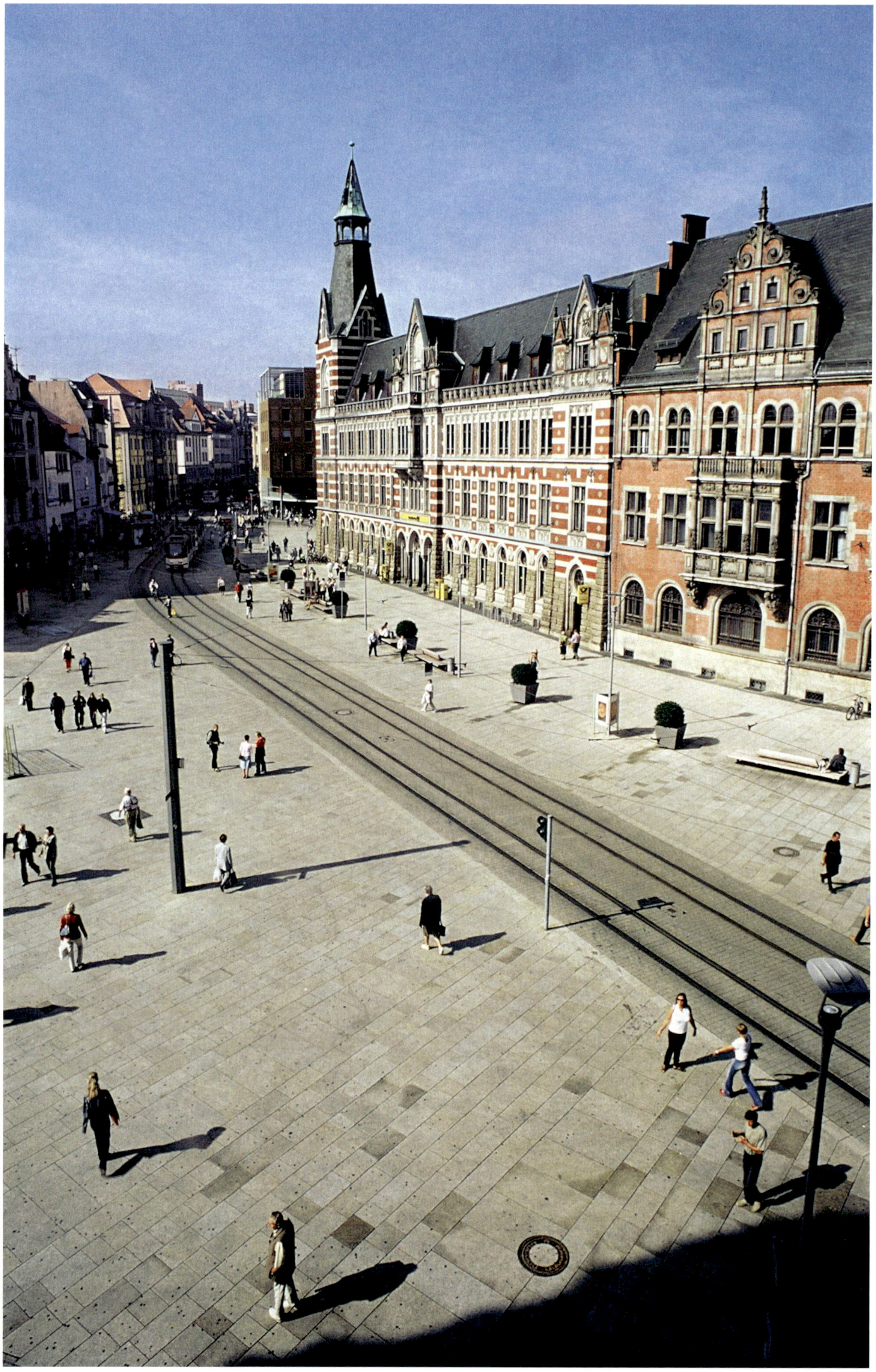

Städtebau und Infrastrukturplanung müssen sich demnach auf vollkommen neue Bedingungen einstellen.4 Dennoch werden Themen wie Rückbau und Abriss bislang vielerorts ignoriert – allenfalls ist die Rede von ‚Umbau'– und fieberhaft wird nach neuen Nutzungsformen für leerstehende Gebäude gefahndet.

Die anstehenden Veränderungen gehen weit über die Wohnungswirtschaft und technische Umbaumaßnahmen hinaus und betreffen alle Lebensbereiche. In einer ausgedünnten Stadt hat der einzelne mehr Platz. Zugleich werden viele Wege länger, weil das Angebot an Geschäften, kulturellen Einrichtungen und öffentlicher Infrastruktur sinkt. Der Unterhalt für Strom- und Wassernetze steigt, wenn die Zahl der Nutzer abnimmt.

Als Gegenstrategie sind kreative Lösungen gefragt. Für die Aufrechterhaltung kultureller Angebote kann die Zusammenarbeit mit Nachbargemeinden die Lösung sein. Der öffentliche Verkehr muss kleinteiliger, Ver- und Entsorgungseinrichtungen müssen dezentralisiert werden. Schrumpfung bedeutet keineswegs notwendigerweise eine verschlechterte Situation. Oder wer würde heute behaupten, dass die Qualität eines Wohnortes in erster Linie von der Anzahl seiner Bürger abhängt?

Die sachsen-anhaltische Kleinstadt Gräfenhainichen beispielsweise, die jahrzehntelang vom Braunkohletagebau lebte und die Wohnhäuser mit Abwärme aus den dortigen Kraftwerken belieferte, will nun auf geothermische Anlagen als umweltfreundliche und zukunftsweisende Technik umsteigen. Das Motto ‚Stadt mit neuer Energie' hat durchaus noch einen zweiten Sinn: Viele Bürger und Experten beteiligen sich an der Suche nach neuen Perspektiven. Dabei wurde klar, dass mit dem Verlust durch Abwanderung und Abriss auch die Chance für neue Qualitäten entstanden ist: In einer Siedlung aus den sechziger Jahren können Menschen ihren

„So wenig als möglich" war das Motto der Planer: Zu den Elementen, die den Platz attraktiv machen sollen, gehören Wasserspiele, die vor allem auf Kinder eine große Anziehungskraft ausüben
'As little as possible', was the planners' maxim: among the elements that give the square its attraction are water games, these are especially enticing for children

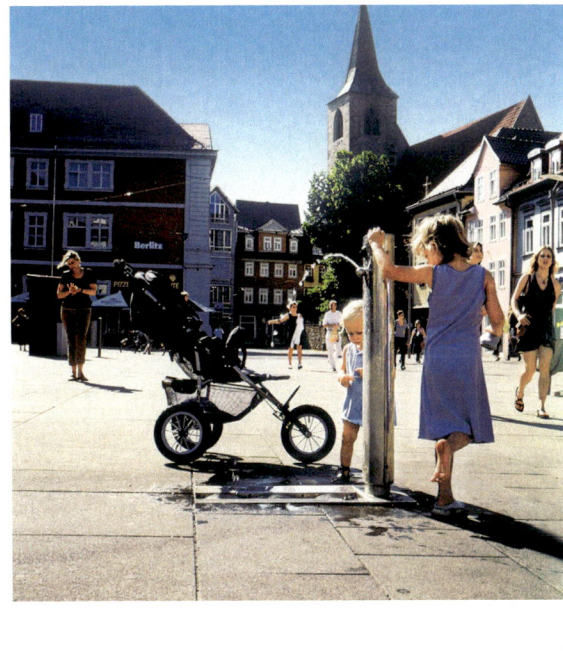

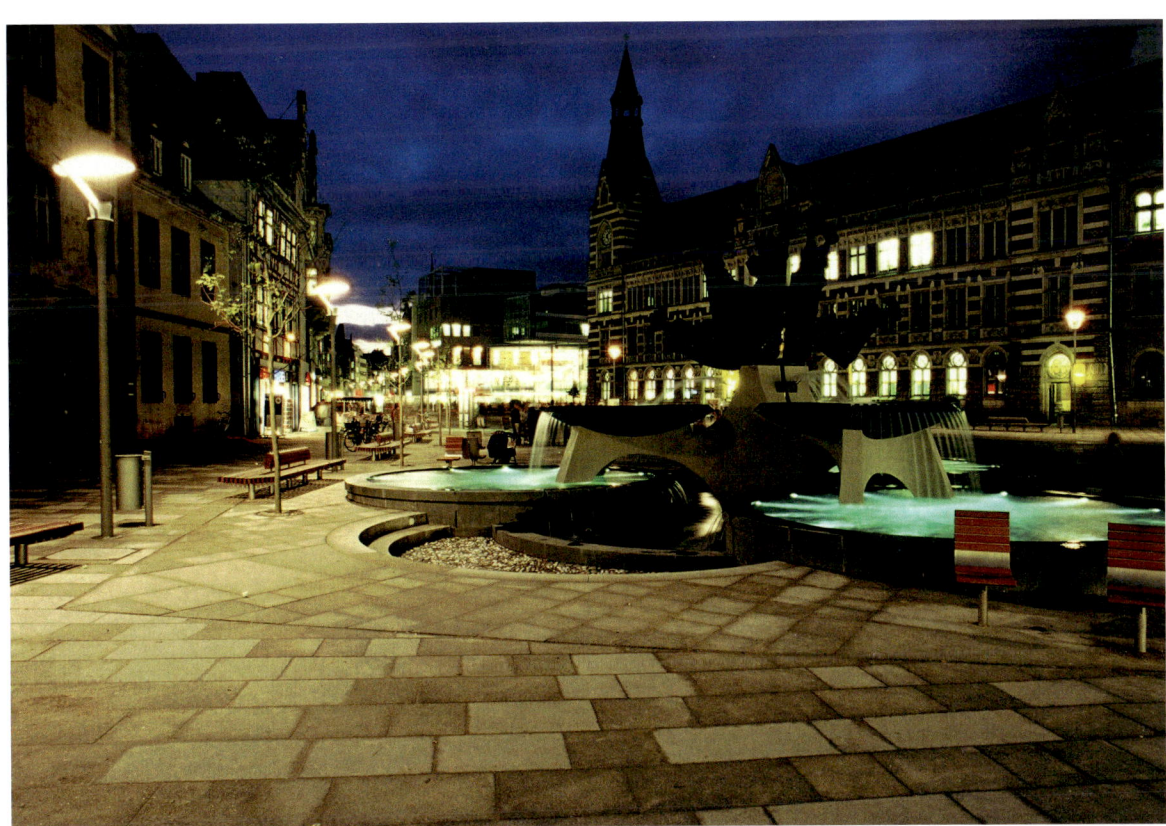

Besondere Bedeutung wurde der Sanierung der Brunnenanlage aus den 1970er Jahren zugemessen. In ihren Materialien aufgewertet und mittels farbiger Beleuchtungseffekte neu in Szene gesetzt, ist sie als Großskulptur im Platzraum erlebbar
Particular attention was paid to refurbishing the 1970s fountain. It can be experienced as a large-scale sculpture in the square, restaged with enhanced materials and coloured lighting effects

Rückbau Stadt?

Traum vom eigenen Garten erfüllen, und die riesigen Braunkohlegruben im Norden und Süden verwandeln sich langsam in Seen. Vielleicht locken sie demnächst Tagesausflügler an; schließlich stehen ganz in der Nähe fünf ausrangierte Braunkohlebagger in der ‚Stadt aus Eisen Ferropolis', die als Fossil des Industriezeitalters zu einer beliebten Kulisse für große Konzerte geworden ist.

Landschaftsarchitekten als Initiatoren

Für eine schrumpfende Stadt gibt es zwei Möglichkeiten, mit der Veränderung strukturell umzugehen: Entweder die Bewohner sammeln sich im Stadtkern oder die Bebauung wird aufgelockert. Die erste Methode verfolgt die Stadt Guben, der eine Halbierung der Bevölkerung bis 2040 vorausgesagt wird. Verbunden mit dem Abbau der Randbezirke ist zugleich eine stärkere Hinwendung zur Oder und somit zur polnischen Stadt Gubin auf der anderen Flussseite. Es eröffnet sich eine neue Perspektive, die aus politischen Gründen jahrzehntelang versperrt war.

Leipzig will auf seinen Bevölkerungsrückgang hingegen mit einer Aufwertung des öffentlichen Raumes reagieren. Im Stadtteil Neuschönefeld sollen die Bewohner demnächst Platz für Kohlköpfe und Radieschen hinter ihren Häusern haben. Die neuen Freiräume, so die Hoffnung, werden vor allem Familien anlocken, die ansonsten ihren Traum vom eigenen Häuschen im Grünen irgendwo am Stadtrand verwirklicht hätten.

Schrumpfungsprozesse sind im Gegensatz zu Wachstum und Neugestaltung nur bedingt planbar. Viele Eigentümer wollen nicht hinnehmen, dass ihre Häuser als wertlos gelten, und warten auf bessere Zeiten. Auch der Verfall von Bausubstanz entspricht nicht einer städtebaulich wünschenswerten Planung. Die Verödung von Straßen macht den Ort auch für die Übriggebliebenen immer unwirtlicher.

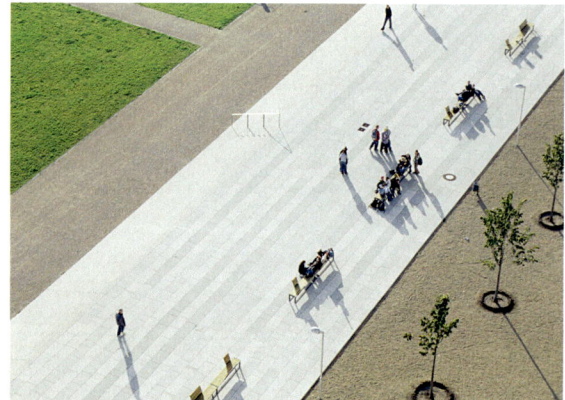

Zonierungen und fließende Verbindungen definieren im Neuen Lustgarten in Potsdam Raumsequenzen, die vielfältigen und unterschiedlichen Nutzungen und Aneignungen durch Bewohner und Besucher offen stehen. Wettbewerb 1998.
1. Preis: Dietz Joppien Architekten, Potsdam / Frankfurt mit Freiräumen. Planungsgruppe Stadt Garten Landschaft Barbara Willecke, Berlin. Realisierung 2001: Dietz Joppien Architekten mit Seebauer, Wefers und Partner GbR, Berlin, 2000–2002
Zoning and fluent connections define spatial sequences in the New Potsdam Lustgarten (Pleasure Garden), opening up a wide range of different uses for residents and visitors. Competition 1998.
First Prize: Dietz Joppien Architekten, Potsdam/Frankfurt with Freiräumen. Planning team City Garden Landscape Barbara Willecke, Berlin. Built 2001: Dietz Joppien Architekten with Seebauer, Wefers und Partner GbR, Berlin, 2000–2002

58

The imminent changes go well beyond the housing economy and technical conversion measures, and affect all spheres of life. There is more room for the individual in a thinned-out city. At the same time, a lot of routes are getting longer, because the range of shops, cultural facilities and public infrastructure is being reduced. The maintenance of power and water networks becomes more costly when user numbers decline.

Creative solutions are required for a counter-strategy. If cultural facilities are to be maintained, co-operating with neighbouring communities can be the answer. Public transport has to reduce its scale, and supply and disposal systems have to be decentralized. Shrinkage does not necessarily mean a deteriorating situation. Or who would suggest today that the quality of a place to live depends on the number of people in it?

The little town of Gräfenhainichen in Saxony-Anhalt for example, which lived for decades on open-cast lignite mining and warmed its homes with waste heat from the local power stations, is now intending to switch to geothermal plants as an environmentally friendly technology of the future. The motto "town with new energy" has an obvious double meaning: many citizens and experts are involved in the search for new approaches. This showed that loss through emigration and demolition also presented an opportunity to establish new quality: people's dreams of a garden of their own can come true on a sixties housing estate, and the enormous lignite mines to the north and south are slowly being transformed into lakes. Perhaps they will soon be attracting day trippers: after all, quite close by there are five disused lignite diggers in "Ferropolis, City of Iron", which as a relic of the industrial age has become a popular setting for large-scale concerts.

Die zitierten Projekte faszinieren und erregen Interesse auch durch ihre Fähigkeit, Geschichte, Standort, Entwurf und Kunst in einer Weise miteinander zu verbinden, die sowohl den künstlerischen Anspruch der Landschaftsgestaltung fördert als auch deren Traditionen fortschreibt. Van Beeks Privatgarten beispielsweise greift die Idee des Gartens auf und hebt zugleich dessen konstruierten Charakter hervor – was sich mit der Geschichte sowohl des Gartens als auch der Niederlande verbindet. Dennoch laufen diese schlichten und eleganten Entwürfe keine Gefahr, in Historismus oder Nationalismus zurückzufallen. Corajoud stellt mit dem souverän gestalteten Sausset-Park an den ausgefransten Stadträndern im Pariser Norden einen wichtigen sozialen Erholungsraum zur Verfügung und bewerkstelligt dies allein mit Holz, Erde, Wasser und Himmel. Dem Landschaftsarchitekten gelingt es, die natürlichen Bestandteile des Sausset-Parks zu transzendieren; er ist der Inbegriff eines Landschaftsparks. Der kühne Entwurf und die einfallsreiche Ökologie des von Latz + Partner gestalteten Landschaftsparks Duisburg Nord stellt alle Vorstellungen eines ‚Landschaftsparks‘ zur Disposition und bewegt sich dennoch innerhalb der Traditionsgeschichte, indem er die Idee des Erhabenen erneuert. ‚Erhaben‘ ist auch der einzige Begriff, mit dem sich der schonungslose und schwindelerregende Aufstieg auf die Treppen- und Aussichtsplattformen des ‚Haldenereignisses Emscherblick‘ beschreiben lässt. Dieser Tetraeder auf einer Bottroper Abraumhalde ist ein weiteres erfindungsreiches und aufregendes Projekt, das im Rahmen der IBA Emscher Park verwirklicht wurde. In den prozesssüchtigen USA wäre ein solches Aussichtsgerüst undenkbar.

Meine Auffassung von der besonderen Qualität europäischer Landschaftsgestaltung lässt sich mit einer persönlichen Anekdote gut illustrieren. Vor Jahren hörte ich anlässlich eines Besuches im Pariser Jardin du Luxembourg, wie ein Vater

viewing platforms of the 'Haldenereignis Emscherblick'. This tetrahedron atop a slag heap in Bottrop is yet another inventive and thrilling project of the broader Emscher Park IBA. Such a platform structure is unthinkable in the litigious United States.

By way of a personal anecdote, I might clarify my understanding of European landscape design excellence. Years ago, when in the Jardin du Luxembourg I overheard a father reprimand his son for picking a flower. "Il ne faut jamais toucher les fleurs" the father voiced. This struck me as odd. Yet, as anyone who has ever traveled to Paris knows, the gardens and public spaces of this capital city are impeccable. I realized quickly how important gardens and public space are to the French, and that apparently this importance reaches the political hierarchy. Would that it were so in the United States.

Landscape design is a profession that combines art with social responsibility. To succeed it needs that rare combination of political will and traditions of excellence. Europe seems to have both. The traditions of excellence are self-evident – just look in any art history text. By political will, I mean governments that understand the importance of design and its potential to change cities, regenerate regions, add to the quality of life of the citizenry. As important to this critical vision is government's willingness to initiate and pay for these huge investments in social responsibility. Moreover, European designers have a history of involvement in political activity, whereas American designers do not.[7] This activity clearly has reaped rewards in Europe yet to be realized in the United States.

This is no place to begin a discourse on the differences between the United States and Europe – suffice it to say that Europeans do not sufficiently recognize the complexity, diversity and idiosyncrasy of the United States, and Americans have an

mit seinem Sohn schimpfte, weil dieser eine Blume gepflückt hatte. „Il ne faut jamais toucher les fleurs", so herrschte der Vater seinen Sohn an. Das kam mir seltsam vor. Allerdings weiß jeder, der einmal in Paris war, dass die Gärten und öffentlichen Grünanlagen dort in makellosem Zustand sind. Mir wurde schnell klar, welchen Stellenwert Gärten und öffentliche Räume für die Franzosen haben und dass diese Bedeutung sich offenbar auch in der politischen Hierarchie niederschlägt. Gäbe es doch nur solche Verhältnisse auch in den USA.

Landschaftsgestaltung ist eine Tätigkeit, die Kunst und soziale Verantwortung zusammen führt. Um erfolgreich zu sein, braucht sie jene seltene Verbindung von politischem Willen und einer reichen Tradition. Europa scheint beides zu haben. Dass es eine reiche und vielfältige Tradition gibt, versteht sich von selbst – man muss nur einen Blick in ein Kunstgeschichtsbuch werfen. Mit politischem Willen meine ich Regierungen, die begriffen haben, welche gesellschaftliche Bedeutung und welches Potenzial der Landschaftsarchitektur für die Umgestaltung von Städten, die Regenerierung beschädigter Regionen und für die Erhöhung der Lebensqualität der Bürger zukommt. Ebenso wichtig für eine solche kritische Vision der Aufgaben von Landschaftsgestaltung ist die Bereitschaft der Regierung, diese soziale Verantwortlichkeit anzuregen und die nötigen hohen Investitionen zu bezahlen. Darüber hinaus zeichnen sich europäische Landschaftsgestalter durch eine Tradition des politischen Engagements aus, während ihre amerikanischen Kollegen auf keine vergleichbare Geschichte verweisen können.[7] Das politische Engagement der Zunft hat in Europa eindeutige Vorteile hervorgebracht, die in den USA erst noch erzielt werden müssen.

Dies ist nicht der Ort, um eine Debatte über die Unterschiede zwischen den Vereinigten Staaten und Europa zu entfachen – es soll daher der Hinweis genügen,

68

even poorer understanding of Europe – but I do believe that the consistent and sustained high level of design excellence and innovation of European landscape architecture is the result of the socially conscious and socially responsible traditions of European governments. The United States, though historically market driven and private enterprise oriented, does have a history of initiating landscape design projects for public benefit: witness the great public park system created in the late nineteenth and early twentieth century. Today, however, a lack of political leadership has resulted in state sponsorship yielding to the private sector.

It is sometimes said that to see Europe in ten years, look at the United States today. This is a sobering thought. The pressures on Europe are great. As noted by Lootsma, Europe is changing fast. With the creation of the European Union, the fragmentation of central authority, the proliferation of individual players, globalization, demographic changes, rising debt, and the extreme pressures and upheavals impacting the post-industrial western world, European landscape architecture will undoubtedly change. If it is smart it will not look to the Unites States for guidance, but to its own history.

dass die Europäer der Komplexität und Vielfalt sowie den spezifischen Eigenarten Amerikas nicht ausreichend Rechnung tragen, und dass umgekehrt die Amerikaner ein noch weit unzulänglicheres Verständnis von Europa haben. Ich bin jedoch der festen Überzeugung, dass das konstant hohe Qualitätsniveau und die Innovationskraft europäischer Landschaftsarchitektur auf dem sozialen Bewusstsein und der sozialen Verantwortlichkeit beruht, die Teil der Tradition europäischer Regierungen sind. Auch die Vereinigten Staaten verfügen, obwohl sie historisch stärker durch Marktwirtschaft und privates Unternehmertum geprägt sind, über eine Tradition, landschaftsarchitektonische Projekte zum Wohl der Öffentlichkeit zu initiieren: Bezeugt wird dies etwa durch das großartige System öffentlicher Parks, das im späten 19. und frühen 20. Jahrhundert geschaffen wurde. In der heutigen Zeit hat ein Mangel an politischer Führungskraft dazu geführt, dass die staatliche Förderung weitgehend zugunsten des privaten Sektors aufgegeben wurde.

Es wird manchmal behauptet, dass man in den USA heutzutage schon beobachten könne, wie in Europa in zehn Jahren aussehen werde. Das ist eine ernüchternde Vorstellung. Der Druck auf Europa ist groß. Wie Bart Lootsma betont, ist Europa einem scharfen Wandel unterworfen. Vor dem Hintergrund der Ausweitung der Europäischen Union, einer Fragmentierung nationaler Autorität, der Vervielfältigung individueller Akteure, angesichts von Globalisierung, demographischen Veränderungen, wachsenden öffentlichen Schulden und den extremen Verwerfungen, denen die postindustrielle westliche Welt ausgesetzt ist, wird die europäische Landschaftsarchitektur sich unweigerlich verändern. Wenn sie klug ist, wird sie sich dabei jedoch nicht an den Vereinigten Staaten von Amerika orientieren, sondern sich auf ihre eigene Geschichte besinnen.

69

Anmerkungen

1   Territories: *Contemporary European Landscape Design*, exhibition at Harvard Design School, Harvard University, Cambridge, MA; April–May 2001. Rezensiert in Topos, 35 (June 2001): 102.

2   F. A. Waugh, *German Landscape Gardening*, in: The Country Gentleman (25 August 1910): 790.

3   Siehe Wolschke-Bulmahn, Joachim and Groening, Gert, „*The Ideology of the Nature Garden: Nationalistic Trends in Garden Design in Germany during the Early Twentieth Century*", in: Journal of Garden History, 12/1 (Jan.-March 1992): 73-80; und Joachim Wolschke Bulmahn (Hrsg.), *Nature and Ideology: Natural Garden Design in the Twentieth Century*. Washington, D.C.: Dumbarton Oaks, 1997.

4   Die Liste ist lang, aber unter den besonders „verlagswürdigen" sind: West 8, MVRDV, Latz + Partner, Georges Descombes, Desvigne/Dalnoky, Thorbjörn Andersson, Bernard Lassus, Michel Corajoud, Christophe Girot, Jacqueline Osty, Beth Galí, Gilles Clément.

5   Hervorzuheben ist der Einfluss europäischer Wissenschaftler auf die Forschung zur amerikanischen Landschaftsarchitektur: zum Beispiel die Arbeiten von Joachim Wolschke-Bulmahn, dem ehemaligen Direktor für Landschaftsstudien an Dumbarton Oaks in Washington, einem der weltweit führenden Forschungszentren für Landschaftsarchitektur. Gegenwärtig ist der Franzose Michel Conan Direktor.

6   Corner, James (Hrsg.), *Recovering Landscape: Essays in Contemporary Landscape Architecture*. Princeton: Princeton Architectural Press, 1999.

7   Topos, 40 (September 2002) : 10–25

Footnotes

1   Territories: Contemporary European Landscape Design, exhibition at Harvard Design School, Harvard University, Cambridge, MA; April–May 2001. Reviewed in Topos, 35 (June 2001):102.

2   Waugh, *German Landscape Gardening*, in: The Country Gentleman (25 August 1910): 790.

3   See Wolschke-Bulmahn, and Groening, G: "*The Ideology of the Nature Garden: Nationalistic Trends in Garden Design in Germany during the Early Twentieth Century*", in: Journal of Garden History, 12/1 (Jan.-March 1992): 73-80; and Joachim Wolschke-Bulmahn (Ed.)1997: *Nature and Ideology: Natural Garden Design in the Twentieth Century*. Washington, D.C.: Dumbarton Oaks, S..

4   The list is long, but among the more press worthy are: West 8, MVRDV, Latz + Partner, Georges Descombes, Desvigne/Dalnoky, Thorbjörn Andersson, Bernard Lassus, Michel Corajoud, Christophe Girot, Jacqueline Osty, Beth Galí, Gilles Clément.

5   Of note is the influence of European scholars on American landscape scholarship: For instance, the work of Joachim Wolschke-Bulmahn, former director of the landscape studies at Dumbarton Oaks in Washington, one of the worlds premier research centers for landscape architecture. Currently the Frenchman Michel Conan, is director.

6   Corner, 1999 (Ed.): Recovering Landscape: Essays in Contemporary Landscape Architecture. Princeton: Princeton Architectural Press, 1999.

7   *Topos*, 40 (September 2002) pp. 10–25

Beleuchtete Betonstufen und in Wellen gelegte Rasenteppiche. Dazu Sitzmöbel aller Art und Form. Gefordert sind kommunikative Sitzpositionen, überraschende Akzente wie die ‚längste Bank' oder die ins Auge springende feste Bindung an den Standort, weshalb neben Holz, Metall und farbigen Kunststoffen auch Naturstein ein wichtiges Material der Freiraumgestaltung bleibt. Identität, Flexibilität sowie Kommunikation bestimmen die Möbel- und Freiraumkollektionen der Gegenwart.

Gefragt ist auch die ins richtige Licht gesetzte Landschaft. Während akustisch untermalte Atmosphäre im Freiraum noch die Ausnahme ist, hat sich die Zusammenarbeit der Landschaftsarchitekten mit Lichtdesignern seit wenigen Jahren zur Selbstverständlichkeit entwickelt. Längst geht es nicht mehr nur um die Auswahl der funktional richtigen Lampe, die einen im Dunkeln den Weg finden lässt. Stattdessen gibt es integrierte Licht- und Möblierungskonzepte, es werden Bodenfluter verwendet, die Beete und Bauten in Szene setzen, und wechselnde Lichtstimmungen werden für variable Nutzungen von Stadtplätzen inszeniert. Anleihen werden bei der Kreativität der Werbedesigner genommen. Farbiges Licht und vor allem Lauflichter zieren zukünftig Stadt-

Illuminated concrete steps and undulating lawns. Seating in every shape and form. Seating positions have to be communicative, and you need surprising accents like the 'longest bench' or a striking link with the location – which is why natural stone remains an important open-air design material, alongside wood, metal and colourful plastic. Identity, flexibility and of course communication are the key to contemporary collections of outdoor furniture and other open air items. The landscape has to be seen in the right light as well. Sound effects are still the exception in the open air, but landscape architects working with lighting designers has been taken for granted for years. It's not enough to choose the right lamp for the job, just so that you can find your way in the dark. Now we have integrated lighting and furnishing concepts, ground floods are used to accentuate flowerbeds and structures, and changing lighting moods signal different uses in urban squares. Advertising designers' creativity is tapped. The urban squares of the future will be decorated with coloured light, and above all with moving light. Ideas for staging urban space, closely linked with neon signs since the 20th century, are now put to work to draw people into public spaces, and these too are bathed in the best

Deutscher LandschaftsArchitektur-Preis 2003: Eine Bilanz German Landscape Architecture Prize 2003: Taking stock

von/by Thies Schröder

plätze. Die Inszenierung des Urbanen, seit dem 20. Jahrhundert eng mit Leuchtreklame verbunden, setzt sich nun dort fort, wo für den öffentlichen Raum geworben werden soll. Der wird zu diesem Zweck gleich selbst in ein vorteilhaftes Licht getaucht.

Lichtdesign und Stadtmöblierung sind Elemente der Landschaftsarchitektur, die den Übergang von der Gestaltung der Räume zum Design von Atmosphären markieren. Die Nähe zu einer am Konsumdesign geschulten Innenarchitektur ist erkennbar, die Auflösung von Innen- und Außenraum absehbar.

Immer wichtiger werden verglaste Atrien und Innenräume mit üppigem Pflanzenwuchs. Stadt und Landschaft, Haus und Garten, letztlich Natur und Kultur stehen einander nicht mehr gegenüber, der Gegensatz ist kulturell überwunden. Nun wird die Betonung der Schnittstellen, die Akzentuierung eines Natur-Kultur-Kontrastes oder eben seine Nivellierung zur gestalterischen Möglichkeit.

„Im vergangenen Jahrzehnt wurde möglicherweise ein Antagonismus begraben: der zwischen Stadt und Land, zwischen den sich ausbreitenden Siedlungsräumen und der sie umgebenden, zurückweichenden Landschaft. An die Stelle alter Bilder treten neue Ansätze."[1] Dies wurde in der Aufsatzsammlung Spazi

possible light, for their own good. Lighting design and street furniture are elements of landscape architecture that mark the transition from shaping spaces to designing atmospheres. We are obviously getting close to interior architecture drawing on consumer design; the distinction between interior and exterior space will soon be removed.

Glazed atriums and interiors teeming with plants are becoming increasingly important. Town and country, house and garden, ultimately nature and culture are no longer opposites, the contrast has been culturally eradicated. Now design can emphasize the interfaces, accentuate the contrast between nature and culture, or even cancel it out.

"It is possible that one particular quarrel was buried in the last decade: the antagonism between town and country, between expanding housing areas and the landscape surrounding them, which was being driven back. New approaches are replacing old images."[1] This statement comes from the essay collection Spazi Aperti – Offene Räume, a view of Italian and German trends in open-air planning. But what "new approaches" can be seen when town-country antagonism becomes a synergism, with town and country mutually supportive?

aperti – *Offene Räume* konstatiert, einer vergleichen-
den Betrachtung neuer Tendenzen in der Freiraumplanung in Italien und Deutschland. Wir stehen also
inmitten einer internationalen Entwicklung. Aber
welche ,neuen Ansätze' zeigen sich, wenn aus dem
Stadt-Landschafts-Antagonismus ein Synergismus
wird, in dem sich Stadt und Landschaft gegenseitig
fördern?

Landschaft wird Architektur

Noch ist die Entwicklung eigenständiger landschaft-
licher Bauwerke, der „Landscraper"[2], in Deutschland
nicht verbreitet. Anders in den Niederlanden: gesta-
pelte Landschaften (EXPO-Pavillon von MVRDV),
gefrorene Wellenbewegungen (Educatorium von Rem
Koolhaas auf dem Campus der TU Utrecht) oder ra-
senbedeckte Großbauten, die quasi aus der Erde em-
porwachsen (Bibliothek der TU Delft von Mecanoo
Architekten) sind dort zum Ausweis innovativer
Architektur geworden. „Ich kann mir vorstellen, dass

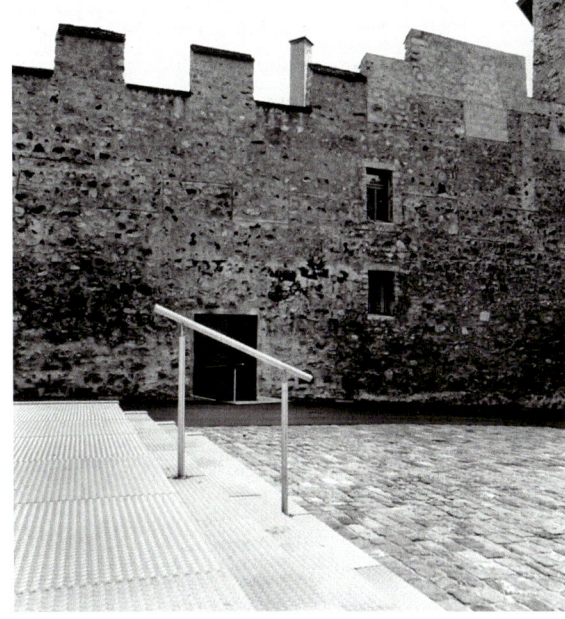

Mit der Umgestaltung des
Viehmarktplatzes in Thun entstand ein urbaner Treffpunkt.
Eine rund 420 qm große Chrom-
stahlfläche erhebt sich aus dem
,gewachsenen' Terrain vor der
altehrwürdigen Stadtmauer.
Entwurf: Klötzli + Friedli, Bern,
2000–2001
The new design for Viehmarktplatz at Thun created a meeting-
place in town. About 420 square
metres of chromium steel are
rising above the old terrain outside the venerable city wall.
Design: Klötzli+Friedli, Bern,
2000–2001

71

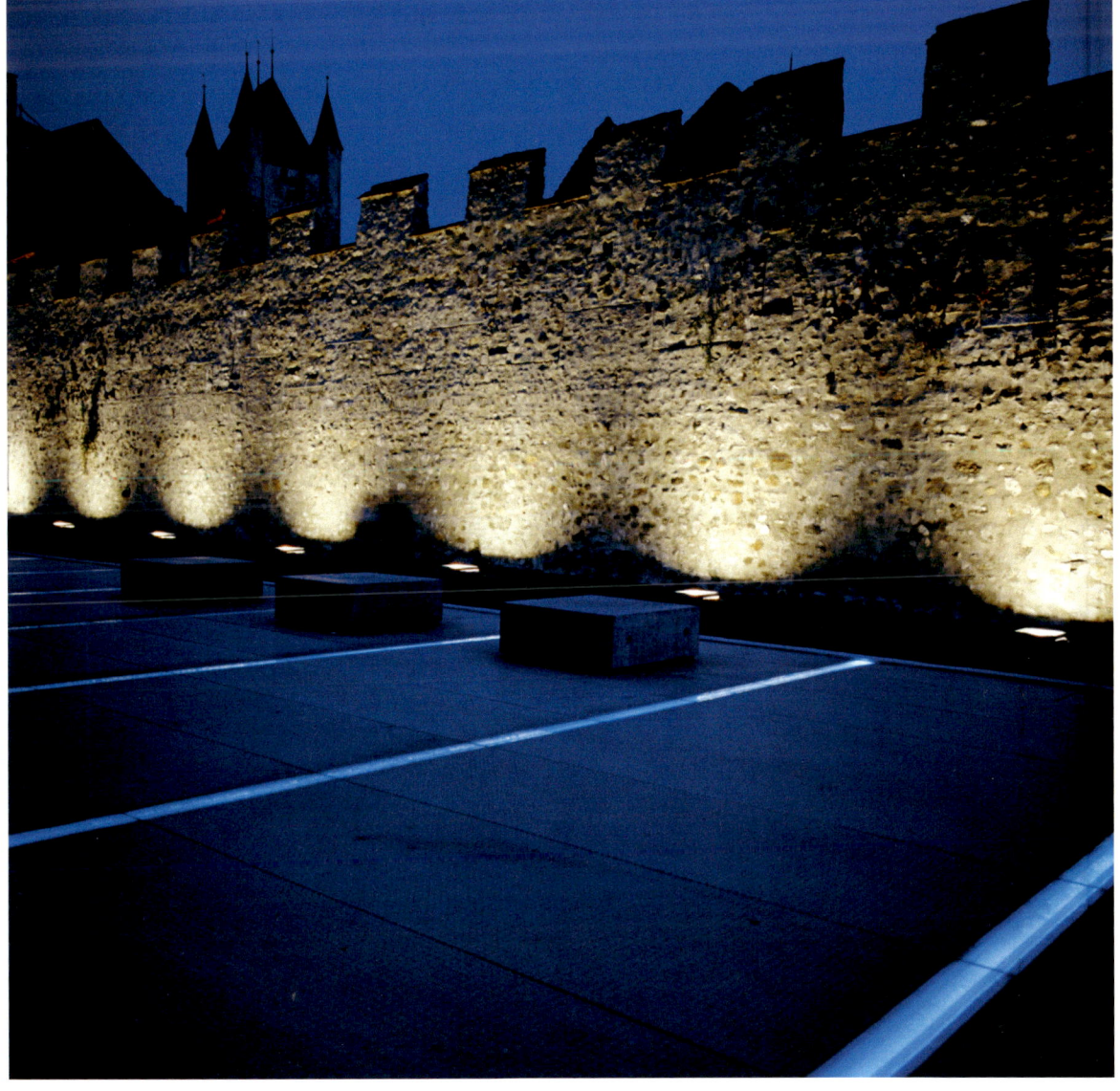

Ein Beleuchtungskonzept gibt
dem Viehmarktplatz in Thun
nachts ein charakteristisches
Gesicht
Lighting design gives Thun's
Viehmarktplatz its characteristic
night-time face

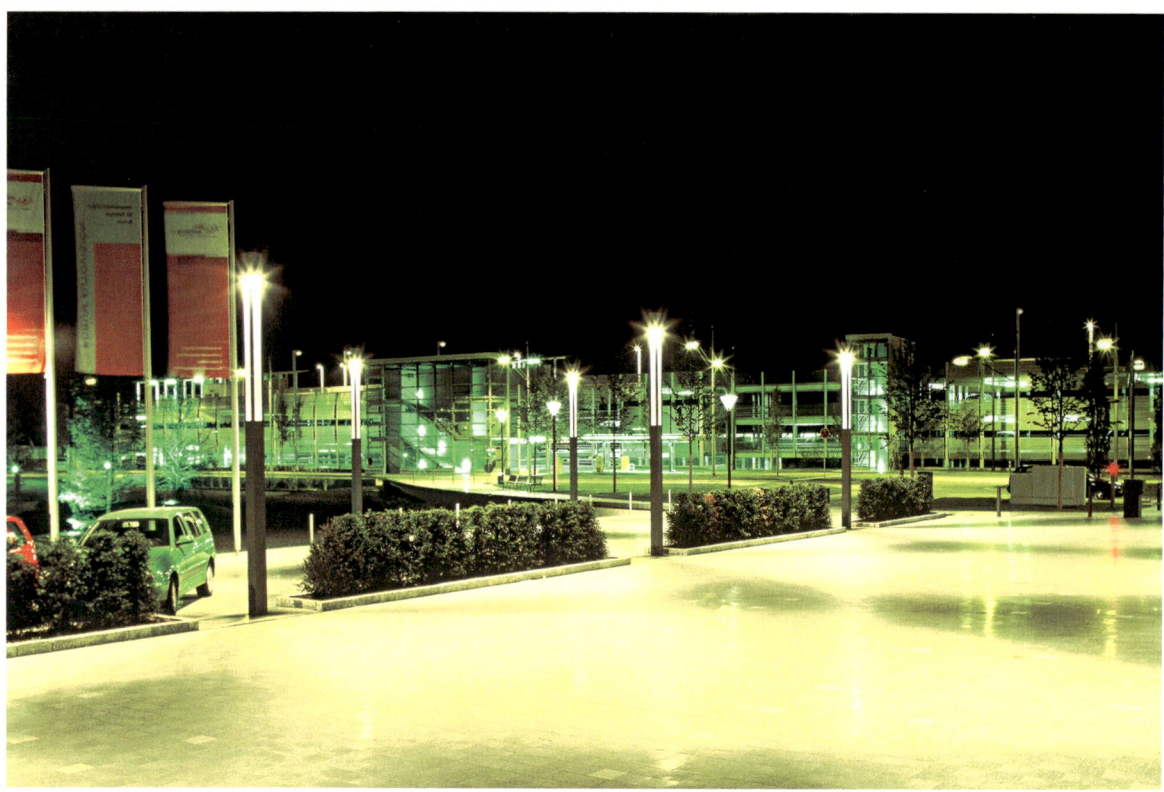

Ein Beleuchtungskonzept verleiht dem Gelände des Forums AutoVision in Wolfsburg nachts besonderes Flair.
Entwurf: Thomas Mudra, Edesbüttel, 2000–2002
Lighting design gives the AutoVision Forum in Wolfsburg a particular atmosphere at night.
Design: Thomas Mudra, Edesbüttel, 2000–2002

72

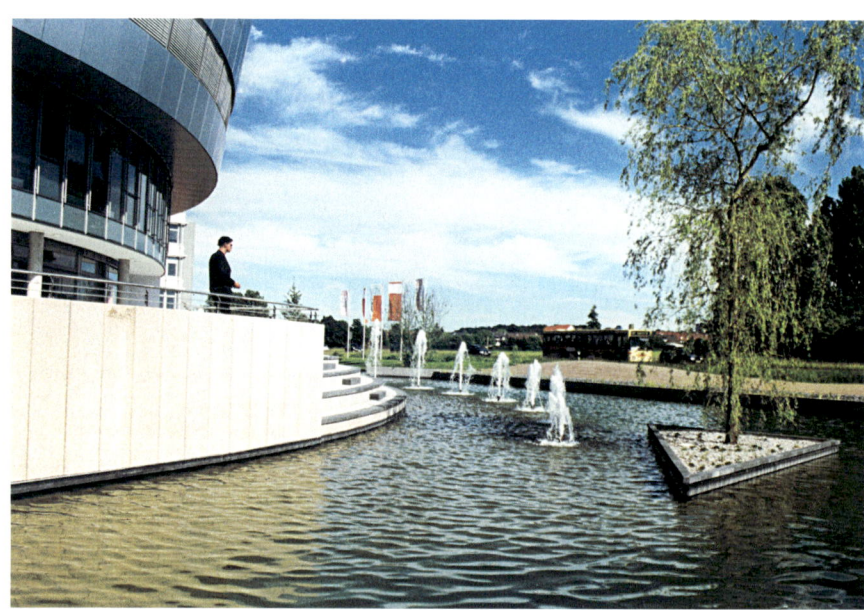

Der Entwurf wird von offenen Wasser- und Sickerflächen bestimmt, denen das Regenwasser zugeführt wird
The design is based on open water and soakaway areas to capture the rainwater

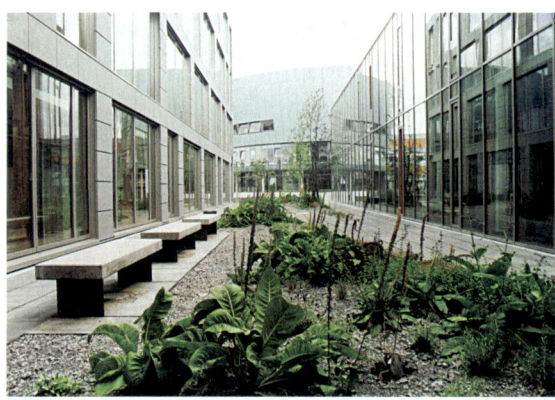

Das Forum AutoVision verlangte als Visitenkarte der Zukunft Wolfsburgs nach innovativen Lösungen in der Freiraumgestaltung
The AutoVision Forum, designed to advertise Wolfsburg's future needed innovative open space solutions, above all in dealing with the natural basic conditions

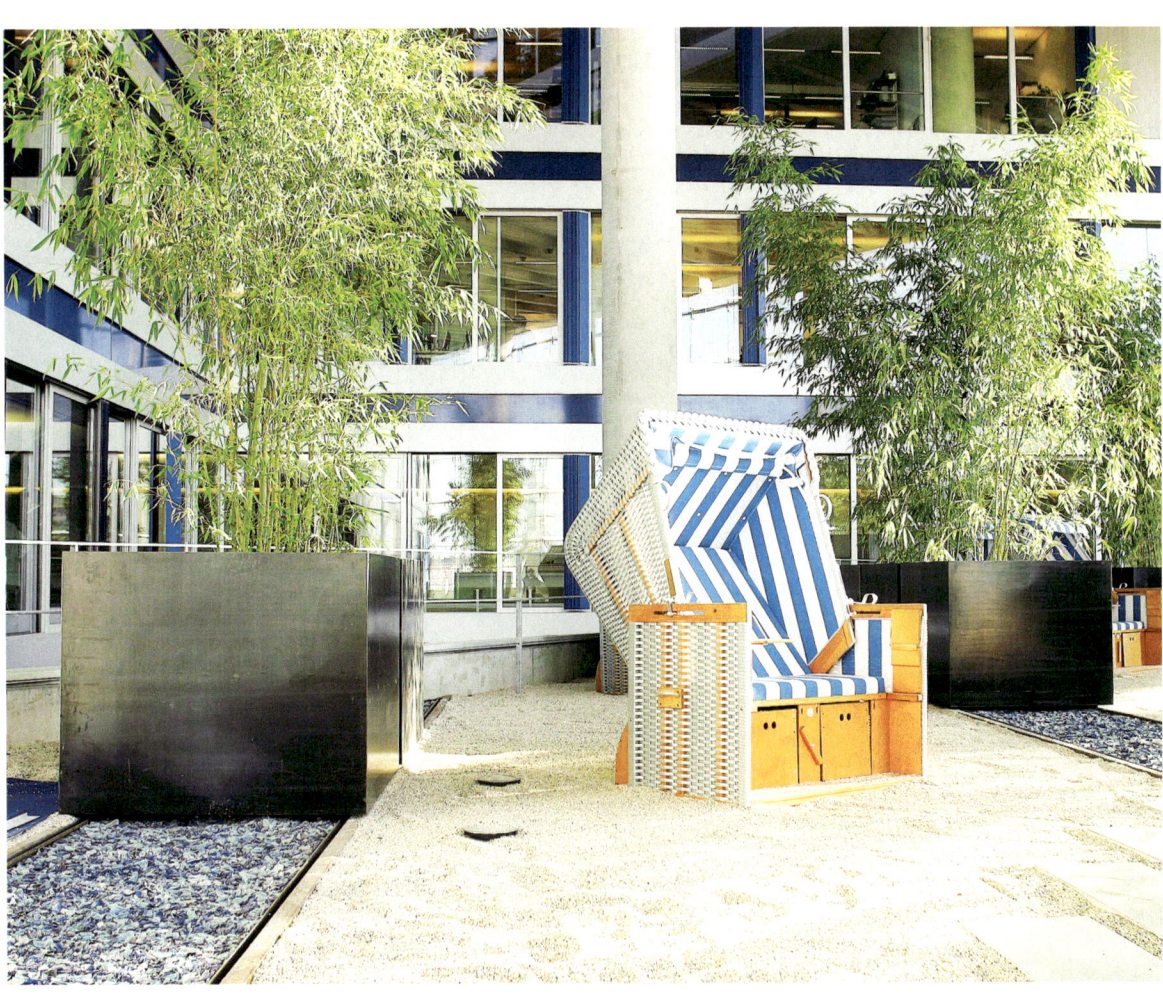

In den Atriengärten des DTC
Deichtor-Centers Hamburg
vermitteln Strandkörbe im Sand
‚Strandillusionen‘.
Entwurf: H. O. Dieter Schoppe,
Hamburg, 2002
In the atrium gardens of the DTC
Deichtor Centre in Hamburg,
beach baskets in the sand give a
sense of seaside.
Design: H. O. Dieter Schoppe,
Hamburg, 2002

wir einen Punkt erreicht haben, an dem der Umgang mit Natur und das Einbeziehen von Landschaft in die Urbanisation unumgänglich geworden sind. Jeder Eingriff durch Architektur bedingt immer auch eine Arbeit mit der Natur: Zerstörung und Reparatur. Es wird eine explosionsartige Zunahme von Landschafts- und Gartenarchitektur geben."[3] Mit dieser Prognose zitiert Udo Weilacher den Schweizer Architekten Jacques Herzog. Die mit dem Deutschen Landschafts Architektur-Preis 2003 ausgezeichneten Arbeiten bestätigen diese Entwicklung.

Dem Büro Rehwaldt Landschaftsarchitekten gelingt es mit dem Marienplatz in Görlitz nicht nur, eine zeitgemäße Schnittstelle zwischen renaissance- und barockgeprägter Altstadt sowie dem gründerzeitlichen Gürtel zu schaffen. Auch die Aufenthaltsqualität des Platzes mit Wasserspiel und Steinquadern schafft eine ‚städtische‘, keine Garten-Atmosphäre.

Der Entwurf von Irene Burkhardt für die Innen- und Außenräume eines Forschungsgebäudes in Trostberg zeigt den umgekehrten Ansatz. Nicht die Auslagerung von Innenraumqualitäten, sondern die Integration von Vegetationszitaten in den umbauten Raum ist hier Thema.

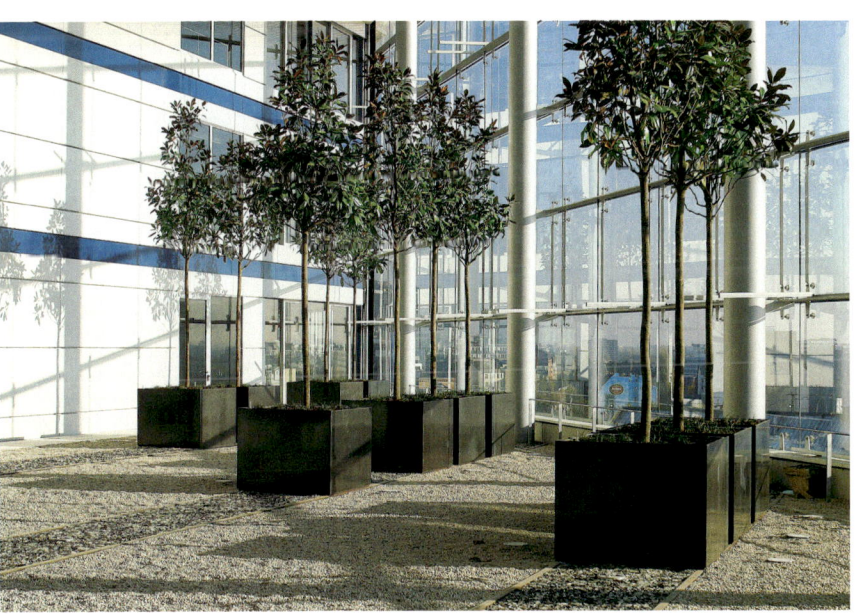

Baumachsen dienen zur
räumlichen Unterstützung
der Sichtbeziehungen zur
Stadt und zum Hafen
Tree axes lend spatial support
to the sightlines to the town and
port

Vier Innenhöfe der Norddeutschen Landesbausparkasse in Hannover
bilden mit jeweils unterschiedlichen Themen Kommunikations-,
Erholungs- und Orientierungsräume. Entwurf: Isterling und Partner
Landschaftsarchitekten BDLA, Hamburg, 2000–2001
Four inner courtyards in the building of the Norddeutsche
Landesbausparkasse (North German Home Loan Association) in
Hanover create spaces for communication, recreation and finding one's
bearings, each with a different theme. Design: Isterling und Partner
Landschaftsarchitekten BDLA, Hamburg, 2000–2001

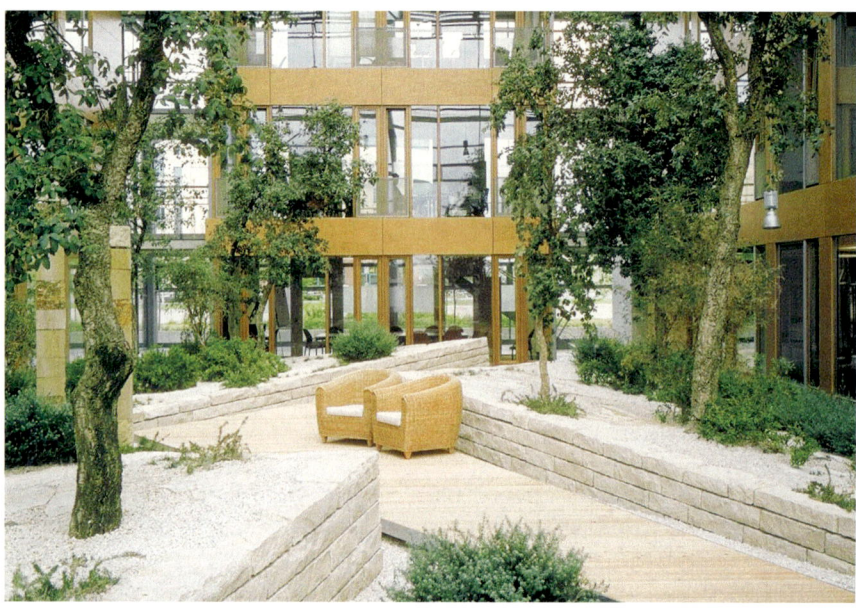

74

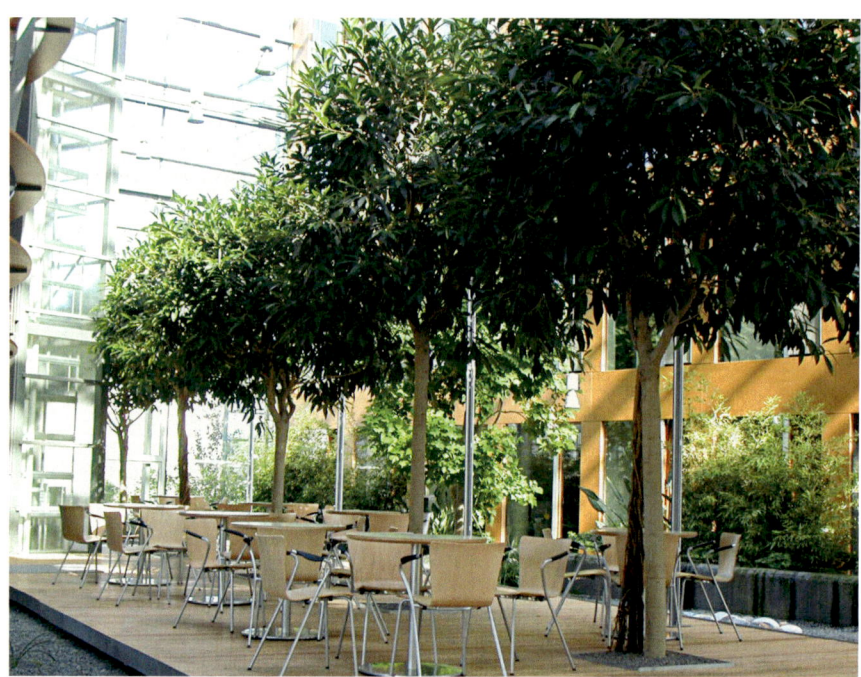

Die verwendete Materialauswahl orientiert sich am Leitsatz
von der ‚Einheit in der Vielfalt'
The choice of material achieving its
effect on the basis of 'unity in diversity'

Landscape becomes architecture

The development of independent landscape structures, "landscrapers",[2] has not yet spread to Germany.
It is different in the Netherlands: stacked landscapes
(MVRDV's EXPO Pavilion), frozen waves (Rem Koolhaas's Educatorium on the University of Utrecht campus) or large buildings covered with grass, apparently
growing out of the ground (University of Delft library
by Mecanoo Architects) have become innovative
architecture's visiting-card there. "I can imagine that
we have reached a point at which we can no longer
put off tackling nature and including landscape in
urban development. Every architectural intervention
requires work with nature: destruction and repair.
Landscape and garden architecture will increase
explosively." Udo Weilacher is quoting the Swiss
architect Jacques Herzog in this prognosis.[3] The
prizewinning and commended works in the 2003
German Landscape Architecture Prize confirm this
development.

Rehwaldt Landschaftsarchitekten have not just suc-
ceeded in creating an up-to-date design language for
the interface between the Renaissance and Baroque
old town and the late 19th century band around it for
Marienplatz in Görlitz. The square has also become a
delightful place to linger, with fountains, dark stone
blocks and groups of benches creating an "urban"
rather than a garden atmosphere.

Irene Burkhardt's design for the interior and exterior
of a research establishment in Trostberg demonstrates the opposite approach. The theme here is not
shifting interior qualities out into public space, but
integrating vegetation quoted from various world
regions into private or reconstructed space.

It is completely impossible to separate architecture
and landscape architecture in the Park-Haus, the
MFO-Park (Oerlikon Machine Factory) in Zurich. The
planning co-operative from the Burckhardt + Partner
architects' practice and the landscape architects
Raderschall realized an architecture-landscape hybrid in north Zurich. It consists of a massive frame-
work large enough to walk on, whose volume is now
being 'filled' with climbers and surprising three-
dimensional landscape experiences. "Our 'green
opera-house' is lightly assembled from steel and
flowering plants. It is alive throughout the day, and
adapts to the outside world, nature and the weather
at all times", is how the landscape architects explain
their idea of a living architectural event.

Architecture may well now be taking pains to wrap
people up and defend them against the forces of
nature, trying to fulfil this task by taking advantage of
construction principles learned from nature, or even

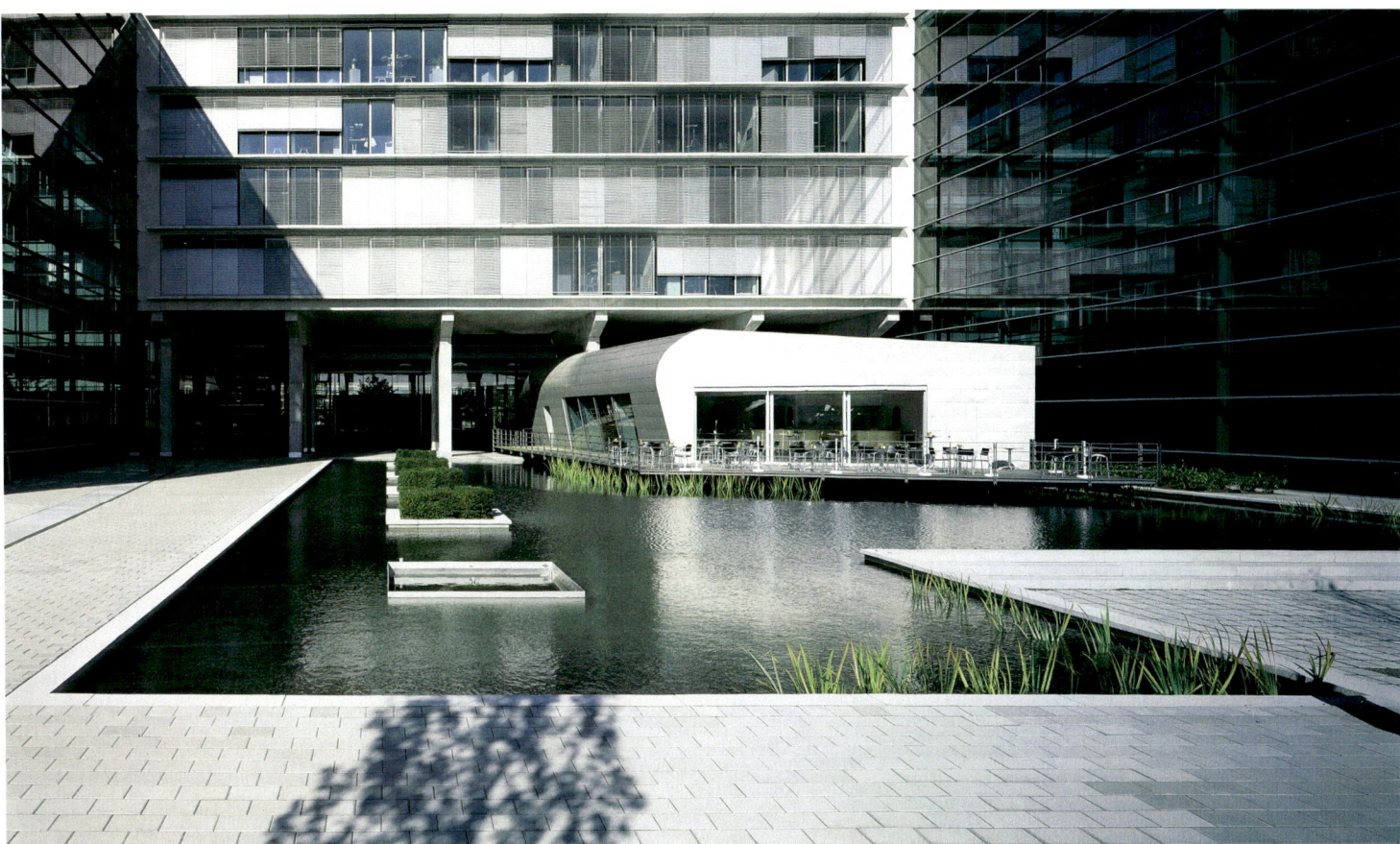

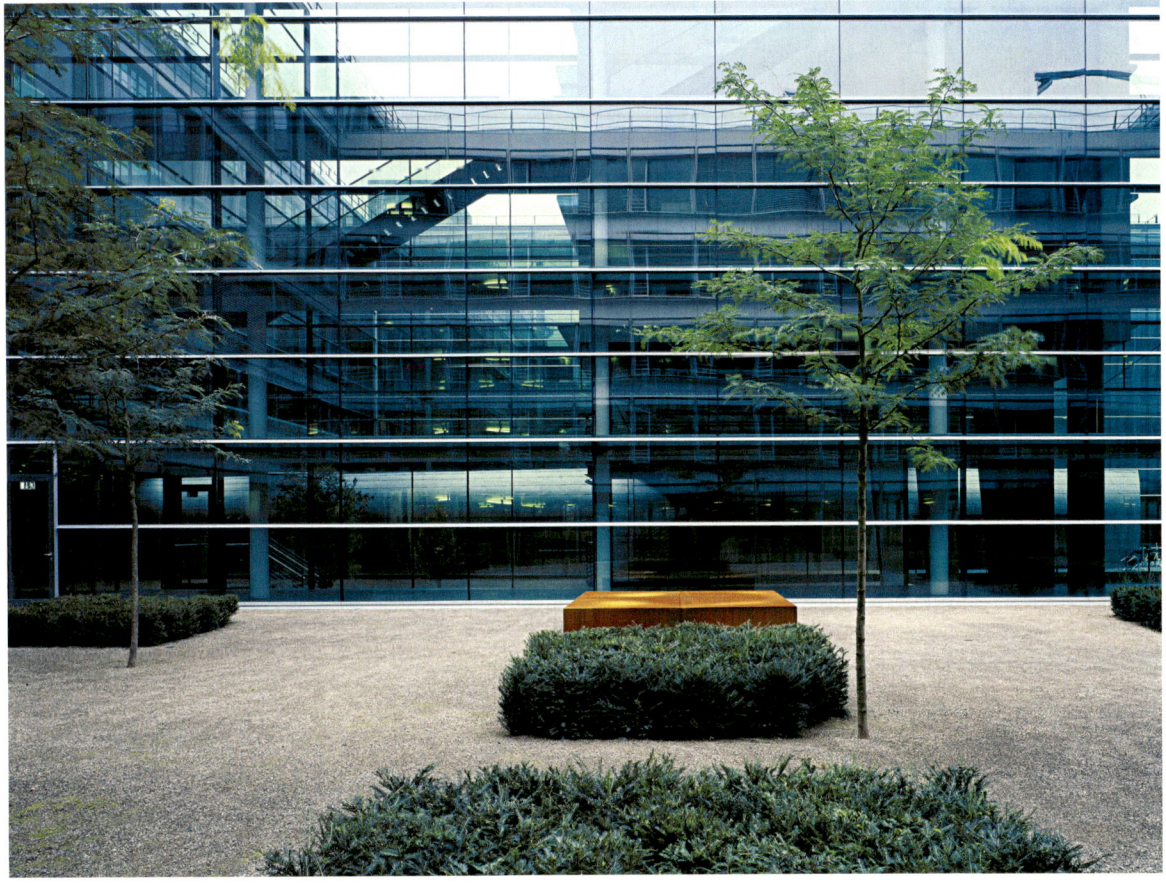

Die Landschaftsbrücke auf dem Gelände der Deutschen Flugsicherung in Langen ist Leitsystem und Wegekreuz, Kommunikationszone und Erholungsraum zugleich.
Entwurf: Fenner Steinhauer Weisser, Düsseldorf, 1998–2002
On the site of the German Air Traffic Control in Langen, the landscape bridge is the guiding system and a crossroads, a communication zone and recreation area.
Design: Fenner Steinhauer Weisser, Düsseldorf, 1998–2002

Die Verwebung des Gebäudes mit der Landschaft war für die Gestaltung des Firmengeländes prägend
Tying the building into the landscape was the key to the design of the company site

Die stählerne Pergola mit ihrer Pflanzenberankung aus Wildem Wein und Glyzinien schirmt das Bauwerk naturnah vor der Umgebung ab
The steel pergola with its creeping vines and wisteria screens the building off from its surroundings

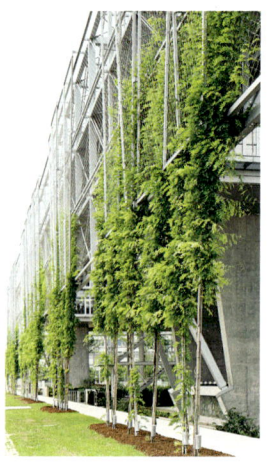

Bei der Gestaltung des Swiss-Re Unterföhring-Parks ist der Anspruch, eine Synthese von Architektur und Landschaft zu schaffen, bemerkenswert. Entwurf: Peter Kluska, München und Martha Schwarz, Cambridge, 2001–2002
The desire to create a synthesis between architecture and landscape shows clearly in the design of the Swiss-Re Park in Unterföhring.
Design: Peter Kluska, Munich and Martha Schwarz, Cambridge, 2001–2002

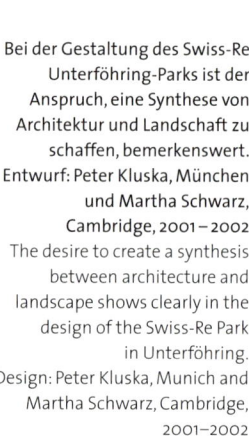

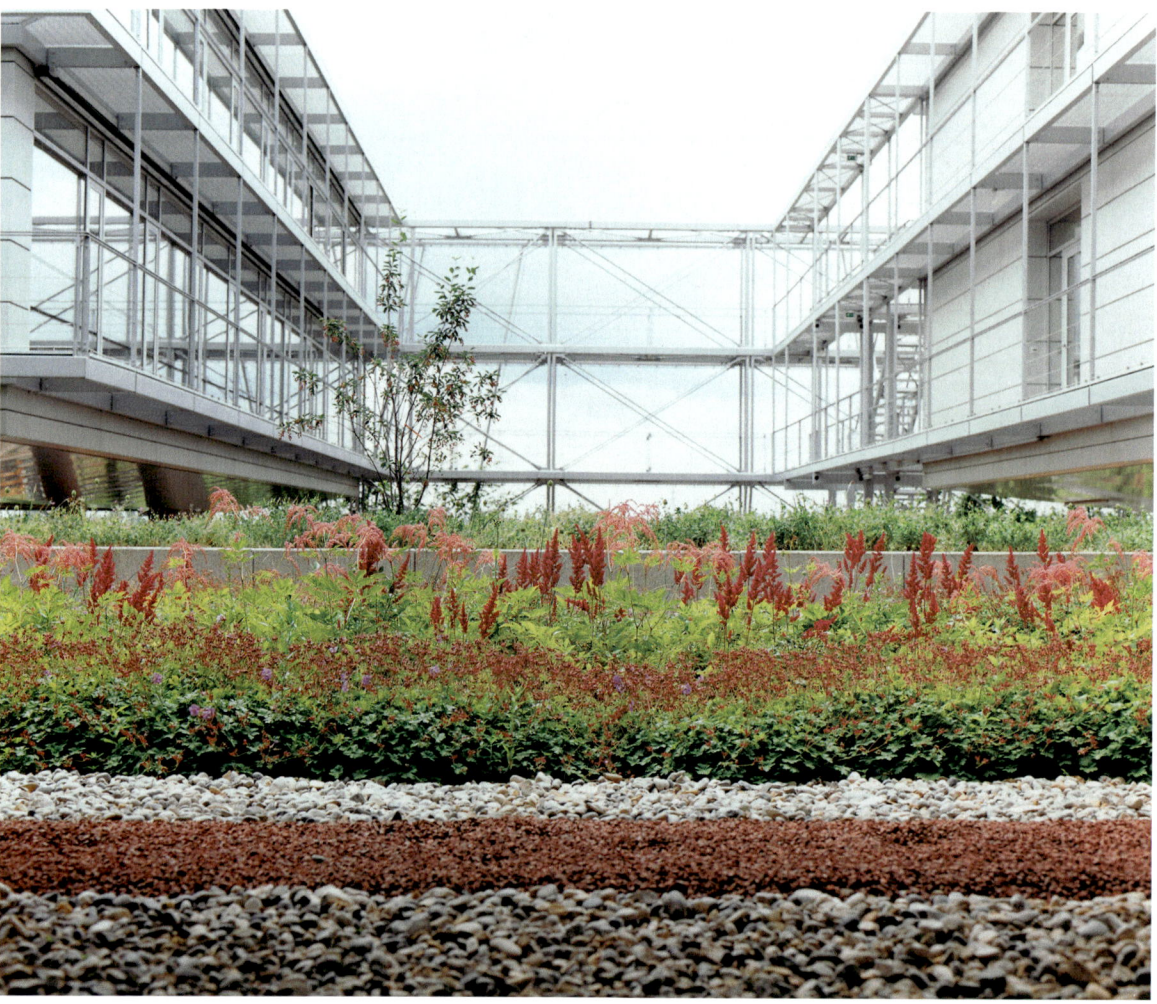

Die Farbenvielfalt der Innenhoffläche setzt sich auf den Außen- und Dachflächen mit bunten Blumen-, Sand- und Kiesbeeten fort
The abundance of colour in the inner courtyard continues on the outside surfaces and in the roof areas with colourful beds of flowers, sand, and gravel

German Landscape Architecture Prize 2003: Taking stock

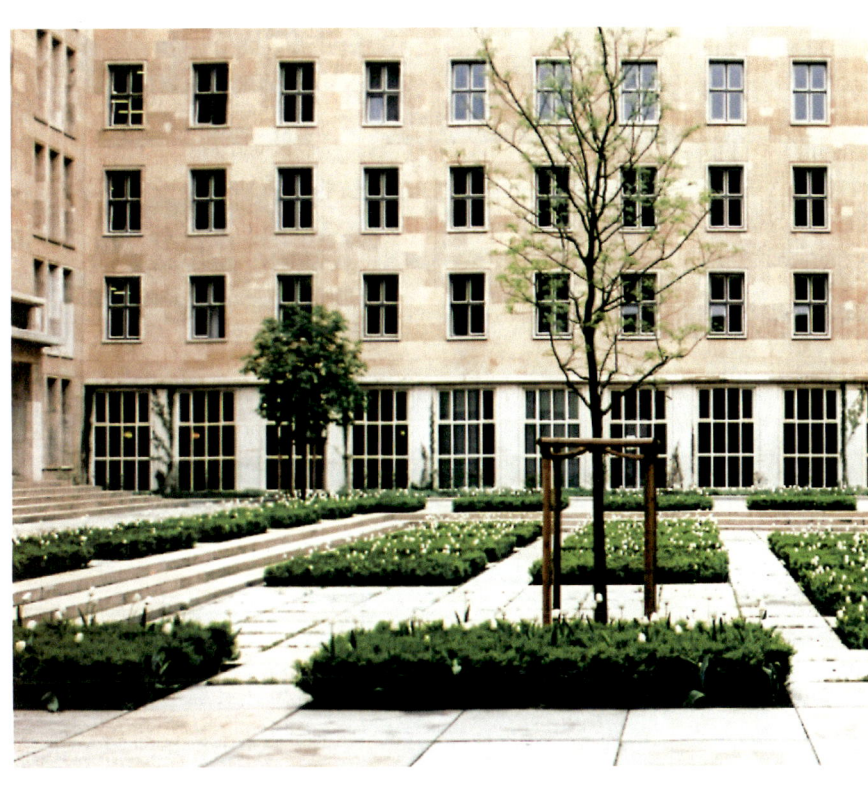

Die Innenhöfe des Bundes-
ministeriums der Finanzen
werden ähnlich der streng
gegliederten Fassade durch
Rasterfelder von Buchsbaum
strukturiert. Jahreszeitlich wechselnde Blüten verändern das
strenge Immergrün des Buxus.
Entwurf: Regina Poly, Berlin,
1998–2002
The inner courtyards of the
Finance Ministry are broken up
by box-tree grids, in similarity
with the rigidly patterned façan-
de. Flowers changing by the
season lighten the austere ever-
green of the box trees.
Design: Regina Poly, Berlin,
1998–2002

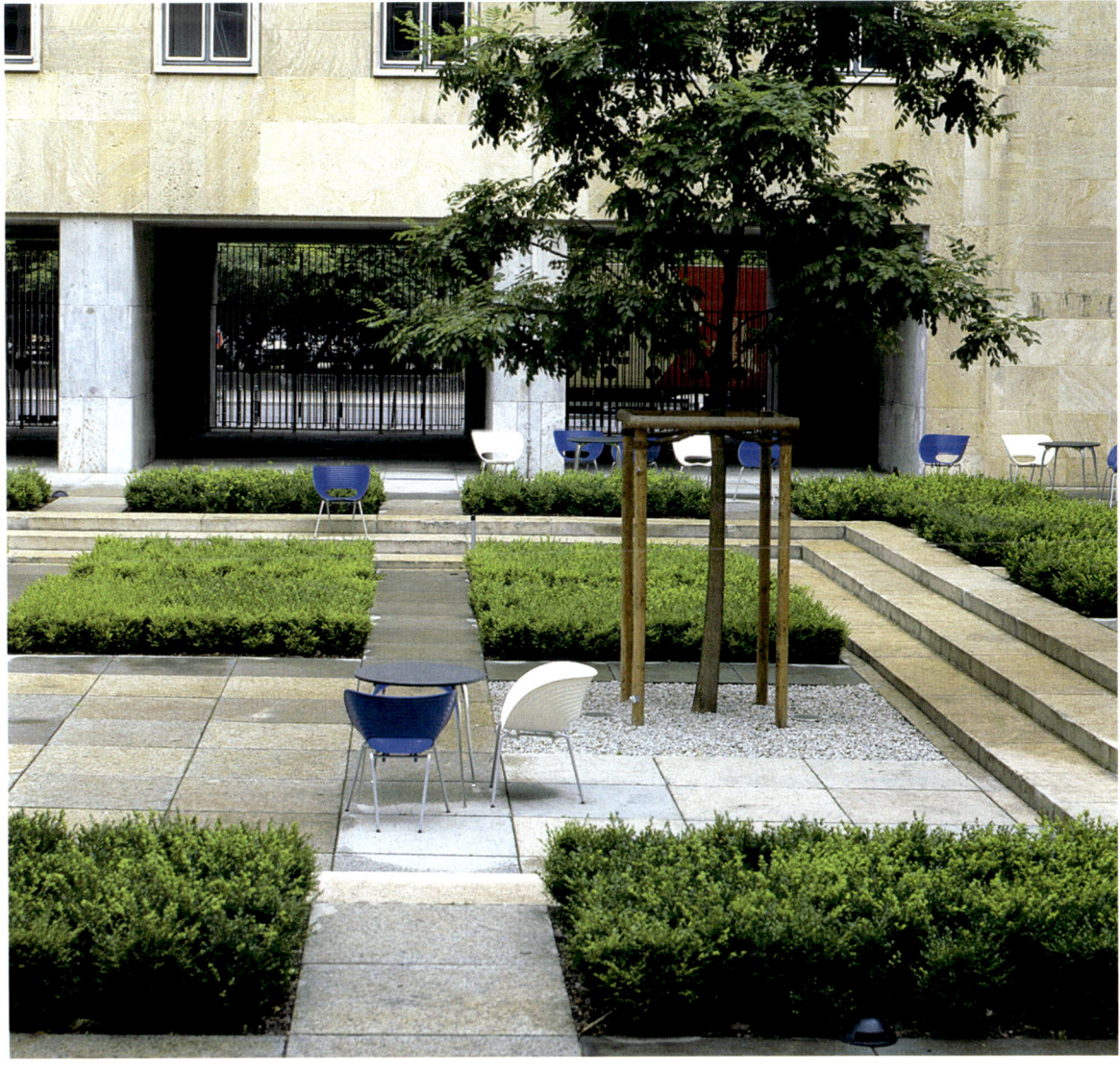

Asymmetrisch gesetzte
Schnurbäume definieren
Aufenthaltsbereiche im Hof
Pagoda trees, placed asymmetri-
cally, define lounging and relaxa-
tion areas in the courtyard

Der Scharnhauser Park in
Ostfildern ist ein Neubaugebiet
in der Architektursprache der
Gegenwart.
Entwurf: Janson + Wolfrum,
Karlsruhe, 1998–2002
The Scharnhauser Park in
Ostfildern is a new building area
using contemporary
architectural language.
Design: Janson + Wolfrum,
Karlsruhe, 1998–2002

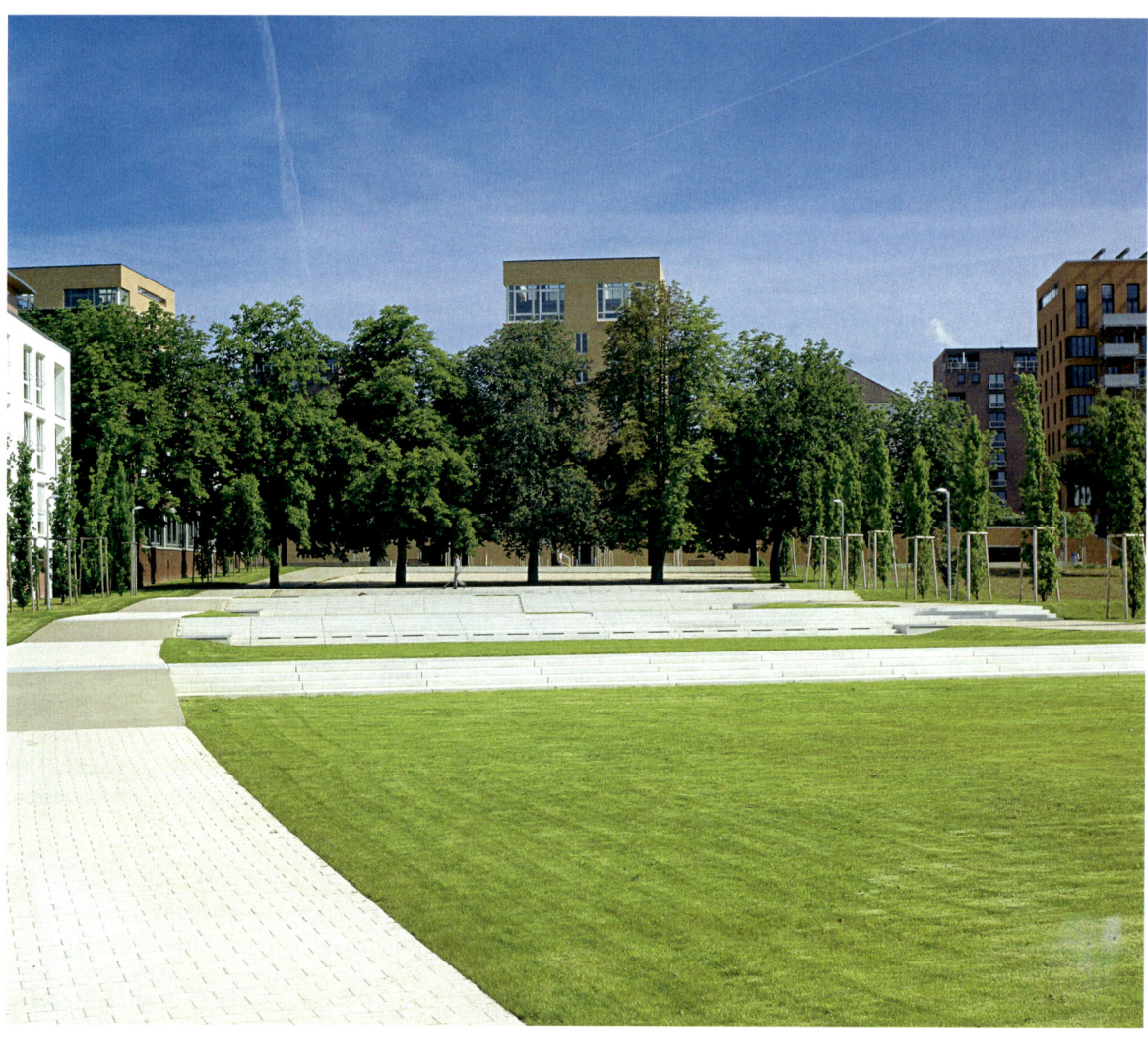

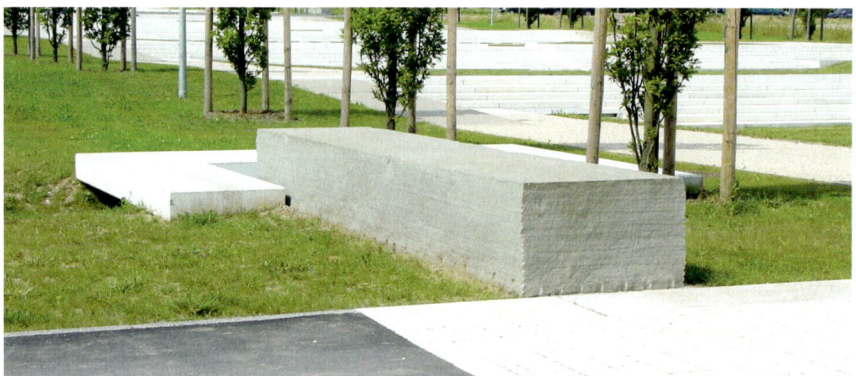

Die Bewohner des Scharnhauser
Parks beteiligten sich an der
Entwicklung der Anlage, indem
sie beispielsweise den Stil der
Parkmöblierung mitbestimmten
The residents of the Scharnhauser
Park contributed to developing
the area, for example, by sharing
in the decision on the style of the
park furniture

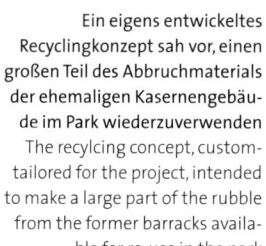

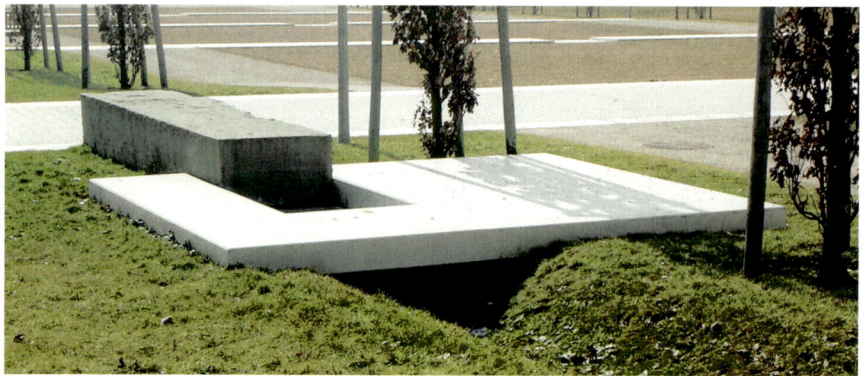

Ein eigens entwickeltes
Recyclingkonzept sah vor, einen
großen Teil des Abbruchmaterials
der ehemaligen Kasernengebäu-
de im Park wiederzuverwenden
The recylcing concept, custom-
tailored for the project, intended
to make a large part of the rubble
from the former barracks available for re-use in the park

German Landscape Architecture Prize 2003: Taking stock

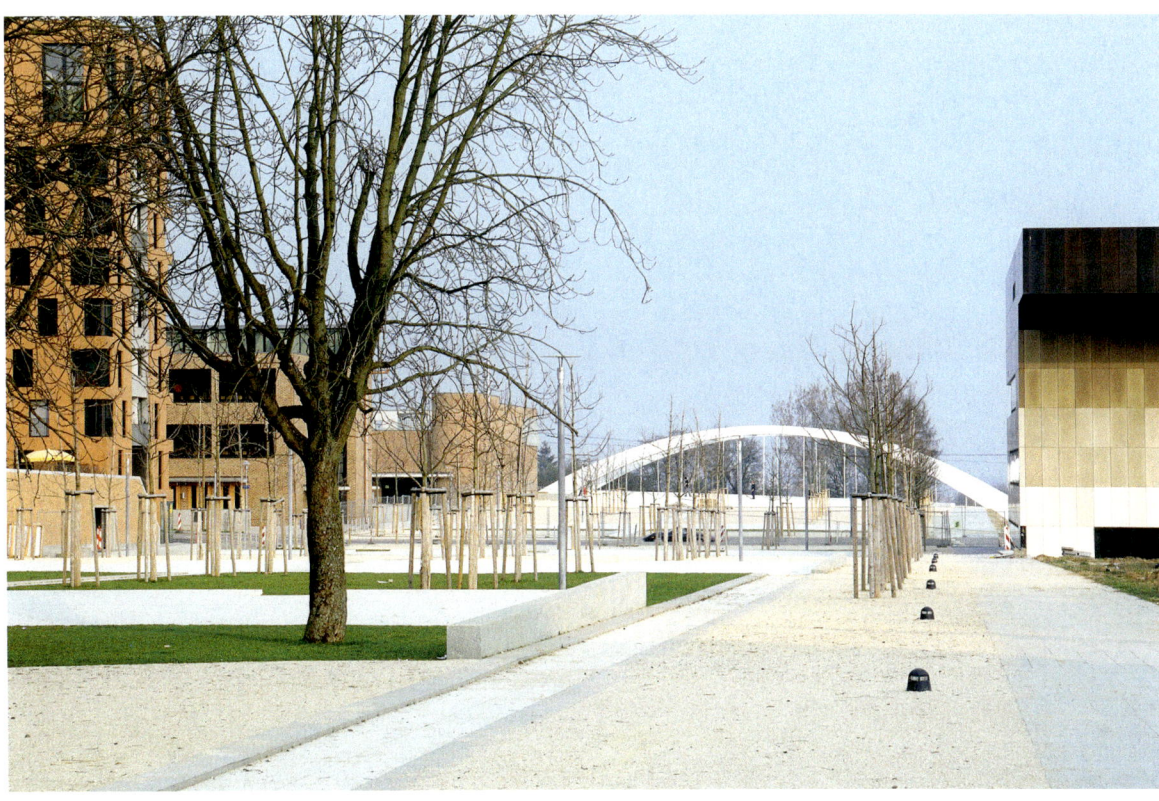

79

Überhaupt nicht mehr zu trennen sind Architektur und Landschaftsarchitektur im Park-Haus, dem MFO-Park (Maschinenfabrik Oerlikon) in Zürich. Die Planergemeinschaft aus dem Architekturbüro Burckhardt + Partner und den Landschaftsarchitekten Raderschall realisierte im Norden Zürichs ein Architektur-Landschafts-Hybrid, ein gewaltiges begehbares Gerüst, dessen räumliches Volumen nun mit Kletterpflanzen sowie mit überraschenden Landschaftsraumerlebnissen in drei Dimensionen ‚gefüllt' wird. „Unsere ‚grüne Oper' ist aus Stahl und blühenden Pflanzen leicht gefügt. Sie ist zu jeder Stunde lebendig und passt sich Außenwelt, Natur und Witterung jederzeit an", erläutern die Landschafts-Architekten ihre Idee eines lebendigen Architektur-Ereignisses.

Wenn sich heute die Architektur bemüht, den Menschen gegenüber den Kräften der Natur zu umhüllen und zu verteidigen, und diese Aufgabe unter Zuhilfenahme von der Natur abgeschauten Konstruktionsprinzipien oder gar in einer Verbindung aus Gebautem und Landschaftlichem zu optimieren versucht, wird die Landschaftsarchitektur vollends zur kulturellen Mittlerin zwischen Naturversprechen, Ingenieurskunst und Kultivierungsleistung.

Landschaft wird Stadt wird Landschaft

Die Durchsicht aller zum Deutschen Landschafts-Architektur-Preis 2003 eingereichten Arbeiten zeigt, wie sich der Gegensatz zwischen Stadt- und Landschaftsraum weiter auflöst. Teils weil die Landschaft

attempting to deploy them to the best possible effect by combining built and landscape effects. If this is the case, landscape architecture will become a complete cultural intermediary between natural promises, engineering and cultivation achievements.

Landscape becomes town becomes landscape

Looking through all the work submitted for the German Landscape Architecture Prize 2003 shows how the contrast between urban and rural space is disappearing more and more. Partly because the countryside is moving into the town, as parkland or even more as waste land, partly because 'shrinking towns' are actually taking up more space. A town like Dessau in Saxony-Anhalt is expanding, despite the fact that the population is clearly dwindling. The suburbanization process in the growth regions in South and West Germany is moving ahead even more quickly. "Land is being eaten up rampantly," says Fritz Vorholz. "15 square metres per second are being sacrificed in Germany; at the end of every day, so-called progress has eaten up almost 1.3 million square metres – equivalent to a good 160 football pitches. (...) In fact, only just under half the area statistically considered to be housing or transport land is actually sealed; the other half consists of so-called settlement green, for example traffic islands, front gardens or parks. Nevertheless, this is an urgent matter: the Germans are paving over their homeland. Tendency increasing. Over 12 per cent of the country has already

als Park, mehr noch als Brache in die Städte einzieht, teils weil sich selbst ‚schrumpfende Städte' wie Dessau in Sachsen-Anhalt in der Fläche ausdehnen. Noch weitaus stärker schreitet der Prozess der Suburbanisierung in den Wachstumsregionen des Südens und Westens der Bundesrepublik voran. „Der Flächenfraß grassiert überall", konstatiert Fritz Vorholz. „Pro Sekunde fallen ihm in Deutschland 15 Quadratmeter zum Opfer; am Ende jedes Tages hat der vermeintliche Fortschritt fast 1,3 Millionen Quadratmeter gefressen – das entspricht gut 160 Fußballplätzen. (...) Zwar ist nur knapp die Hälfte des statistisch als Siedlungs- und Verkehrsfläche erfassten Areals tatsächlich versiegelt; die andere Hälfte besteht aus so genanntem Siedlungsgrün, zum Beispiel Verkehrsinseln, Vorgärten oder Parks. Trotzdem brennt die Angelegenheit: Die Deutschen pflastern ihre Heimat zu. Tendenz steigend. Mehr als 12 Prozent des Landes sind schon geopfert."[4] Es entsteht ein Siedlungsteppich mit vielen Löchern.

Die Wortschöpfung „perforierte Stadt", die auf den Leipziger Baudezernenten Engelbert Lütke Daldrup zurückgeht,[5] der wegen fehlender Wohnungs- und Büroflächennachfrage gründerzeitliche ebenso wie Plattenbau-Quartiere abbrechen lassen muss, unterscheidet nicht mehr zwischen Stadtkern und Suburbia. Für die neuen Bilder und Herausforderungen der Landschaftsarchitektur ist die „perforierte Stadt" neben der „Zwischenstadt" (Thomas Sieverts) der wichtigste Leitbegriff, der zur Zeit jedoch mehr Fragen als Antworten provoziert. Die wichtigsten Fragen: Ist die Stadt der Zukunft als kulturell-virtueller oder als realer räumlicher Kontext ablesbar? Steht eine Renaissance der Stadtlandschaft bevor, zukünftig allerdings weniger als städtebauliche Figur denn als regionalräumliches Funktionsmuster der räumlichen Verankerung dessen, was Ulrich Beck „Glokalität"[6] nennt? Wird das Weichbild, die Atmosphäre solcher ‚Städte' zukünftig im Landschafts- oder im Stadtbild einen adäquaten Ausdruck finden? Eine Auflösung beider bisher getrennter Kategorien ist wahrscheinlich. Wenn aber Stadt erst raumgreifend und heute raumlos werden konnte bzw. könnte, welche Rolle spielt dann die Planung von Stadt- und Landschaftsbildern? Zwei Möglichkeiten stehen im Prinzip zur Verfügung. Die Planung von Raumbildern wird mit der zunehmenden Irrelevanz realräumlicher Abbilder von Gesellschaften weitgehend überflüssig bzw. bleibt allein als Fundus stilistischer Zitate von Bedeutung. Oder aber: Die Planung realräumlicher Bilder wird zu einem kulturellen Fundament gesellschaftlicher Entwicklungen. Beides ist bisher nicht erreicht, auch nicht absehbar.

fallen victim to this."[4] We are creating a settlement carpet with a lot of holes in it. The phrase "perforated city", coined by the Leipzig building director Engelbert Lütke Daldrup,[5] who is having to demolish late 19th century and slab construction quarters because of lack of demand for homes and offices, no longer distinguishes between town centre and suburbia. The "perforated city" and the "Zwischenstadt" ("intermediate, in-between city"; Thomas Sieverts) have become the key concepts for new images and challenges to landscape architecture, but at this time, they raise more questions than they answer. The most important questions are: Is the city of the future to be seen as cultural-virtual or as a real spatial context? Are we facing a renaissance of urban landscape, though in future less as an urban development figure than as a regional and spatial functioning pattern, an anchor-point for Ulrich Beck's "glocality"?[6] Will the image, the atmosphere of 'towns' like these be appropriately expressed in future in landscape or townscape?

It is probable that these two formerly separate categories will blur. But if the town has once been able and could now be able to become space-less, what role does planning then play in townscape and landscape? In principle, there are two possibilities. Planning spatial concepts will become largely superfluous or will remain significant only as a stock of stylistic quotations, with the increasing irrelevance of real-spatial images of societies. Or: planning real spatial images will become a cultural foundation for social developments.

Neither of these states has yet been achieved, nor is foreseeable. For landscape architecture, the first route means being open to all possibilities. Landscape architecture becomes the production of culture or images; the art of landscape design becomes detached from its social ties. In the second case, landscape architecture will acquire an unsuspected degree of responsibility, alongside its opportunities. As 'free art', landscape architecture would finally have failed, because social and cultural education would be elemental components of social development. The world we live in, after the ages of denominational, national-ideological and economic parameters would be expressed or measured in future above all in aesthetic and emotional categories.

There will be more space

Present-day landscape architecture is still insufficiently ready for both these developments (though it is more adequately prepared than its fellow planning disciplines): yet landscape architects and town plan-

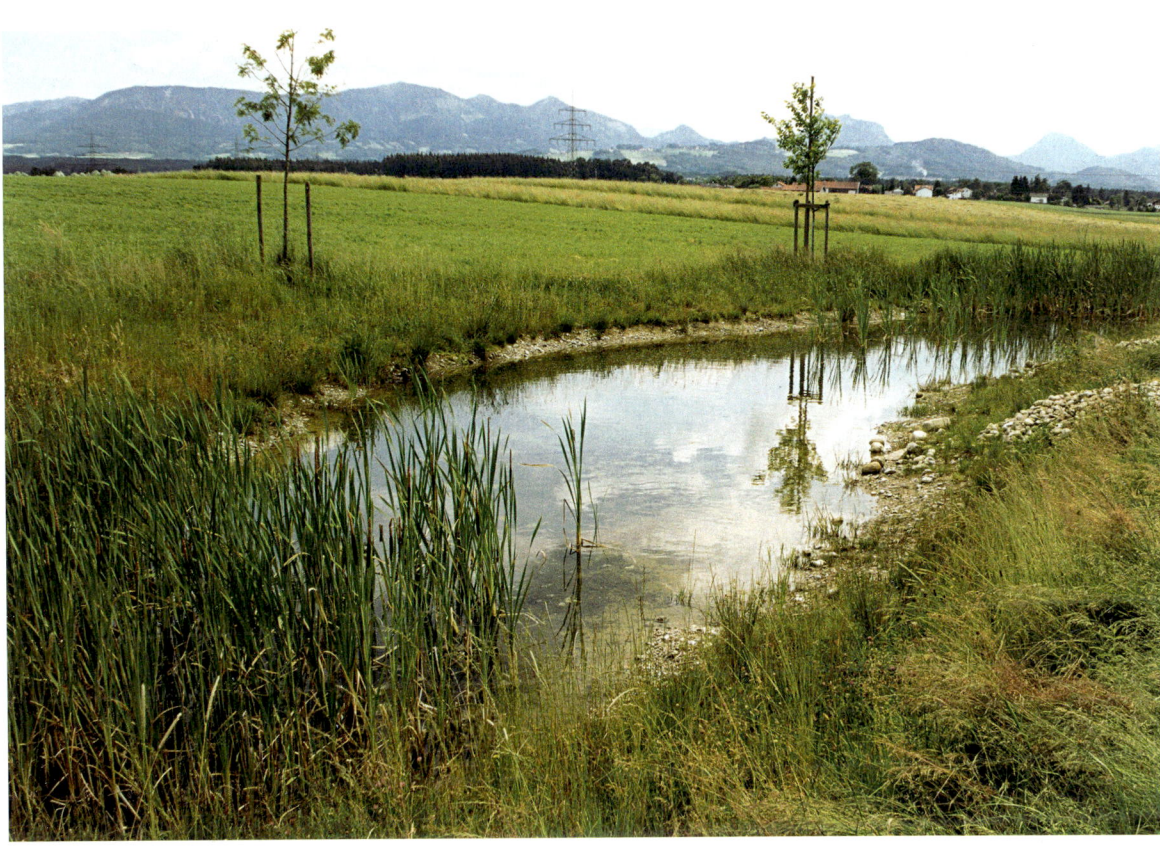

Im Zuge der Dorferneuerung und ökologischen Flurdurch-grünung Baierbach wurden neue Weiher angelegt.
Entwurf: Planungsbüro Grebe + Steinert, Übersee, 1993–2002
New ponds were created as part of the Baierbach village renewal and systematic ecological field greening.
Design: Planungsbüro Grebe + Steinert, Übersee, 1993–2002

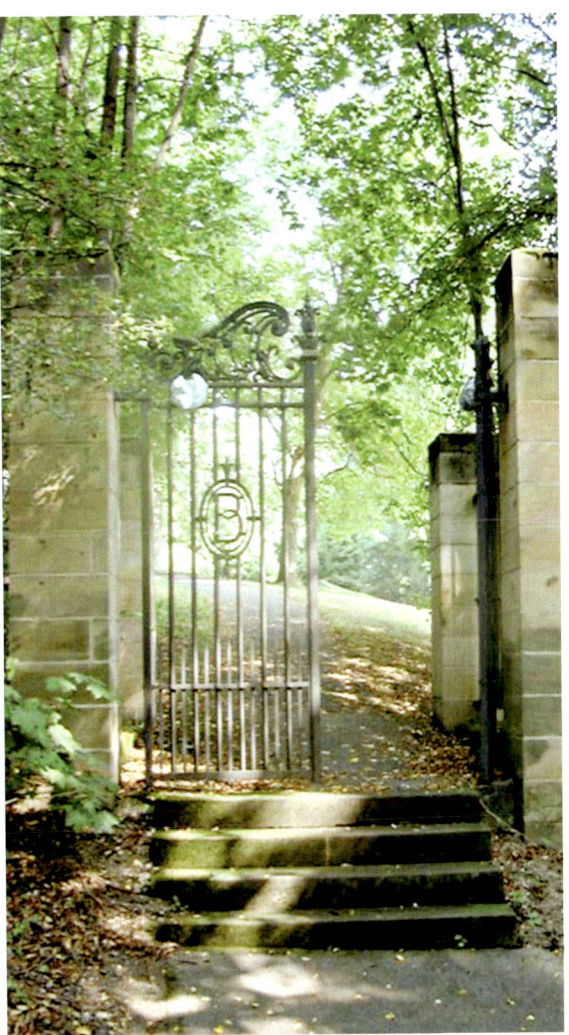

Ziel der Arbeit „Kulturhistorischer Rahmenplan Coburger Norden" war es, Kenntnis über das Vorhandensein kulturhistorisch wertvoller Elemente zu erlangen, um bei der zukünftigen Stadtentwicklung einen verantwortungsvollen Umgang mit der Vergangenheit gewährleisten zu können. Entwurf: Werkgemeinschaft Freiraum, Nürnberg, 2001
The 'cultural-historical plan for north Coburg' was intended to acquire knowledge about the presence of worthwhile cultural and historical elements, in order to be able to guarantee responsible handling of the past in future town planning. Design: Werkgemeinschaft Freiraum, Nürnberg, 2001

Neben der Stärkung der bäuerlichen Struktur des Dorfes war in Baierbach eine Aufwertung der Landschaft von besonderem Interesse
One of the aims, alongside strengthening the rural structure of the village of Baierbach and helping agriculture, was to enhance the value of the countryside

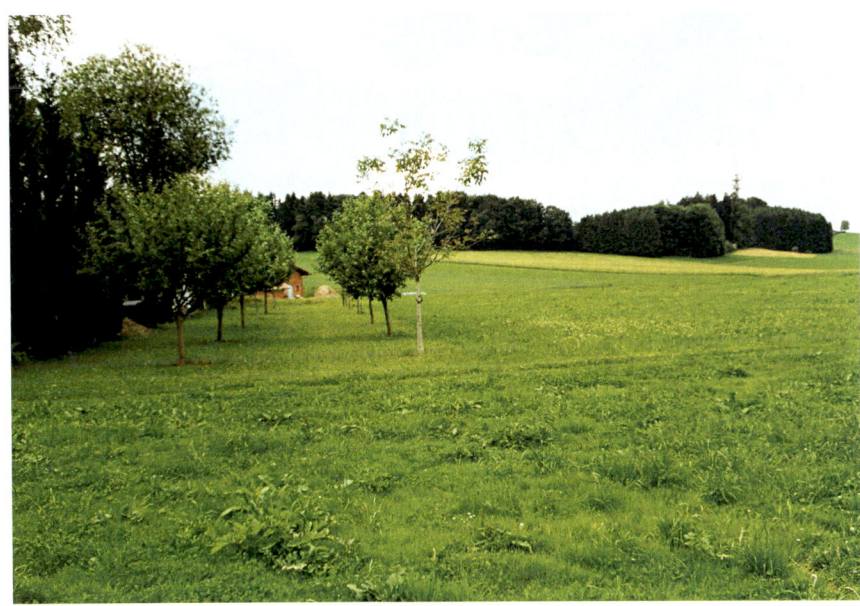

Für die Landschaftsarchitektur bedeutet der erste Weg eine Öffnung zur Freiheit aller Möglichkeiten. Landschaftsarchitektur wird Kultur- bzw. Bildproduktion; die Kunst der Landschaftsgestaltung löst sich von ihrer sozialen Bindung. Im zweiten Fall erwächst der Landschaftsarchitektur neben ihren Chancen ein ungeahntes Maß an Verantwortung. Landschaftsarchitektur wäre als ‚freie Kunst' endgültig gescheitert, weil Sozial- und Kulturbildung elementare Bestandteile gesellschaftlicher Entwicklung wären. Die Lebenswelt würde nach den Zeitaltern der konfessionellen, der nationalideologischen und der ökonomischen Parameter zukünftig vor allem in ästhetisch-emotionalen Kategorien zum Ausdruck gebracht bzw. gemessen.

Raum wird zunehmen

Die Landschaftsarchitektur der Gegenwart ist hinsichtlich beider Entwicklungen noch unzureichend vorbereitet (wenn auch zureichender als benachbarte Planungsdisziplinen): Zwar finden Landschaftsarchitekten und Städteplaner im Stadtumbauprozess zu neuen Begriffen und Bildern. ‚Schrumpfende Städte' – auch ‚Shrinking Cities' genannt, um die internationale Relevanz dieser Entwicklungstendenz zu unterstreichen – sind die wohl größten planerischen Herausforderungen der Gegenwart. Nicht nur, dass Planungsparadigmen der Landschaftsarchitektur, die auf der Verteidigung von Freiraum gegenüber wachsenden Städten aufbauen, auf dem Prüfstand stehen, auch die ökonomische und kulturelle Lesart eines Bevölkerungsrückgangs als Potenzial muss nach jahrzehntelang trainiertem Wachstumsfetisch völlig neu gelernt werden.

‚Urbane Landwirtschaft' ist ein solcher neuer Ansatz aus dem Umfeld des ‚Shrinking-Cities'-Gedankens. Die Landschaftsarchitekten um Klaus Overmeyer (Büro cet-o) wandten diesen Ansatz auf das Projekt „Mississippi-Fischbek" am Stadtrand von Hamburg an. Es blieb bei einem Konzept, das jedoch den Zeitgeist so überzeugend trifft, dass es auch bei der Jury des Deutschen LandschaftsArchitektur-Preises große Aufmerksamkeit fand. Wen ‚urbane Landwirtschaft' an die Selbstversorgungskonzepte eines Leberecht Migge erinnert, trifft jedoch nur bedingt die Intention der Landschaftsarchitekten. Vielmehr geht es ihnen um eine Etablierung von wohnungsnaher und nachbarschaftsbezogener Freizeitgestaltung. Die Produktion eigener Nahrungsmittel ist da eher ein Instrument zur Vermittlung neuer Ansprüche an Glaubwürdigkeit und Qualität, die angesichts eines in die Krise geratenen Sozialstaatsmodells Neugierde wecken. Wegweisend ist das Konzept möglicher-

ners are starting to find new terms and images in the urban renewal process. The term 'shrinking cities' has started to gain international currency because the concept is so relevant, and these cities probably represent today's greatest planning challenge. Landscape architecture's planning paradigms, which are based on defending open space against growing towns, are certainly being tested, after decades of ingrained growth fetishism. But we have to learn to read a decreasing population in a completely new way, culturally and economically, as growth potential.

'Urban agriculture' is one such new approach from the 'shrinking cities' field. The landscape architects around Klaus Overmeyer (cet-o practice) applied it to a project called "Mississippi-Fischbek", on the outskirts of Hamburg. It remained on the drawing-board, but it catches the spirit of the times so convincingly that the German Landscape Architecture Prize jury took a great deal of notice of it. Anyone who feels reminded by 'urban agriculture' of the self-sufficiency concepts of someone like Leberecht Migge is not seeing the landscape architects' point fully. They are much more interested in establishing leisure facilities that are close to housing, and neighbourhood-related. Here producing one's own food is more a means of conveying the new credibility and quality claims that are generating interest now the welfare state model is in such a state of crisis. The concept possibly points the way forward in terms of residents' responsibility for open spaces. Given that not all design and maintenance tasks can be delegated to municipal institutions any longer, the question arises of new partnerships between private and community parties who are interested in cultivated public space. Of course, even 'urban agriculture' will not be able to restore greater significance to the so-called primary sector in a service society's value creation chain. But even so, 'urban agriculture' can gain relevance as leisure orientation, as social role-play about solidarity and responsibility. Cet-o's concept shows that responses relating to urban development and landscape architecture can make a contribution here.

Another response to the new modesty in public space comes from the landscape architects Gruppe F (Berlin), in the form of the Wuhlepark. They reduce the expense of care and maintenance by no longer seeing the whole planning and valley area along the small river Wuhle – situated between two large housing estates in East Berlin – as an intensively designed park. Instead they implemented an extensive park concept with a few striking, intensively designed locations. The space is shaped by landscape architecture without this prescribing the same standards for the whole area.

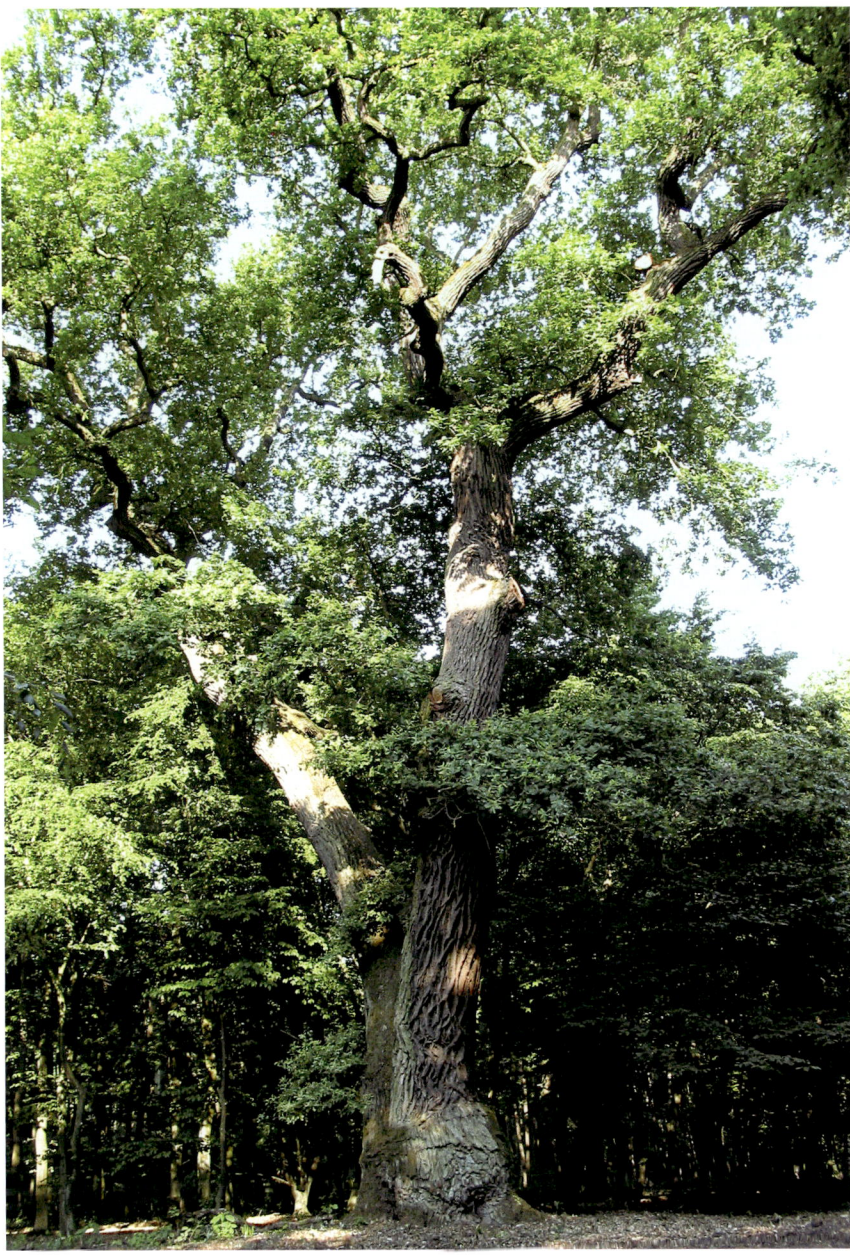

Auf einem 900 Meter langen
Rundweg wird die frühere
Nutzung der Eichen sowie das
Landschaftsbild der Umgebung
Schwanheims vermittelt.
Entwurf: Die LandschaftsArchi-
tekten Bittkau–Bartfelder +
Ingenieure, Wiesbaden,
2001–2002
The earlier use of the oak trees and
the landscape of Schwanheim and
its surroundings are conveyed on a
900 metre circular path
Design: Die LandschaftsArchitekten
Bittkau–Bartfelder + Ingenieure,
Wiesbaden, 2001–2002

Für das Projekt „Nachhaltiger
Hochwasserschutz Drau/Öster-
reich" gehörte die Entwicklung
und Erhaltung des passiven
Hochwasserschutzes zu den
wichtigsten Zielen.
Großflächige Überflutungs-
räume zur fließenden bzw.
stehenden Retention bei
Hochwasserereignissen konnten
erhalten und gefördert werden.
Entwurf: Klaus Michor, Lienz,
1999–2003
One of the most important aims
of the 'long-term flood protection for Drau/Austria' project
was maintaining and developing
passive flood protection.
Extensive flooding areas for flo-
wing or stagnant flood retention
are to be retained and promoted.
Design: Klaus Michor, Lienz,
1999–2003

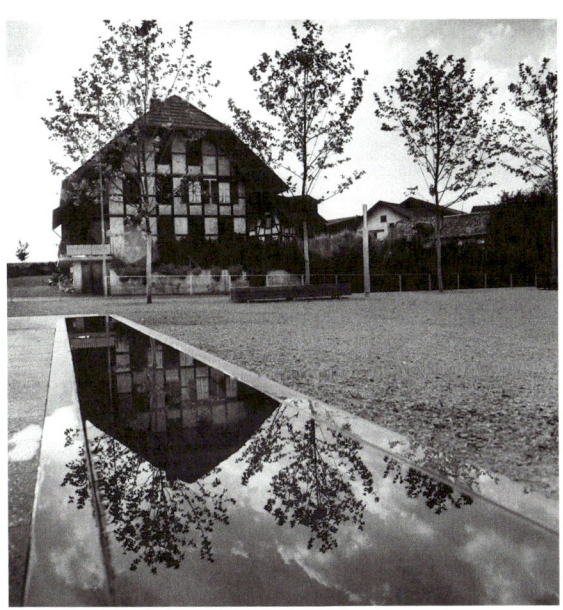

Eine winkelförmige Platz-
skulptur, gebaut aus einer
schiefen Betonebene, gliedert
den Dorfplatz in Hindel-
bank/Schweiz in zwei Bereiche.
Entwurf: Klötzli + Friedli, Bern,
1999–2000
An angular outdoor sculpture,
constructed from a sloping concrete surface, divides the village
square in Hindelbank
(Switzerland) into two areas.
Design: Klötzli + Friedli, Bern,
1999–2000

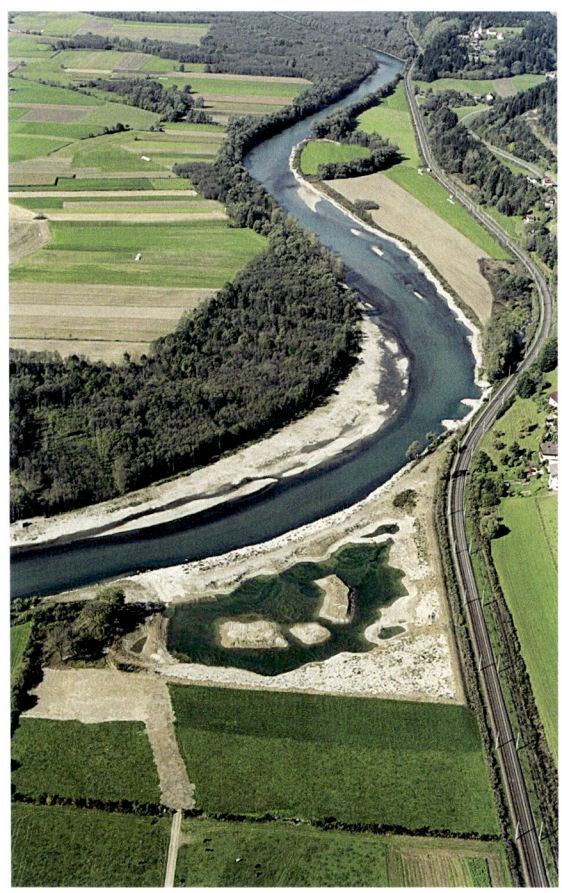

Große, teilweise mit Schotterrasen befestigte Grünflächen bilden in Neuses/Stadt Kronach multifunktional nutzbare Freiflächen und Plätze. Entwurf: Logo Verde, Landshut, 1999–2002
Large green areas, partly secured with crushed stone lawns, provide usable, multi-functional open spaces and squares in Neuses/City of Kronach. Design: Logo Verde, Landshut, 1999–2002

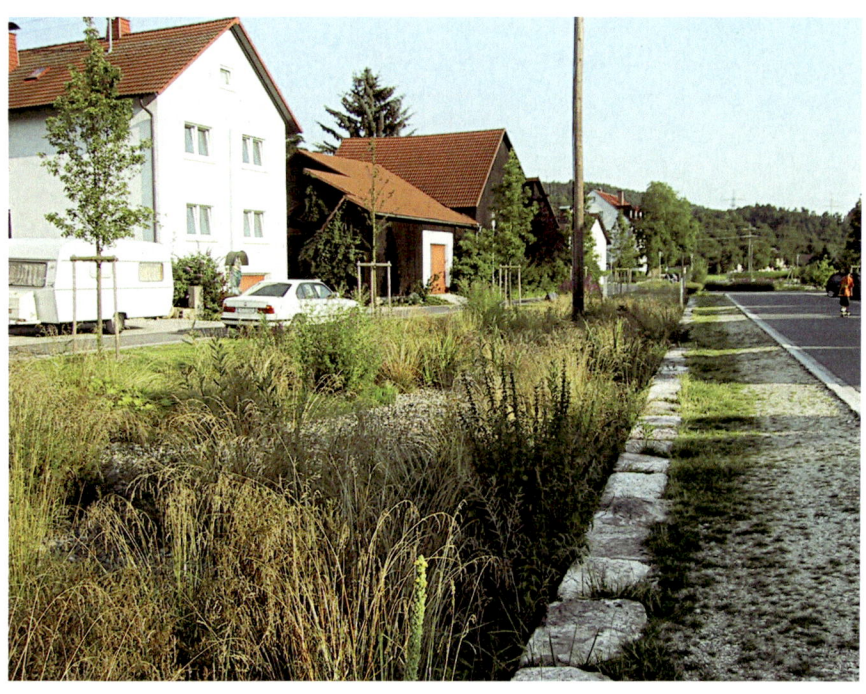

84

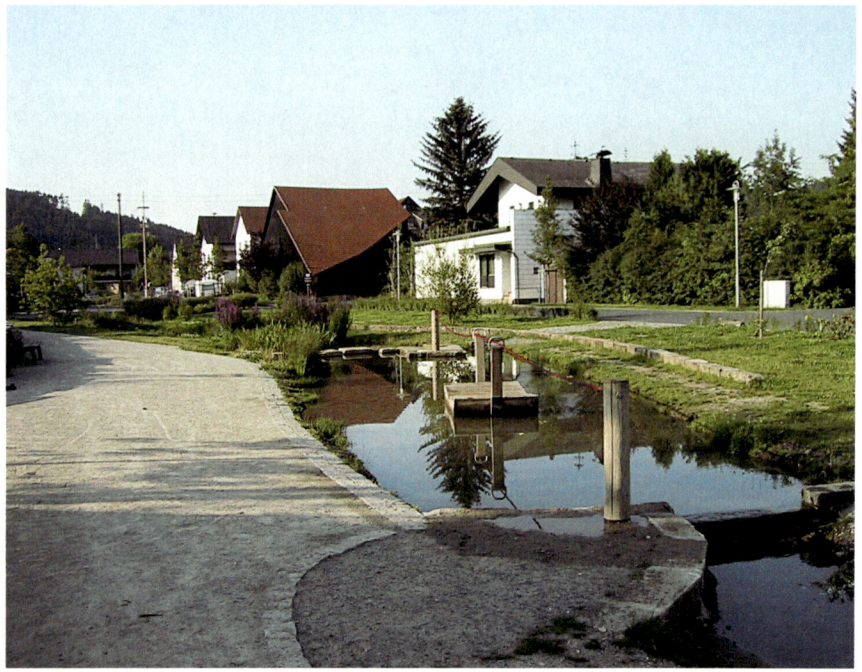

Verbindendes Element im Ortsbild ist die durchgehende Wasserachse, die aus dem Fluss Rodach gespeist wird
The connecting element in the image presented by the little town is the continuous water axis, fed from the river Rodach

Landscape becomes a trade mark

A parallel development in landscape architecture is based on identity, orientation, and ultimately on credibility. This does not gain its impetus from shrinkage, so it is active rather than reactive in that it defines landscapes as trade marks. This development builds on the fact that credibility is increasingly becoming both an ethical and a marketing value. Landscape, on the basis of being perceived as the element that gives distinctive character to a location, links both a brand and a value dimension.

The unanimous award of a 2003 Landscape Architecture Prize to Prof. Jörg Stötzer of Sindelfingen for "Stadteingang Aalen" fits in with this. Stötzer has managed to transfer the particular landscape features of the Schwäbische Alb (to which he also allots copyright in his idea) in a subtle way to the design of a new transport feature, so that a landscape sign now draws attention to the way into the town of Aalen. A symbiosis of contemporary mobility and identity interests.

At the same time, the "Stadteingang Aalen" project expresses co-operation between different planning disciplines. In Aalen, landscape architecture was not seen as a complementing, or compensating for, civil engineering and transport planning; instead, it tries to integrate these powerful forces in the spirit of developing the landscape further.

The Berlin Häfner/Jimenez practice successfully did something similar when designing a noise protection barrier. Working on the basis that his kind of technical environmental design makes much more of an impact on our landscape than original parks and gardens by landscape architects, Winfried Häfner gave a design boost to technical necessity. The result convinces both those people who drive past every day and the clients, especially as costs were kept low, despite innovative use of materials.

As the competition between towns and regions for development opportunities is now played out on the plane of quality, creating identity, and thus quality of open space, are key factors. For this reason, too, it is possible to discern greater quality in the breadth of the parks, gardens, squares, and landscape designs realized. Formative clarity, design creativity and innovative materials that are also of high quality in terms of landscape-building are on the increase. Prestigious examples of European-class landscape architecture are not only found in the big cities, but in small town and village projects as well. It is clear that growing competition between landscape architects is enhancing quality at the moment.

But what a cross-section of the works submitted for

weise im Hinblick auf die Verantwortung von Anwohnern für Freiflächen. Wo nicht mehr alle Aufgaben der Gestaltung und Pflege an kommunale Einrichtungen delegiert werden können, stellt sich die Frage nach neuen Partnerschaften zwischen privaten und kommunalen Interessenten an einem kultivierten öffentlichen Raum. Zwar wird in einer Dienstleistungsgesellschaft auch die ‚urbane Landwirtschaft‘ nicht zu einer wiedererstarkten Bedeutung des so genannten primären Sektors in der Wertschöpfungskette führen. Gleichwohl aber kann ‚urbane Landwirtschaft‘ als Freizeitorientierung, als

the German Landscape Architecture Prize does not show is the everyday banality of the overwhelming proportion of open-air designs realized, whether by landscape architects, civil and road engineers or private individuals. Bollards, pavement and plant catalogues, lights, benches and play equipment can be put together very quickly today in the international style mix, because of the ever-growing range of leisure goods and leisure images available. In an information society, orientation towards a European landscape design cross-section is possible without elaborate study visits. Specialist magazines and books, inclu-

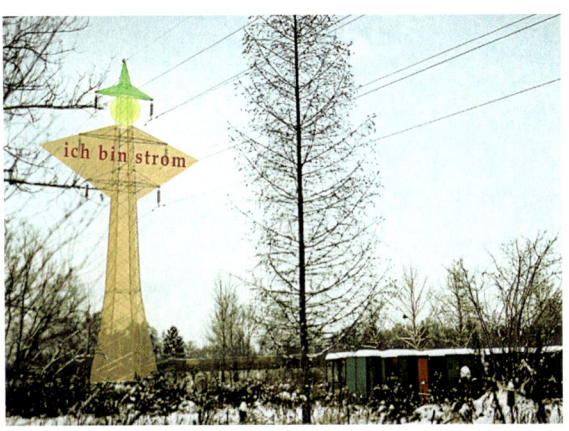

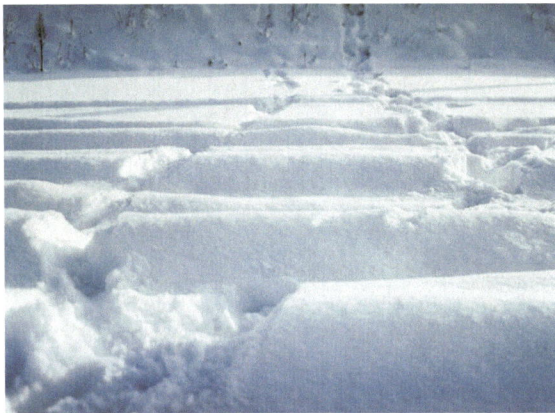

Mit dem Projekt Mur-Au-Park entstand in Graz ein Erholungsgebiet am Rande der Stadt. Die vorhandenen Hochspannungsmasten werden in der Figur von Riesen zum Leitsystem des „Parks“.
Entwurf: Spaceunit Network, Graz, 2002
The Mur-Au-Park project in Graz provided a recreation area on the edge of the town. The existing high-voltage pylons become the guiding system in the 'park', in the form of giants.
Design: Spaceunit Network, Graz, since 2002

Die Besucher hinterlassen Spuren, deren Geflecht und Interaktion den eigentlichen „Park“ bilden.
Visitors leave traces that interweave and interact to form a park.

gesellschaftliches Rollenspiel zu den Themen Solidarität und Verantwortung an Relevanz gewinnen. Dass städtebaulich-landschaftsarchitektonische Antworten dazu beitragen können, zeigt das Konzept von cet-o.
Eine andere Antwort auf die neue Bescheidenheit im öffentlichen Raum geben die Landschaftsarchitekten Gruppe F (Berlin) mit dem Wuhlepark. Sie reduzieren den Aufwand an Pflege und Unterhaltung, indem sie nicht mehr den gesamten Planungs- und Talraum entlang der Wuhle zwischen zwei Großsiedlungen im Osten Berlins als intensiv gestalteten Park vorsehen, sondern ein extensives Parkkonzept mit wenigen markanten Orten intensiver Gestaltung umsetzten. Der Raum wird durch die Landschaftsarchitektur geprägt, ohne dass diese auf der gesamten Fläche die gleichen Standards vorgibt.

Landschaft wird Markenzeichen

Auf Identität, Orientierung und letztlich auf Glaubwürdigkeil basiert eine parallele Entwicklung in der Landschaftsarchitektur, die ihre Impulse nicht aus der Schrumpfung erhält, also nicht reagiert, sondern agiert, indem sie Landschaften als Markenzeichen definiert. Diese Entwicklung baut darauf auf, dass Glaubwürdigkeit zunehmend einen ethischen wie einen Marketing-Wert darstellt. Landschaft verbin-

ding this book, contribute to the similarity of the open space images.
So-called public space is attracting more attention from local politicians than ever. At the same time, people are increasingly inclined to believe that this space is being neglected to an ever greater extent. Answers are expected from landscape architecture here: to the fact that more and more local authorities and states are becoming unable to act because of acute budget problems, to the fact that shrinking towns are tending to create more open space, and to the demand for identity and home as collective ties.
So is the answer "Event Landscape"? Some of the works commended by the German Landscape Architecture Prize jury derived from such events. Stephan Lenzen's park in the Dycker Feld is a horticultural show park, the study by the Berlin landscape architects BGMR and archiscape for the "Welzow Desert" in Brandenburg could probably have emerged in this form only as part of an international building exhibition.
But as the impression emerges that only events make far-reaching and experimental planning possible, sceptical voices are being raised. In certain respects, the current event orientation shows our planning culture's lack of everyday viability. At the same time, the speed of planning and development is being un-

Der „blaue Wald" ist eines der raumprägenden Elemente des Humboldt-Gymnasiums in Cottbus. Die Hölzer tragen Inschriften, die an große Dichter und Denker – Zeitgenossen der Gebrüder Humboldt – erinnern
Der „blaue Wald" ist eines der raumprägenden Elemente des Humboldt-Gymnasiums in Cottbus. Die Hölzer tragen Inschriften, die an große Dichter und Denker – Zeitgenossen der Gebrüder Humboldt – erinnern
The 'blue wood' is one of the elements that shapes the space of the Humboldt secondary school. The timbers carry inscriptions as reminders of important poets and thinkers, contemporaries of the Humboldt brothers

det aufgrund ihrer Wahrnehmung als identitätsstiftender Ortscharakter beides, eine Marken- wie eine Wertedimension.

Hierzu passt die einstimmige Auszeichnung der Arbeit „Stadteingang Aalen" von Prof. Jörg Stötzer aus Sindelfingen mit einem LandschaftsArchitektur-Preis 2003. Stötzer versteht es, auf subtile Weise die landschaftsräumlichen Besonderheiten der Schwäbischen Alb (der er deshalb auch das Copyright an seiner Idee zuschreibt) auf die Gestaltung einer neuen Verkehrsanlage zu übertragen, so dass heute ein landschaftsräumliches Zeichen auf den Stadteingang Aalen aufmerksam macht. Eine Symbiose aus Mobilitäts- und Identitätsinteressen der Gegenwart. Zugleich ist das Projekt „Stadteingang Aalen" Ausdruck einer Kooperation unterschiedlicher Planungsdisziplinen. Landschaftsarchitektur wurde in Aalen nicht als Ergänzung oder Ausgleich zu Tiefbau und Verkehrsplanung begriffen, sondern sie versucht diese starken Kräfte im Sinne der Weiterentwicklung des Landschaftsbildes zu integrieren.

Ähnliches gelingt dem Berliner Büro Häfner/Jimenez mit der Gestaltung einer Lärmschutzwand. Davon ausgehend, dass derlei technische Gestaltungen von Umgebung unser Landschaftsbild weitaus mehr prä-

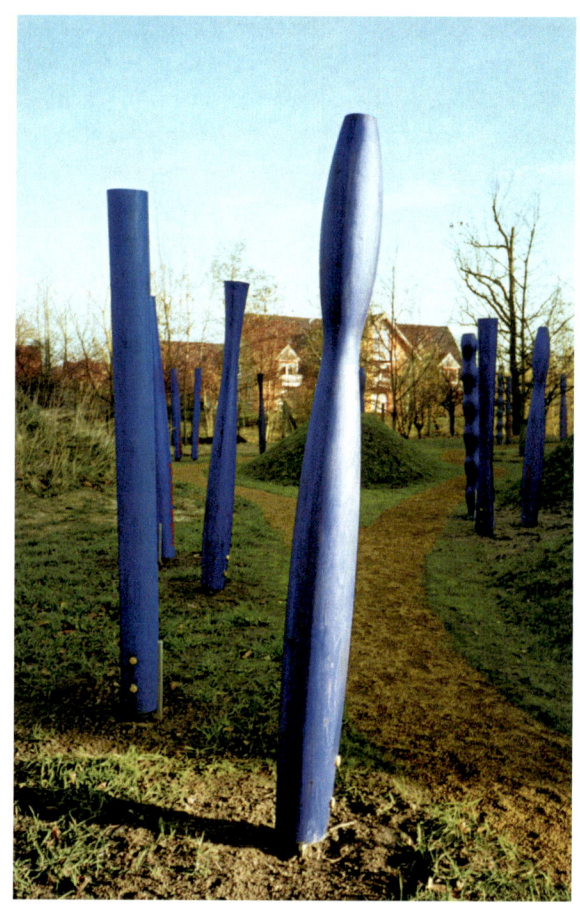

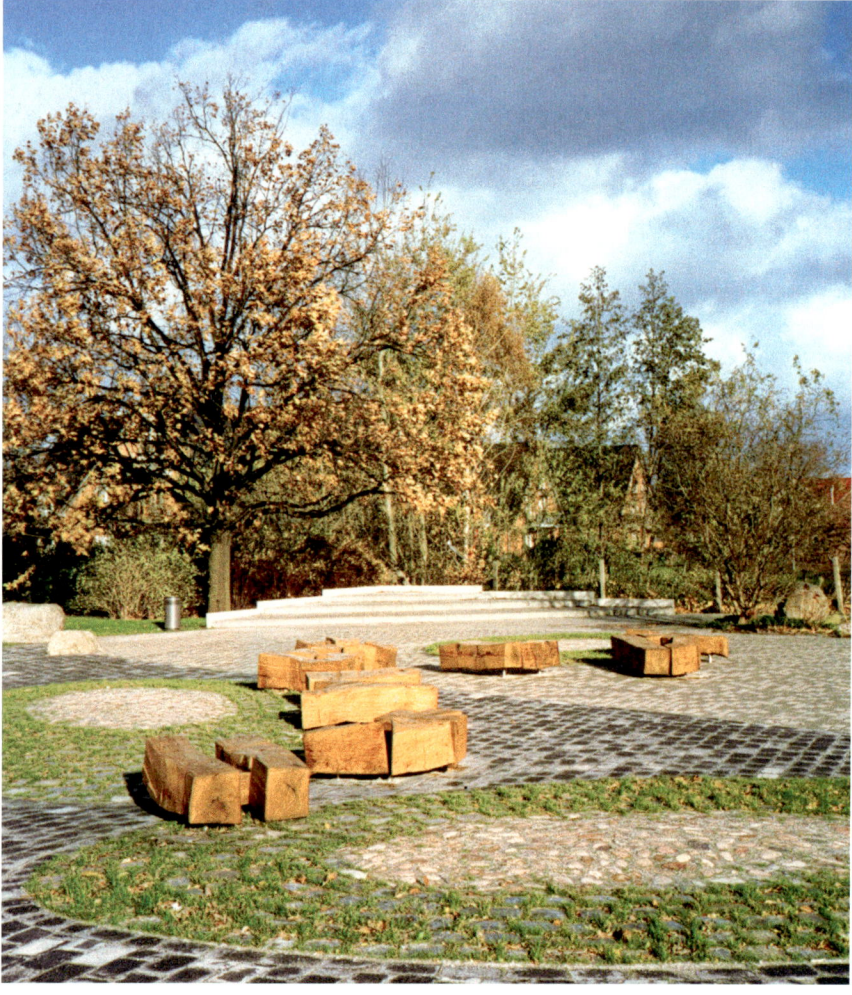

masked as a myth with ever greater clarity. Three years ago, speed may have been the most important economic success factor, but now credibility and composure are values to be developed. Nothing superfluous, back to simplicity and essentials are what the economic press is currently identifying as success models created by Aldi, Ikea, Dell and Co. A new debate on values has begun, and landscape architecture can be involved in this productively. And it can also do it with opulent seas of flowers in a sustainably developed culture landscape.

Die Namensgebung des Humboldt-Gymnasiums floss als Interpretation in die Gestaltung der Außenanlagen mit ein.
Entwurf: Hanke + Partner, Berlin, 2002
The design of the outside facilities of Humboldt secondary school was in part inspired by an interpretation of the school's name.
Design: Hanke + Partner, Berlin, 2002

gen als originäre Parks und Gärten aus der Feder von Landschaftsarchitekten, lud Winfried Häfner das technisch Notwendige mit gestalterischem Anspruch auf. Das Ergebnis überzeugt die täglich Vorbeifahrenden ebenso wie den Bauherrn, zumal trotz innovativer Materialverwendung keine erhöhten Kosten zu verzeichnen waren.

Da die Konkurrenz der Städte und Regionen um Entwicklungschancen heute vor allem als Qualitätskonkurrenz ausgetragen wird, sind Identitätsbildung und somit Freiraumqualität wichtige Schlüsselpositionen. Auch deshalb lässt sich eine weiter wachsende Qualität in der Breite der realisierten Parks, Gärten, Plätze und Landschaftsgestaltungen erkennen. Gestalterische Klarheit, entwerferische Kreativität und innovative ebenso wie landschaftsbaulich qualitätsvolle Materialverwendung nehmen zu. Repräsentative Beispiele einer Landschaftsarchitektur, die europaweit Standards setzt, finden sich nicht nur in den Metropolen, sondern ebenso in dörflichen und kleinstädtischen Projekten. Deutlich erkennbar ist, wie die wachsende Konkurrenz der Landschaftsarchitekten derzeit die Qualität stärkt.

Was der Querschnitt der Arbeiten zum Deutschen LandschaftsArchitektur-Preis allerdings nicht zeigt, ist die alltägliche Banalität des weitaus überwiegenden Teils realisierter Freiraumgestaltungen, ob dies nun auf Landschaftsarchitekten, Tief- und Straßenbauämter oder Private zurückzuführen ist. Poller-, Pflaster- und Pflanzenkataloge, Leuchten, Bänke und Spielgeräte lassen sich heute aufgrund des stetig wachsenden Angebotes an Freiraumware und Freiraumbildern sehr schnell im internationalen Stilmix zusammenfügen. In einer Informationsgesellschaft ist die Orientierung an einem europäischen Querschnitt der Landschaftsgestaltung ohne aufwendige Studienreisen möglich. Fachzeitschriften und -bücher, auch dieses Buch, tragen zur Ähnlichkeit der Freiraumbilder bei.

Der so genannte öffentliche Raum findet heute mehr kommunalpolitische Aufmerksamkeit denn je. Gleichzeitig wächst die Vermutung, dass dieser Raum vernachlässigt werde. Von der Landschaftsarchitektur werden hier Antworten erwartet: auf eine zunehmende Handlungsunfähigkeit mancher Kommunen und Länder aufgrund eklatanter Haushaltsprobleme, auf die freiraumfördernde Tendenz der Stadtschrumpfung und auf die Forderung nach Identität und Heimat als kollektive Bindungen.

Lautet die Antwort also „Event Landschaft"? Einige der von der Jury des Deutschen LandschaftsArchitektur-Preises gewürdigten Arbeiten entstanden aufgrund solcher Events. Der Park im Dycker Feld von

Das zentrale Anliegen der Planung für einen öffentlichen Spielraum in einer Berliner Diakonie-Einrichtung war, die Erlebbarkeit der Grunderfahrungen des Spielens behinderten Kindern zugänglich zu machen. Entwurf: Beate Voskamp, Teltow, 2001
The key planning interest behind this public play area for a Berlin church welfare and social work establishment was to allow disabled children to experience the basics of play. Design: Beate Voskamp, Teltow, 2001

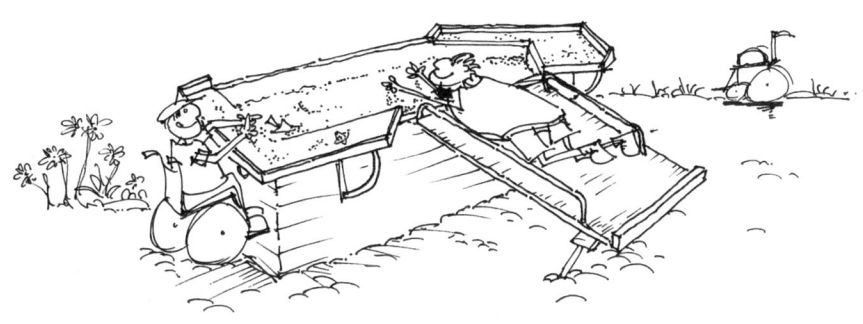

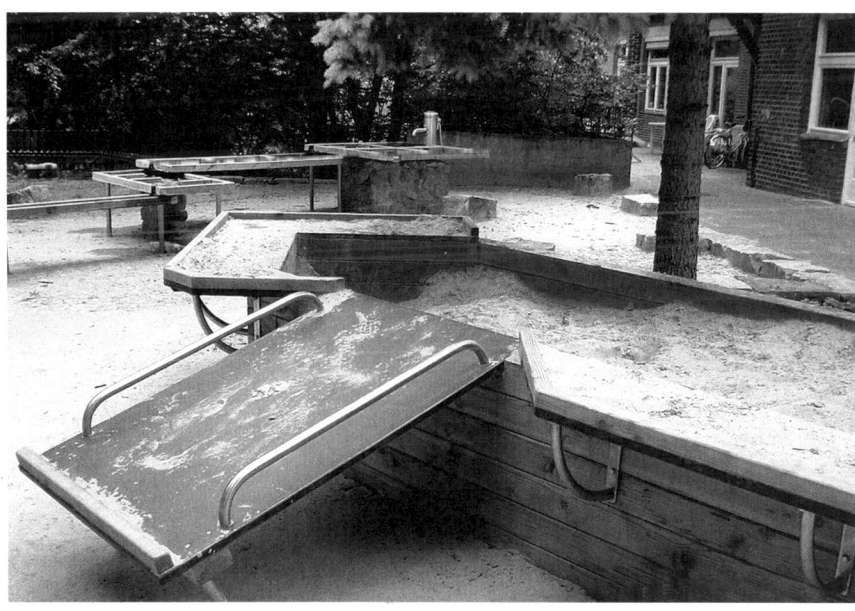

Es wurde ein Raum geschaffen, der ganz auf die Hauptnutzer zugeschnitten ist und dabei frei, organisch, natürlich und anregend wirkt
The created space is completely tailored for its main users and seems open, organic, natural and stimulating

Der neue Stadtpark in Memmingen erfährt durch wechselnde Raumqualitäten eine große Anziehungskraft. Entwurf: Mahl Gebhard Landschaftsarchitekten, München, 1996–2000
Changing spatial qualities make the new municipal park in Memmingen very attractive. Design: Mahl Gebhard Landschaftsarchitekten, Munich, 1996–2000

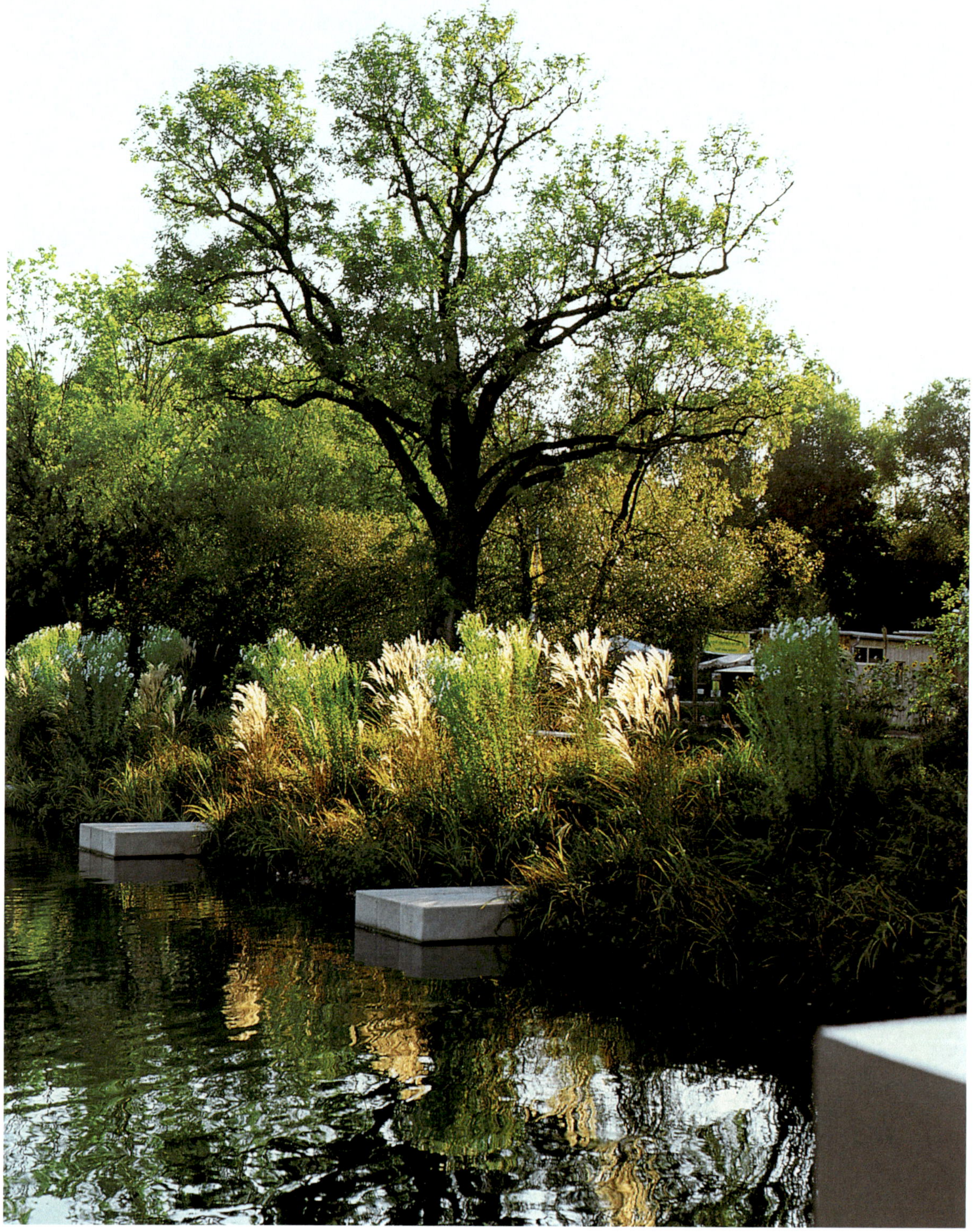

88

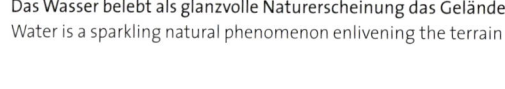

Das Wasser belebt als glanzvolle Naturerscheinung das Gelände
Water is a sparkling natural phenomenon enlivening the terrain

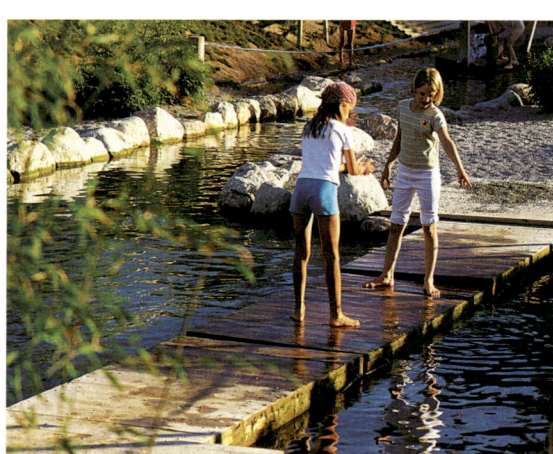

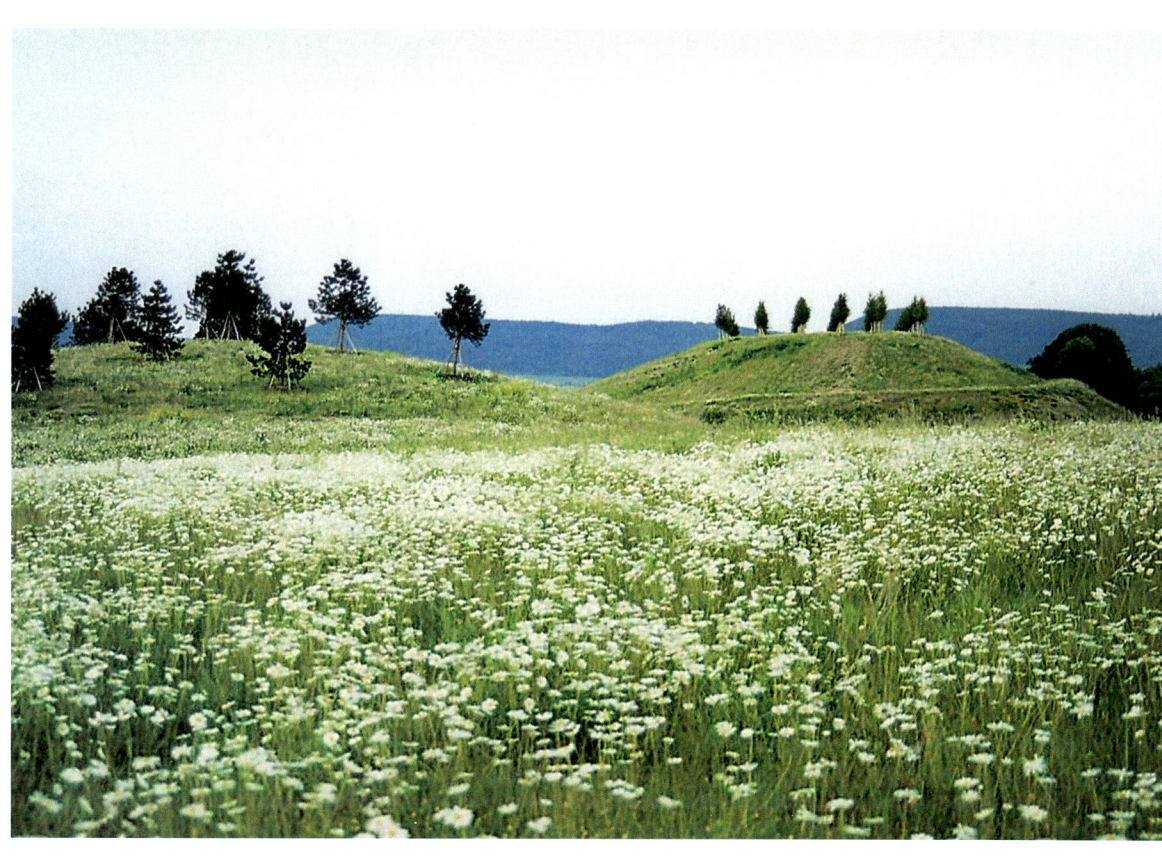

Es entstanden drei Hügel, drei unterschiedliche Bilder aus dem Repertoire der Alblandschaft, die sich von der Umgebung deutlich abheben. In ihrer Gesamtheit fügen sie sich zu einer Art Wahrzeichen.

Three small hills were created, three different images from the Alb landscape repertoire, clearly standing out from their surroundings. Together they form a kind of identifying landmark

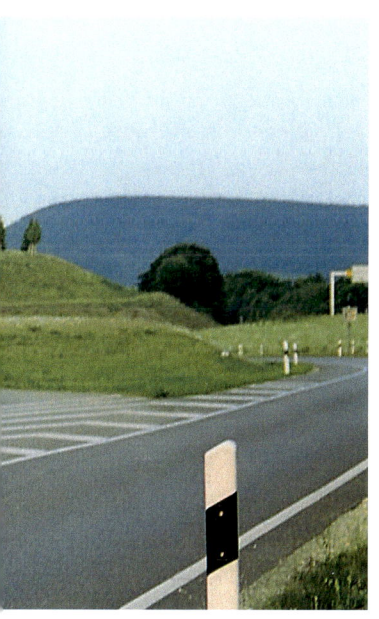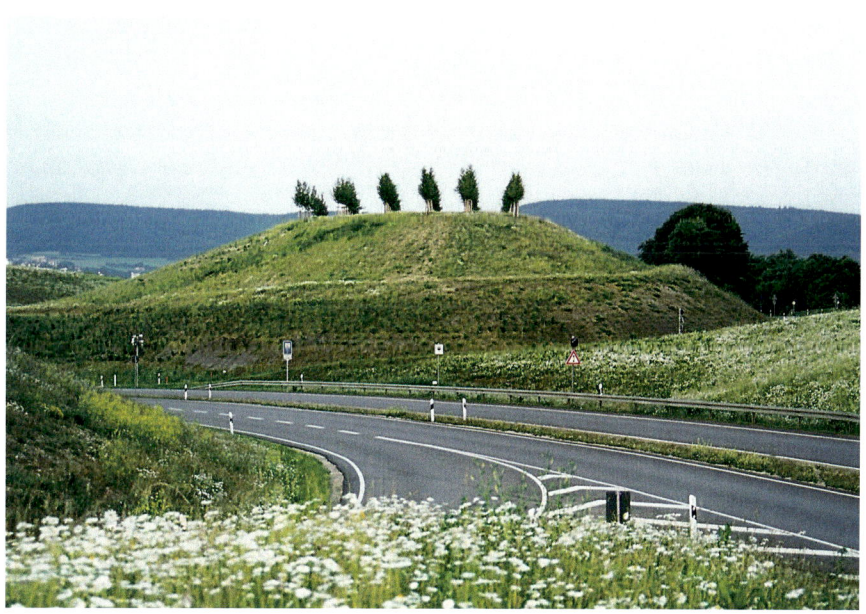

Abgeleitet von offenen Schafweiden der Schwäbischen Alb entstand eine Landschaftsgestaltung, die durch Selektion, Verbiss und Akzeptanz von Pflanzen das Landschaftsbild prägt

This landscape was designed on the basis of selection, grazing and acceptance of plants within the landscape image. It is based on open sheep pasture in the Schwäbische Alb

Prof. Jörg H. Stötzer – Stadteingang Aalen

des). Gewöhnlich bedeutet eine solche Konstellation das behördlich bedingte Begräbnis einer guten Idee. Wenn das Straßenbauamt in diesem Fall dennoch für das Projekt zu gewinnen war, so lag dies zu einem guten Teil an der Überzeugungskraft der Pläne von Jörg Stötzer.

Wenn der Sindelfinger Landschaftsarchitekt nur halb im Scherz das Copyright für die Gestaltung der Hügel vor Aalens Stadttoren der Schwäbischen Alb zuschreibt, dann liegt darin auch ein Stück Wahrheit. Die wesentlichen Elemente seines Entwurfs hat Stötzer der charakteristischen Landschaft dieses süddeutschen Höhenzugs abgeschaut: karge Weideflächen, auf denen alles bis auf die Wacholderbäume von Schafen abgefressen wird, so genannte Hutewälder, deren Bäume von unten her ebenfalls von Viehherden gleichmäßig gestutzt werden, einzelne, vom Wind geformte Bäume oder Baumgruppen und durch Samenflug wie mit dem Lineal gezogene Waldränder.

Stötzer knüpft an diese typischen Bilder der Schwäbischen Alb an, überträgt und übersteigert sie aber für diesen Ort. Ziel war es, die Künstlichkeit der von Baumaschinen geformten Topographie des Stadteingangs durch die Künstlichkeit der Bepflanzung zu akzentuieren, aber auch dem durch Zersiedelung und funktionales Einheitsgrün in die Defensive geratenen genius loci die Ehre zu erweisen.

Einer der Hügel stellt eine Transformation der Schafweide dar, eine kugelige Aufschüttung, die von kugelförmigen Ahornbüschen wie mit Punkten überzogen ist. Im Sommer soll gelb blühender Senf die Büsche ringförmig einfassen. Die Spitze eines zweiten Hügels wurde oben abgeflacht – ein weiterer Tribut an die Alb mit ihren Tafelbergen. Wie ein grünes Haarbüschel sprießt nach dem Vorbild der Hutewälder auf dem Plateau ein Buchenhain. Auf dem dritten Hügel sind Schwarzkiefern zu kleinen Gruppen angeordnet, die sich nach Westen hin auflösen.

Entstanden sind drei unterschiedliche Bilder aus dem Repertoire der Alblandschaft, die sich von der Umgebung deutlich abheben. In ihrer Gesamtheit fügen sie sich zu einer Art Wahrzeichen, das sich nicht zuletzt durch seine formale Reduktion dem Gedächtnis rasch einprägt. Denn soviel steht fest: Aussteigen und lustwandeln wird hier niemand. Stadteingänge müssen heutzutage für die 60 km/h-Wahrnehmung taugen. Wäre es nach Jörg Stötzer gegangen, würden Schafe das Bild am Aalener Dreieck komplettieren. Doch an diesem Punkt machte das Straßenbauamt nicht mit. Nun kommen Rasenmäher zum Einsatz, weil diese nicht auf die Straße laufen und Versicherungsärger verursachen können.

persuaded to back the project was to a large extent due to the convincing nature of Jörg Stötzer's plans. It was half jokingly that the Sindelfingen landscape architect allotted design copyright for the mounds outside Aalen's town gates to the Schwäbische Alb, but there is in fact a grain of truth in this. Stötzer had found the key elements of his design on the characteristic landscape of this south German range of hills: sparse pasture, on which everything but the juniper bushes is eaten by sheep; so-called Hutewälder, grazing woods, whose trees have all been evenly trimmed from below by herds of cattle; individual trees or groups of trees shaped by the wind; and edges of

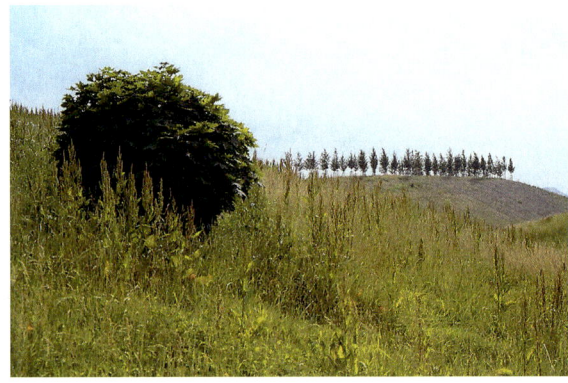

woods that look as though the flying seeds have drawn them with a ruler.

Stötzer picks up these typical images of the Schwäbische Alb, then translates and enhances them for this location. The aim was to accentuate the artificial nature of the town entrance topography – as formed by building machinery – by equally artificial planting, but also to respect the genius loci, which had been overdeveloped and put on the defensive by functional uniform green.

One of the mounds represents a transformed sheep pasture, a spherical heap dotted with spherical maple bushes. In summer the bushes will be ringed with yellow mustard blossom. The top of a second hill was levelled off – another tribute to the Alb and its flat-topped hills. A beech grove is shooting up on the plateau like a mop of green hair, modelled on the grazing woods. On the third hill, pines are arranged in little groups, thinning out to the west.

So three images from the Alb landscape repertoire have emerged, clearly standing out from their surroundings. Taken together, they blend to create a kind of landmark, easily memorable not least for its formal reduction. For one thing is clear: no one will stop here to have a walk round. Today's town entrances have to be capable of being taken in at 60 km/h.

Größerer Zustimmung erfreut sich hingegen immer die Kunst – wenn schon einmal Geld ausgegeben wird. Anstelle von echten Schafen sollen hier demnächst stilisierte Tiere weiden. Ob dem Landschaftskunstwerk dadurch nicht ein Hauch von ‚Unser-Dorf-soll-schöner-werden-Kitsch' beigemischt wird, muss sich erst noch herausstellen. Man tut hierzulande gern einmal zu viel des Guten.

If Jörg Stötzer had had his way, sheep would have completed the picture at the Aalen triangle. But the roads department wouldn't have this. Lawnmowers are used instead: they do not run into the road, possibly annoying the insurance companies.

But art is always more welcome – if some money is being spent. Stylized animals will soon be grazing here, rather than real sheep. It remains to be seen whether this will not give this work of landscape art a hint of 'our-village-is-to-get-more-beautiful-kitsch'. People round here like doing a bit too much of good things.

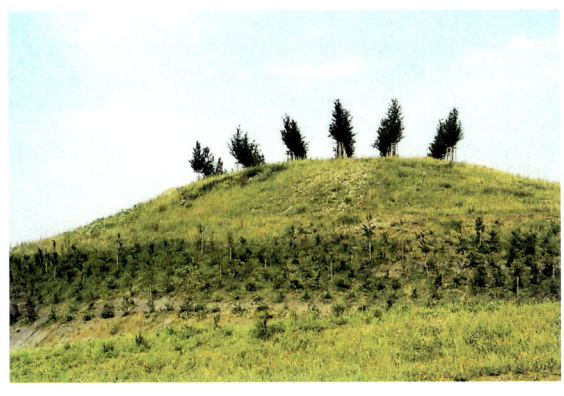 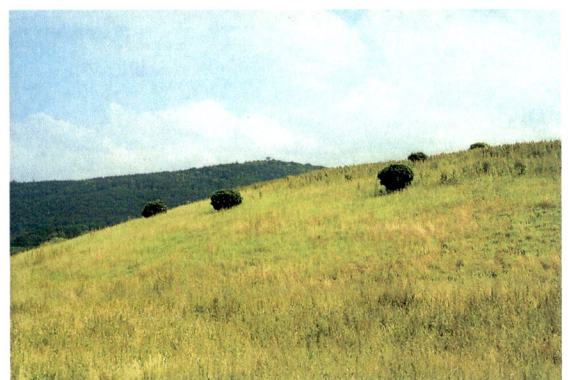

Das Projekt hebt sich vom Alltag der landschaftspflegerischen Begleitplanung mit ihren alltäglichen Kompensationsmaßnahmen ab.
Es vereint eine großmaßstäbliche, feinsinnige Objektplanung mit landschaftsplanerischen Ansätzen
The project is markedly different from everyday landscape planning, with its monotonous compensation measures. This design combines large-scale, sensitive project planning with landscaping features

97

Prof. Jörg H. Stötzer – Stadteingang Aalen

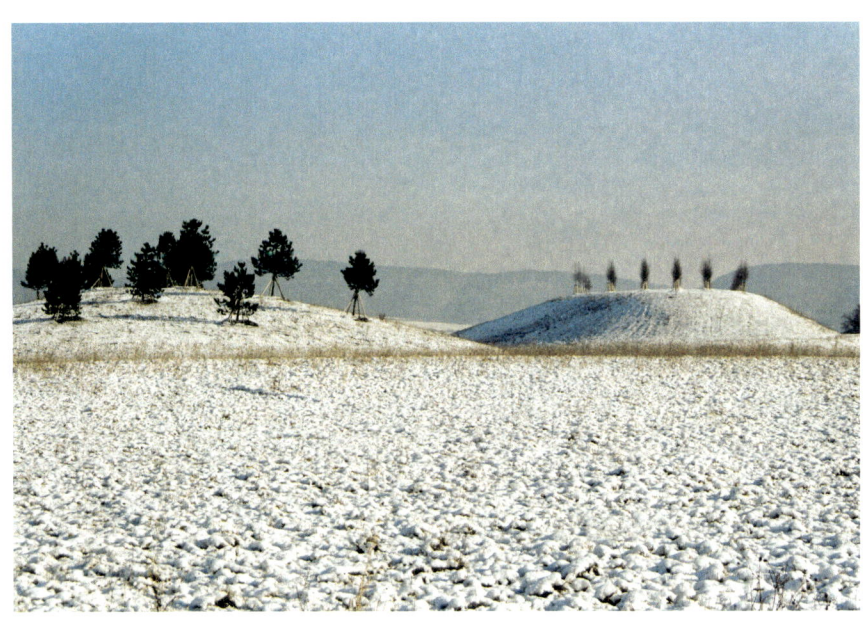

Warum dieses Projekt ‚Mississippi' heißen musste, blieb bis zuletzt unklar. Ansonsten jedoch verdient der Beitrag, den das Berliner Büro cet-o um den Landschaftsarchitekten Klaus Overmeyer (mit kunst + herbert Architekten, Hamburg) im Rahmen eines städtebaulich-landschaftsplanerischen Wettbewerbes für ein Neubaugebiet in Hamburg-Fischbek abgeliefert hat, hohe Wertschätzung und ist zu Recht mit dem Deutschen LandschaftsArchitektur-Preis 2003 ausgezeichnet worden.

Die Hamburger wollten eigentlich nur ein schlüssiges Konzept für ein Stadterweiterungsgebiet mit Einfamilienhäusern im Südwesten ihrer Stadt. Sie haben dazu in einem mehrphasigen, kooperativen Verfahren gute, professionelle und umsetzungsfähige Lösungsvorschläge erhalten, auf die sich die am Verfahren Beteiligten – Verwaltung, Politik, Bürger, Vertreter der Wohnungswirtschaft und die Fachpreisrichter – verständigen konnten. Cet-o bekamen in Hamburg einen zweiten Preis zugesprochen. Sie haben jedoch mehr geleistet als die Erfüllung der Wettbewerbsaufgabe, indem sie einen grundsätzlichen Beitrag zum Thema Stadt und Landschaft, zu einem neuen Verständnis dieser gegensätzlichen Begriffe, erarbeitet haben. Dies gelang nicht akade-

Until recently, it was not clear why this project had to be called 'Mississippi'. But otherwise the planning and landscape competition entry by the Berlin cet-o practice (with kunst + herbert Architekten, Hamburg) for a new building area in Fischbek, Hamburg is very highly regarded and has rightly won the German Landscape Architecture Prize 2003. All the citizens of Hamburg actually wanted was a satisfactory project for urban expansion with detached homes in an area on the south-west side of their city. To this end they received good, professional and practicable solutions in a multi-phased, co-operative process, which those involved – administration, politicians, citizens, representatives of the housing companies and the expert judges – were able to accept. The planners of the cet-o group were awarded a second prize in Hamburg. But they did considerably more than just meeting the competition brief: they devised a fundamental contribution to the subject of town and countryside, helping towards a new understanding of these contradictory terms. This was not done academically and descriptively, but in a refreshingly unconventional way, using images, concrete designs and models.

'Mississippi' tries to find an answer to the general consumption of landscape by new residential areas

cet-o/ kunst + herbert – Hamburg -Fischbek Mississippi   cet-o/ kunst + herbert – 'Mississippi'

von/by Gerd Aufmkolk

misch-deskriptiv, sondern in erfrischend unkonventioneller Weise mit Bildern, konkreten Entwürfen und Modellen.

‚Mississippi-Fischbek' versucht eine Antwort zu finden auf den allgemeinen Landschaftsverbrauch durch neue Wohngebiete an den Stadträndern, wo jene suburbanen ‚Zwischenstadtgebilde' mit ihren autistischen Klonen ohne räumlichen, strukturellen und sozialen Bezug zu ihrer Umgebung entstehen, welche so häufig beklagt werden. Landschaft verkommt dort zu Bauerwartungsland – bezieht ihren Wert ausschließlich aus der Vermarktbarkeit. Steuernd wirken in der Regel lediglich bestandsorientierte und restriktive Komponenten wie Biotope und Schutzgebiete, während eine zukunftsweisende Vision fehlt. So entstehen neue Hybride einer Durchdringung von Stadt und Landschaft, ohne dass beide Teile in einen Dialog miteinander treten. Autonome Systeme als Folge raumfunktionaler Arbeitsteilung bilden sich heraus, die Realität wird bestimmt von einem heterogenen Patchwork. Eine Sinnhaftigkeit im Gefüge ist nicht verständlich und ablesbar, es kommt zu Un-Orten von abstoßender Scheußlichkeit.

In einer kühnen, vielleicht idealistischen Vision setzen cet-o und kunst+herbert dieser Entwicklung ein

on the urban periphery, where suburban 'intermediate city formations' with their autistic clones emerge, unrelated spatially, structurally or socially to their surroundings, and become a source of frequent complaint. There landscape declines into land that is waiting to be built on – drawing its value exclusively from marketability. As a rule, the only controlling factors are restrictive components relating to its present state, like biotopes and conservation areas, without any sense of a vision for the future. So new hybrids of urban and rural interpenetration emerge, with neither part entering into a dialogue with the other. Autonomous systems come into being as a consequence of dividing up the work according to the functions of the space, and reality is determined by a heterogeneous patchwork. There is no over-riding sense of meaning inherent and intelligible in the structure, which leads to shockingly repellent non-places.

cet-o have come up with a bold, perhaps idealistic vision and set up a model against this development that perceives landscape as a carrier of identity – not just in terms of space and gestalt, but through a particular social idea. The new citizens of Fischbek use the areas that have been put at their disposal not just as land to be built on and cultivated. They literally

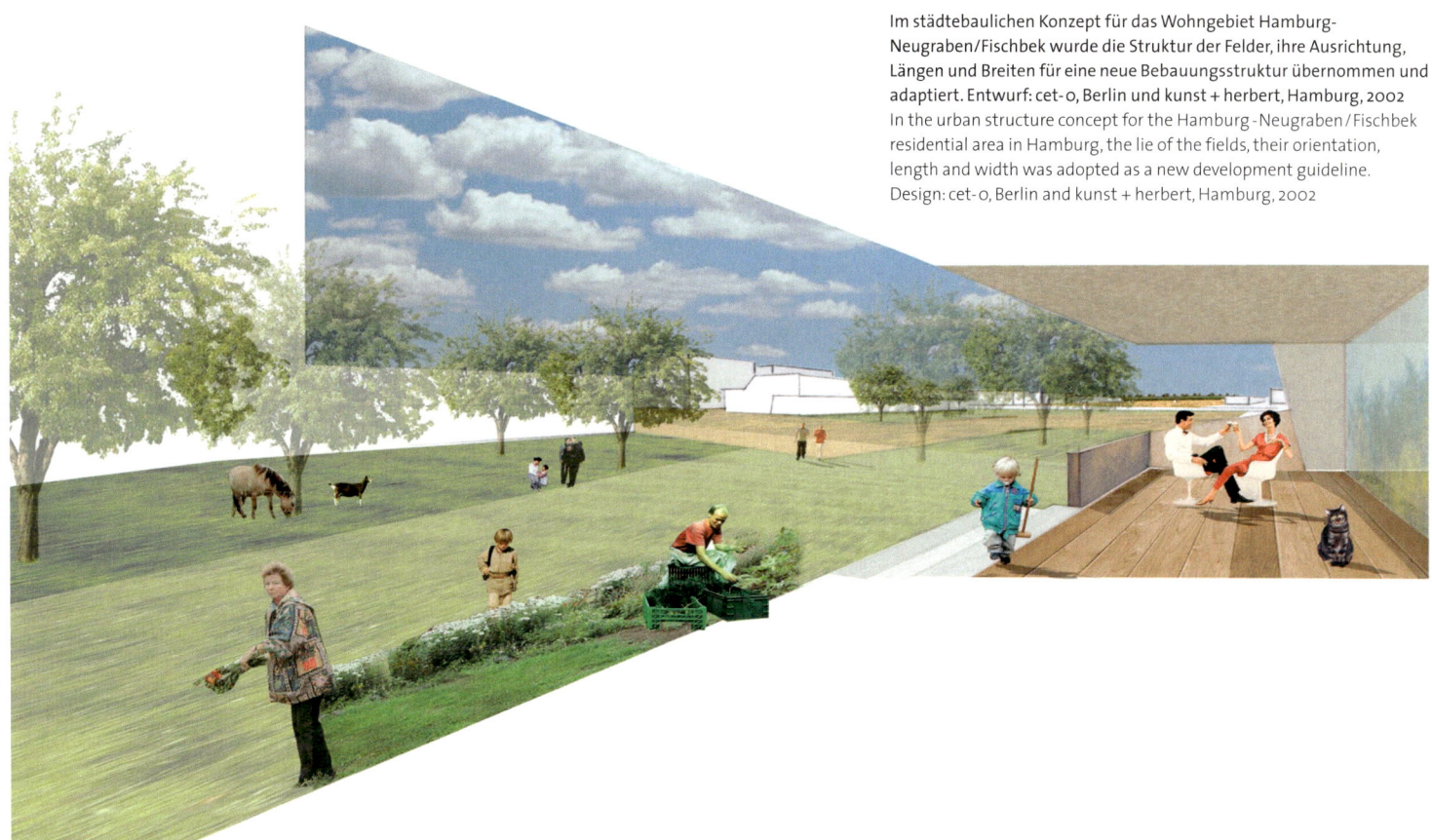

Im städtebaulichen Konzept für das Wohngebiet Hamburg-Neugraben/Fischbek wurde die Struktur der Felder, ihre Ausrichtung, Längen und Breiten für eine neue Bebauungsstruktur übernommen und adaptiert. Entwurf: cet-o, Berlin und kunst + herbert, Hamburg, 2002
In the urban structure concept for the Hamburg-Neugraben/Fischbek residential area in Hamburg, the lie of the fields, their orientation, length and width was adopted as a new development guideline. Design: cet-o, Berlin and kunst + herbert, Hamburg, 2002

Es verschmelzen die Qualitäten der urbanen Dichte mit denen eines Landschaftsraumes zu einer neuen Identität
The concept blends the qualities of urban density with the qualities of a landscape to create a new identity.

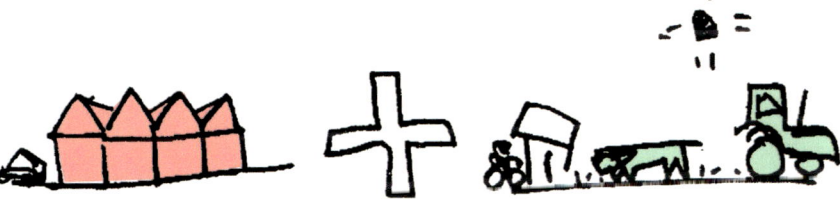

Das Konzept schlägt eine Marketing-Strategie vor, mit der die Mississippi-Siedlung offensiv kommuniziert wird
The concept proposes a marketing strategy communicating the Mississippi neighbourhood in a vigourous manner

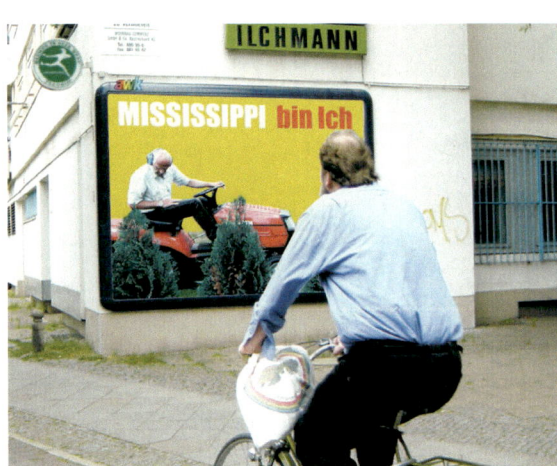

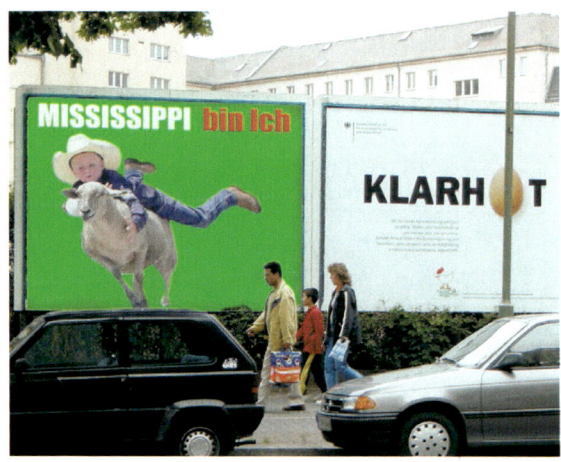

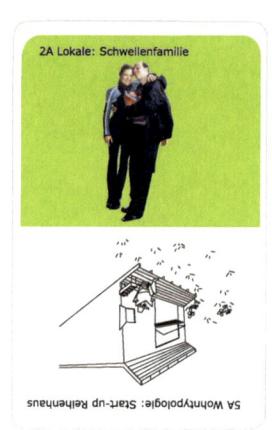

2A Lokale: Schwellenfamilie

5A Wohntypologie: Start-up Reihenhaus

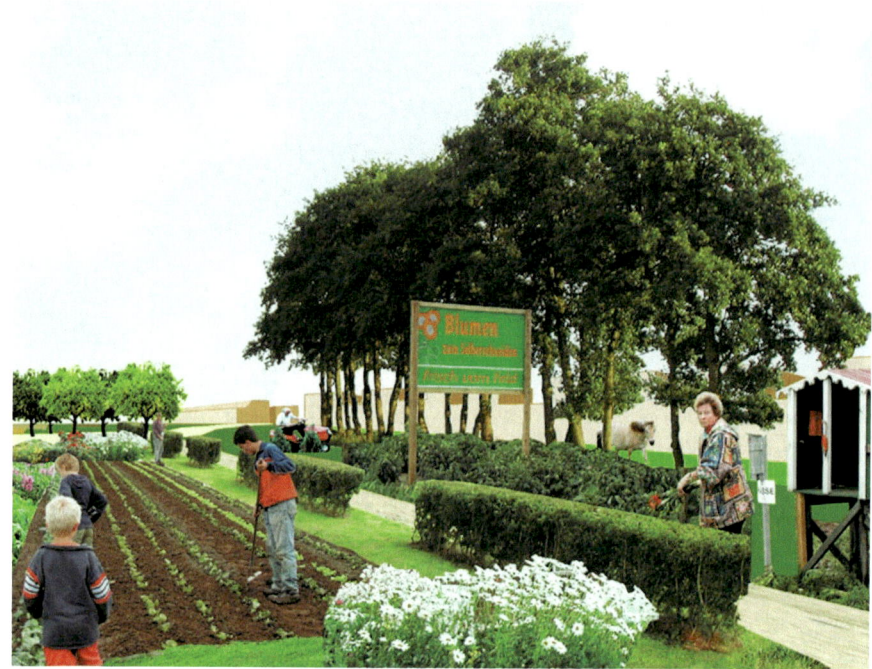

Soll ein Ort eine Identifikation
im Sinne von Heimat herstellen,
so muss dort die Schaffung von
Lebensraum für Menschen in
unterschiedlichsten
Lebenssituationen möglich sein
If a place is to create identification in the sense of a home, then
it must offer a habitat for people
in widely different life situations

Die ,Mississippi-Bewohner' bestimmen das Layout ihres Lebensumfeldes selbst: Je nach Interessen und Bedürfnissen werden die
domestizierten Felder entweder intensiv genutzt oder als ausgedehnte
Freiflächen unterhalten
The 'Mississippi residents' determine themselves the layout of their
living environment: depending on the interests and needs, the
domesticated fields are either intensively farmed or kept as extensive
open spaces

Es gibt keine Zwischenräume, sondern klar definierte Flächen, die
jeweils von mindestens zwei Familien bewirtschaftet werden
There are no intermediate areas but only clearly defined spaces, each
farmed by at least two families

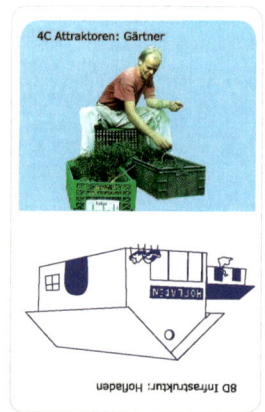

4C Attraktoren: Gärtner

8D Infrastruktur: Hofladen

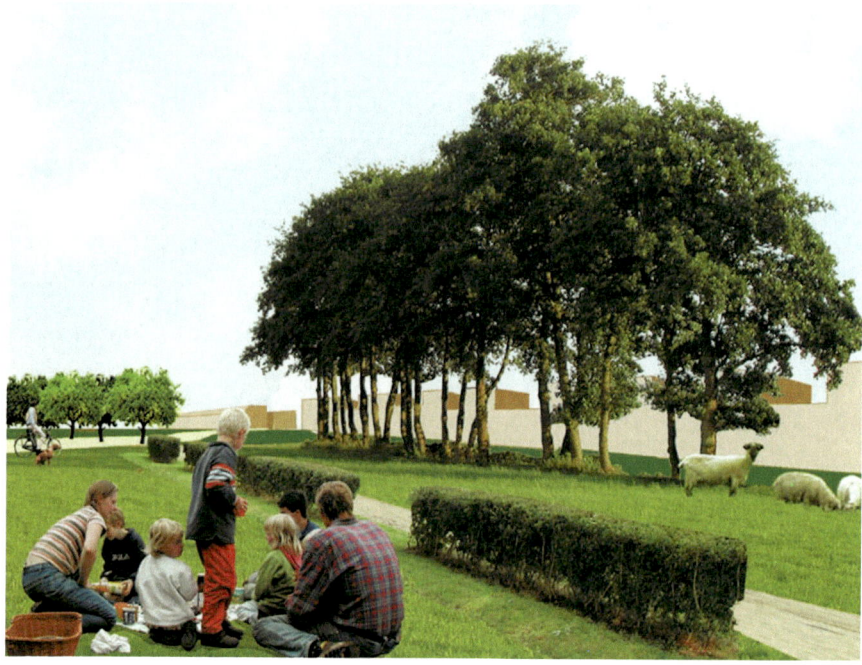

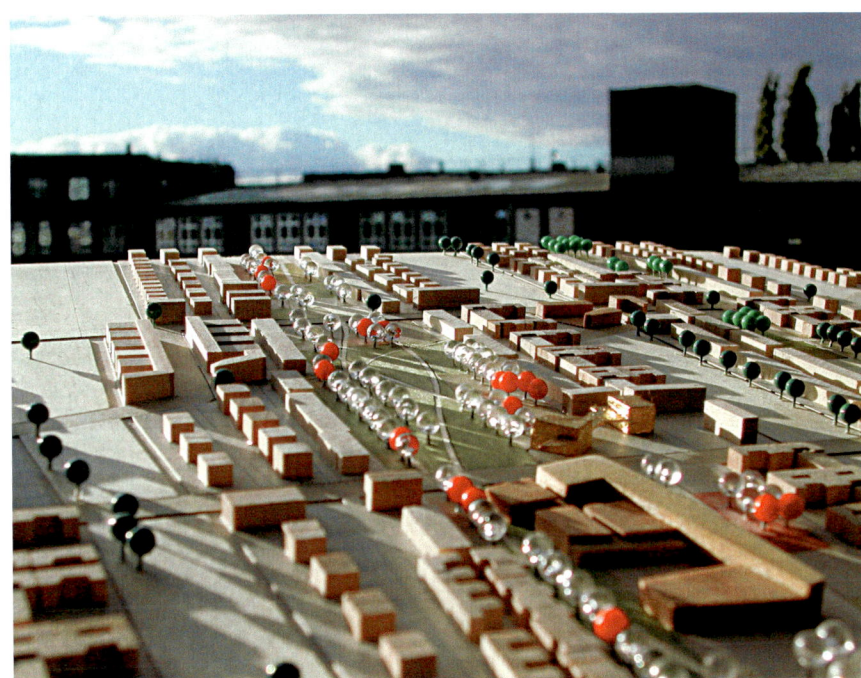

Modell
Model

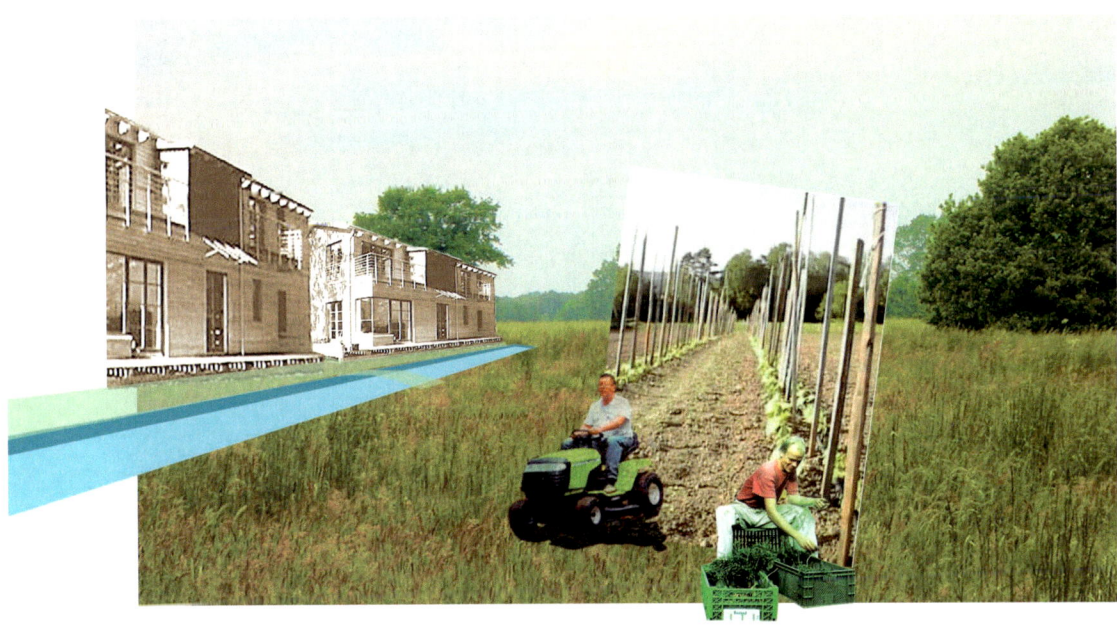

In einem Feldnutzungsplan legen die Bewohner die Nutzungen auf den
Allmendeflächen alljährlich neu fest
The residents decide how to use the common land by means of a land
use plan newly laid down each year

Modell entgegen, welches die Landschaft als Identitätsträger versteht – nicht nur räumlich-gestalterisch, sondern durch eine besondere soziale Vorstellung. Die Neubürger Hamburg-Fischbeks benutzen die ihnen zur Verfügung gestellten Flächen nicht nur als Bauland, sie eignen sich das Land im Wortsinne an, werden zu Siedlern, welche gemeinschaftlich Flächen bewirtschaften und nutzen. Unterstützt von einem ‚Mississippi-Ranger', einem lokalen Bio-Landwirt, betreiben sie auf Allmenden biologische Landwirtschaft, Gartenbau und Kleintierhaltung, nutzen ‚domestizierte Felder' für Spiel, Sport und Erholung und lassen somit ein Geflecht von Gärten, Spielwiesen, Feldern und Bauflächen entstehen, das zwar ebenfalls eine Transformation der bestehenden Agrarlandschaft bewirkt, dies jedoch in einem symbiotisch verträglichen Sinne, nicht in der vollständig verfremdenden Überformung.

Fröhlich und fantasievoll haben die Planer diese neue Welt ausgemalt, ernsthaft die wirtschaftlichen Bedingungen erkundet und dargestellt, unter denen sie existieren könnte, und ein spannungsreiches Gefüge von bewohnten Baufeldern und bewirtschafteten Flächen entworfen, welches die charakteristischen Merkmale der vorhandenen Kulturlandschaft aufgreift und neu interpretiert. Hineingedacht haben sie sich in die Bedürfnisse möglicher Neubürger Fischbeks, die die Landschaft nicht nur zum Anschauen und Spazierengehen, sondern zur unmittelbaren, auch ökonomisch gegründeten Aneignung nutzen wollen.

Da weht uns ein Hauch von Reformbewegung à la Leberecht Migge entgegen, wir fühlen uns erinnert an religiös motivierte Siedlergemeinschaften, die im 18. und 19. Jahrhundert den nordamerikanischen Kontinent ganz anders und neu für sich erschließen wollten und dazu idealistische Gemeinschaftsmodelle entwarfen. Blauäugig sind cet-o und kunst+herbert allerdings nicht an ihre Aufgabe herangegangen. Sie verweisen auf die Absurditäten unserer hochsubventionierten Hochleistungslandwirtschaft und auf die zahlreichen Nischen der Bio-Produktion, Selbstvermarktung und Formen einer so genannten „Paralandwirtschaft", die findige Landwirte für sich entdeckt und entwickelt haben und welche die ‚Mississippi-Bewohner' übernehmen können, aber nicht müssen. Das aufgezeigte System ist robust und erträgt auch Rückfallpositionen für alle diejenigen, die keinen Spaß am neuen Bauerntum haben, die im Verlauf der Zeit ihre Meinung dazu ändern oder, alt geworden, auf der Terrasse ihres Hauses sitzend dem Dorf-Stadt-Leben zuschauen möchten. Individueller Rückzug ohne Kollektivzwang ist ebenso möglich wie

make the land their own, become settlers, running areas together and using them communally.

Supported by a 'Mississippi ranger', a local ecological farmer, they farm and garden common land organically, keeping small animals on it and creating 'domesticized fields' for games, sport and recreation. Thus they are constructing a tissue of gardens, play areas, fields and building areas that does also transform the existing agricultural landscape, but in a way that is symbiotically tolerable, not just imposing a totally alienating new form.

The cet-o planners described this new world cheerfully and imaginatively, investigating and presenting seriously the economic conditions under which it could exist. They have designed an exciting arrangement of inhabited building areas and agriculturally used sections that take up and re-interpret the typical characteristics of the existing cultural landscape. They have thought themselves into the needs of the possible new citizens of Fischbek, who do not just want to use the countryside to look at and go for walks in, they want to make it their own directly, with some commercial basis as well.

Here we feel a breath of a reform movement in the manner of Leberecht Migge, we sense ourselves being reminded of religiously motivated settler communities who wanted to develop the North American continent for themselves in a way that was quite new and different, and designed idealistic community models to this end. Yet, cet-o did not set about this task naïvely. They pointed out the absurdities of our highly subsidized, high-performance agriculture, and the many niches in organic production, self-marketing and forms of so-called "para-agriculture" that ingenious farmers have invented and developed for themselves; the 'Mississippi rangers' can adopt these, but do not have to. The system presented is robust, and also offers fall-back positions for anyone who does not find this new farming community fun, who comes to see it differently with the passage of time or who has grown old and wants to sit on his or her own terrace and watch this town-village life go by. Individual withdrawal without collective compulsion is just as possible as living together in a community co-operative.

It could be said that cet-o's delight in experiment went too far – on a scale that is unusually large for today – for a competition whose organizers were looking for practical implemention. The merit of this work, a pastoral idyll of a particular kind, lies in its basic principle: in the fact that they have given intellectual impetus for considering a series of unanswered questions on the relationship between town

gemeinschaftlich-genossenschaftliches Zusammenleben.

Für ein Wettbewerbsergebnis, mit dem ein Auslober in die praktische Umsetzung gehen will, ging der Beitrag mit seiner Experimentierfreude und -lust in heute ungewohnter Größenordnung vielleicht zu weit. Das Verdienst dieser Arbeit, einer Pastorale der besonderen Art, liegt im Grundsätzlichen: nämlich darin, gedanklich Anstoß gegeben zu haben für eine Reihe ungelöster Fragen in der Beziehung von Stadt und Landschaft. Dazu gehören vor allem die Einbeziehung der Landwirtschaft in den Kontext der städtischen Peripherie und die Versöhnung des Städters mit dem Landleben – nicht in romantisch-verklärender Manier, sondern praktisch und handfest. Neue Möglichkeiten für die Landwirtschaft tauchen ebenso auf wie Möglichkeiten für das Leben im Einfamilienhaus, welches die Enge der individuell-privaten Parzelle verlässt und abgestufte Öffentlichkeiten ermöglicht. Auch für das Problem des nicht mehr bezahlbaren Unterhaltes von öffentlichen Freiflächen werden Lösungsansätze dargestellt.

‚Mississippi-Fischbek‘ steht zugleich beispielhaft für eine fruchtbare, nach vorne gerichtete Zusammenarbeit zwischen den Disziplinen Städtebau und Landschaftsarchitektur, die hier ihre Rolle als Bewahrer und Schützer von Natur und Landschaft hinter sich lässt und neue, zukunftsgerichtete Modelle erkunden will. Dabei werden schwierige, hochkomplexe Aspekte der Flächennutzung, nämlich die Suburbanisierung und die Ausweglosigkeit der Landwirtschaft, aufgegriffen und zu einem Lösungsvorschlag zusammengeführt.

Ein solches Projekt kann wohl nicht aus dem Stand eins zu eins und in größerem Umfang umgesetzt werden. Ein schrittweises Ausprobieren in kleinerem Maße als in Hamburg-Fischbek wäre allerdings ein hochinteressantes Experiment, für das ein engagierter und geeigneter Träger noch gefunden werden müsste.

and country. This includes above all drawing agriculture into the context of the urban periphery and reconciling city-dwellers with country living – not in a romantic and transfiguring way, but practically and robustly. New possibilities for agriculture are just as important as the chance to live in a detached house, leaving behind the constraints of the individual private plot and presenting a range of possible qualities of public life. It also offers possible solutions to the problem that it is no longer affordable to maintain public open spaces.

At the same time, 'Mississippi-Fischbek' is a fine example of fruitful, forward-looking co-operation between the disciplines of urban development and landscape architecture. The latter has left behind its role as the preserver and protector of nature and landscape and is trying to explore new models with an eye on the future. Here difficult, highly complex aspects of land use, i.e. suburbanization and the helplessness of agriculture, are being taken up and moved towards a proposed solution.

A project of this kind can probably not be implemented one to one and on a large scale without thorough preparation. But it would be a very interesting experiment to try it out on a smaller scale than in Hamburg-Fischbek; a committed and suitable source of funding would have to be found to do this.

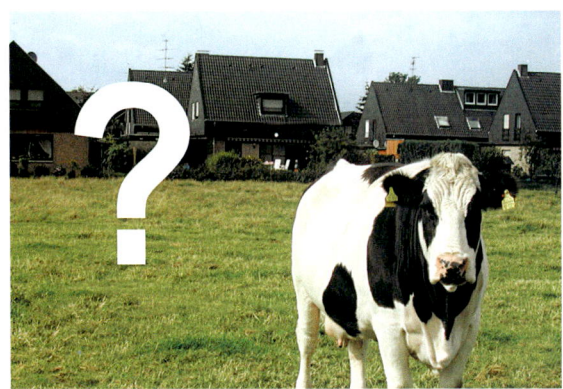

Die Gärten der Welt unter einem Dach. Diese Vision einer botanischen Sammlung globaler Atmosphären realisierte die Münchner Landschaftsarchitektin Irene Burkhardt unter dem gläsernen Firmament des Forschungs- und Kompetenzzentrums der degussa construction chemicals gmbh in Trostberg.

Das von den Architekten Raupach & Schurk entworfene Gebäude liegt neben einem alten Firmenpark. Den Dialog von Gebäude und Pflanze setzt Irene Burkhardt innerhalb des Neubaus fort. Entstanden ist ein Konzept aus Vegetationsebenen und -bändern, das vom Außenraum in den Innenraum des Forschungszentrums übergeht.

Das mediterrane Klima und die optimalen Lichtverhältnisse unter dem Glasdach ermöglichen auf gestuften Dachlandschaften der Büros und Labors eine variantenreiche Indoor-Begrünung.

Auf den Ebenen des Universitätstrakts werden kalifornische und mexikanische Arten wie Yucca und Jasmin gepflanzt. Auf der Werksseite stehen Arten der Macchia des Mittelmeerraumes wie Lavendel und Zwergpalmen.

Nutzbarkeit und Einsehbarkeit bestimmen die Pflanzkonzepte. Je geringer die Geschosszahl, desto üppiger wird die Bepflanzung. Auf den dreigeschossigen

The gardens of the world under a single roof. This vision of a botanical collection of global atmospheres was realized by the Munich landscape architect Irene Burkhardt under the glass firmament of a special research and competence centre in Trostberg. The institution is part of degussa construction chemicals company.

The building, designed by the architects Raupach & Schurk, is near an old industrial site. Irene Burkhardt continues the dialogue between building and plants inside the new structure. What has emerged is a concept based on strata and bands of vegetation, shifting from outside to inside the research centre.

The Mediterranean climate and ideal light under the glass roof make varied indoor cultivation possible on the stepped roofscapes of the offices and labs.

Californian species like yucca and jasmine are planted on the levels of the university section. On the factory side, there are species from the Mediterranean macchia like lavender and dwarf palms.

The planting concepts are determined by usefulness and whether rooms are overlooked. The lower the floor, the more luxuriant the vegetation. The three-storey office and lab buildings have desert-like ground cover plants, including species from semi-

Forschungs- und Kompetenzzentrum, Trostberg Trostberg Research and Competence Centre

Einbauten der Büros und Labore sind wüstenartige Bodendecker gesetzt, darunter Arten der Halbwüsten. Neben den Aufenthaltsbereichen blühen duftende Strauch- und Krautarten. Im Eingangsbereich zwischen Universitätstrakt und dem Werksgebäude wachsen Sträucher und Stauden des japanischen Lorbeerwalds. Aufgrund des direkten Bodenanschlusses stehen dort auch Bäume mit großer Raumwirkung wie Kampferbaum und Magnolien.

Von der Präsentation dieser botanischen Artenvielfalt können sich die Mitarbeiter des Forschungszentrums für Bauchemie Tag für Tag zur Verwendung natürlicher Rohstoffe anregen lassen.

deserts. Fragrant shrub and herb species blossom near the leisure zones. The entrance area between the university section and the factory building is planted with shrubs and herbaceous plants from the Japanese laurel wood. Because their roots go directly into the ground, there are also larger trees there, like camphor and magnolia.

The employees of the construction chemistry research centre can inspire themselves to use natural raw materials by contemplating the daily display offered through this wealth of botanical species.

Regenwasser wird vom Dach in eine mit Natursteinen ausgekleidete Mulde geleitet
Rainwater from the roof is channelled into a trough lined with natural stone

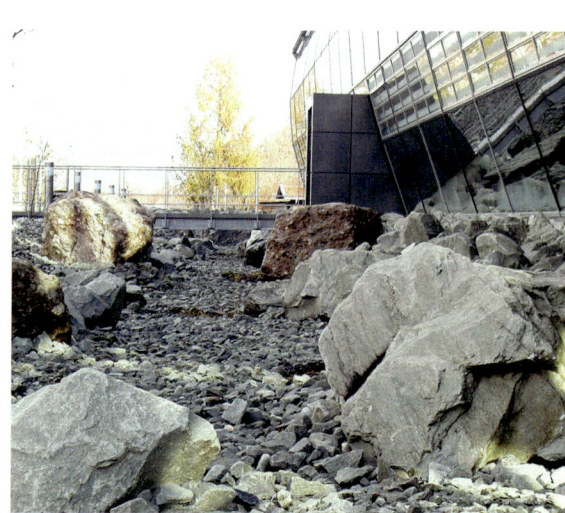

Verschiedene
Vegetationsebenen bieten teils
karg, teils üppig bepflanzte
Atmosphären innerhalb der glä-
sernen Halle. Grundriss.
Entwurf: Irene Burkhardt,
München, 2002
Various strata of vegetation offer
some bleak and some lavishly
planted atmospheres inside the
glazed hall.
Design: Irene Burkhardt,
Munich, 2002

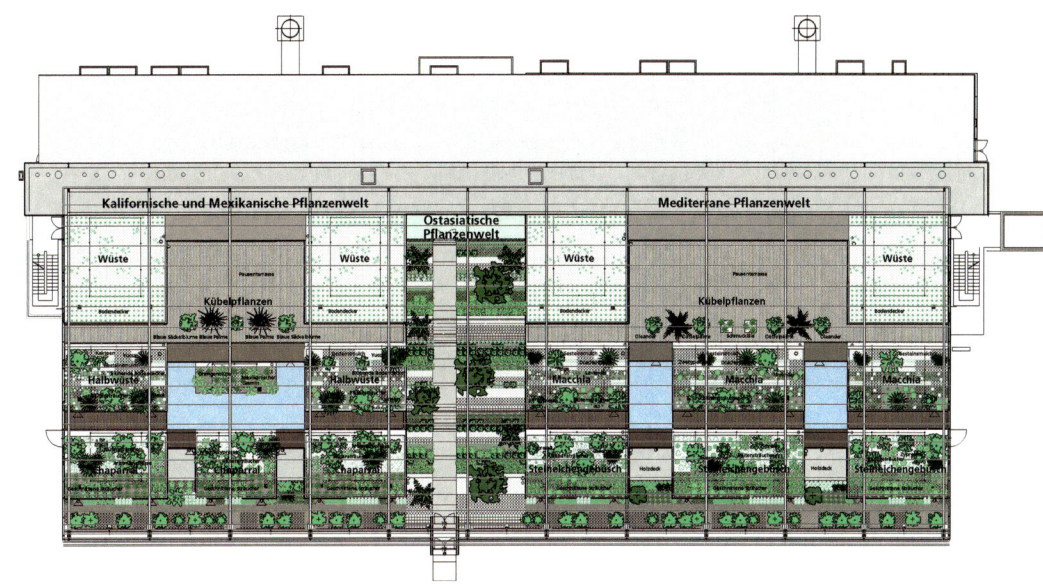

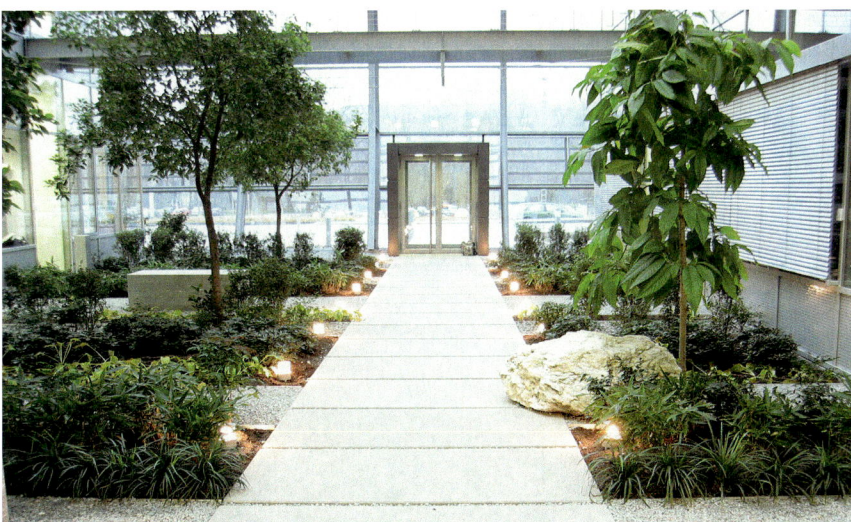

Auf der Erdgeschossebene mit
direktem Bodenanschluss konnten große Bäume und Sträucher
gepflanzt werden
Large trees and shrubs were
planted on the ground floor,
with direct access to the soil for
their roots

105

Das Glasdach der Halle erzeugt
ein ganzjährig mediterranes
Klima
The glass roof of the hall creates
a Mediterranean climate all the
year round

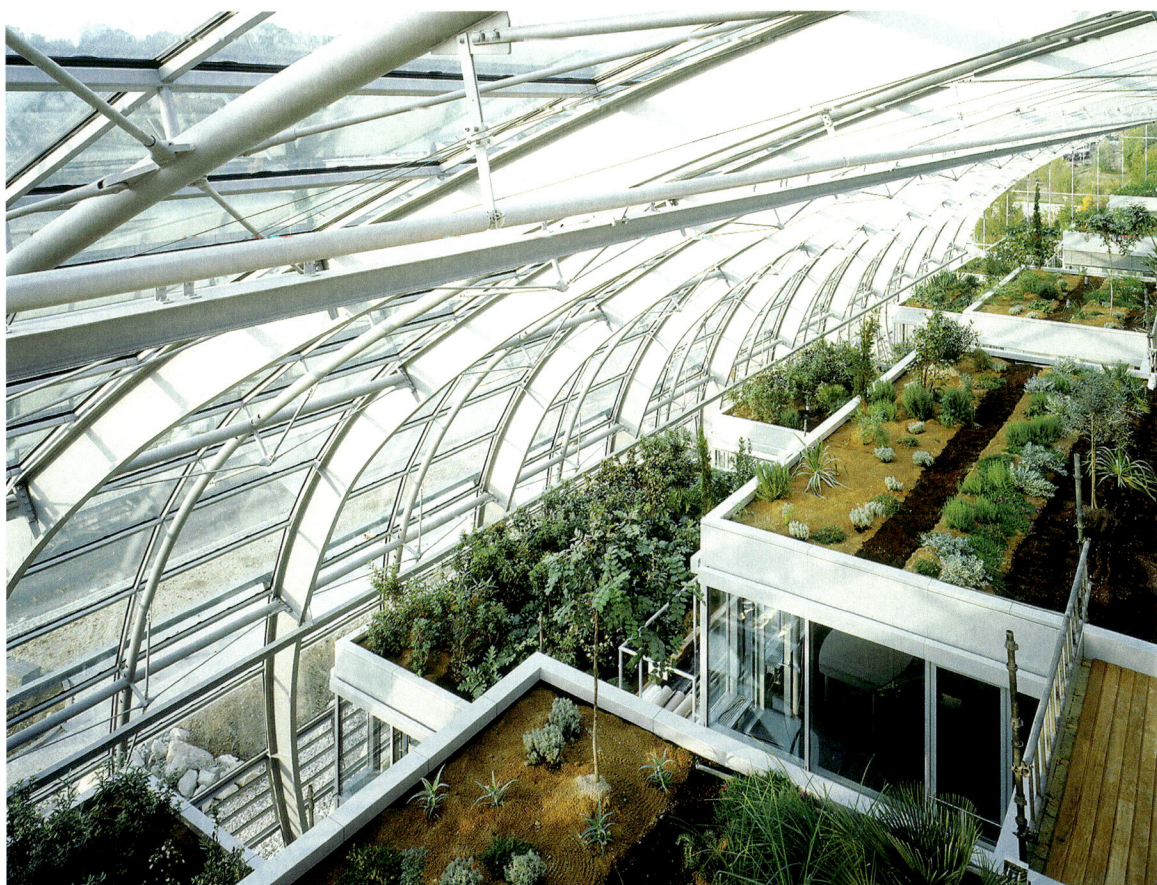

Die Zukunft des Quartiers Zürich Nord wird in eine attraktive Parklandschaft gebettet. Der MFO-Park auf dem ehemaligen Gelände der Maschinenfabrik Oerlikon als eine von vier öffentlichen Anlagen eines linearen Freiraumsystems nimmt eine besondere städtebauliche Funktion ein.

Dies wird deutlich in einer Gestaltung, die symbolisch für das wachsende und lebendig werdende Quartier steht. Die Planungsgruppe Burckhardt + Partner Architekten und Raderschall Landschaftsarchitekten haben auf einer 1 Hektar großen Fabrikbrache (ehemals ein unzugänglicher Teil der Stadt) ein öffentliches ‚Park-Haus' als Ort für urbane Aktivitäten wie Spiel, Open-Air-Kino oder Konzerte entstehen lassen.

Die Fläche der Anlage ist in einen vorgelagerten, einer antiken Agora entsprechenden Platz und eine begrünte, transluzente Halle unterteilt, die einen dreidimensionalen Park bildet. Diese „grüne Oper" ist 100 Meter lang, 34 Meter breit und 17 Meter hoch; ein „hybrides Bauwerk aus Natur und Architektur" (Udo Weilacher).

Auf poetische Art übernimmt die ‚Park-Halle' mit ihrer Stahlkonstruktion das Volumen der umgebenden Gebäude. Diese Idee soll durch begrünte Stelen auf dem Vorplatz fortgesetzt werden.

The future of north Zurich is embedded in an attractive park. The MFO-Park on the site of the former Oerlikon machine plant is one of four public parks in a linear open-space system, and plays a particular part in the urban pattern.

This is clear from a design that symbolizes the growing quarter as it begins to burst with life. The planning group Burckhardt + Partner Architekten and Raderschall Landschaftsarchitekten have taken one hectare of derelict factory land (formerly a part of the town that was closed to the public) and created a public 'park house' as a place for urban activities like play, open-air cinema or concerts.

The site is divided into a square in front, similar to an ancient agora, and a planted, translucent hall, creating a three-dimensional park. This "green opera house" is 100 metres long, 34 metres wide and 17 metres high; a "hybrid structure made up of nature and architecture" (Udo Weilacher).

The 'park hall' with its steel structure takes up the volume of the surrounding buildings in a poetic way. This idea is intended to be continued using planted columns in the square in front.

The 'park house', flooded with light and also a staged feature at night, will in future offer a variety of spatial

MFO-Park, Zürich MFO-Park, Zurich

Das lichtdurchflutete, auch nachts in Szene gesetzte ‚Park-Haus' wird zukünftig eine Vielfalt an durch Vegetation und Wetter bestimmten Raumerlebnissen bieten. Ganz oben auf dem Sonnendeck wird das heranwachsende Quartier der Stadt Zürich sichtbar, das den experimentellen Mut der Stadt belohnt.

experiences determined by vegetation and the weather. From the very top, on the sun deck, the growing Zurich district can be seen, rewarding the city's experimental courage.

Auf dem Sonnendeck können die Anwohner sich entspannen und ihr Quartier aus einer ungewöhnlichen Perspektive betrachten
Residents can relax on the sun deck and view their district from an unusual angle

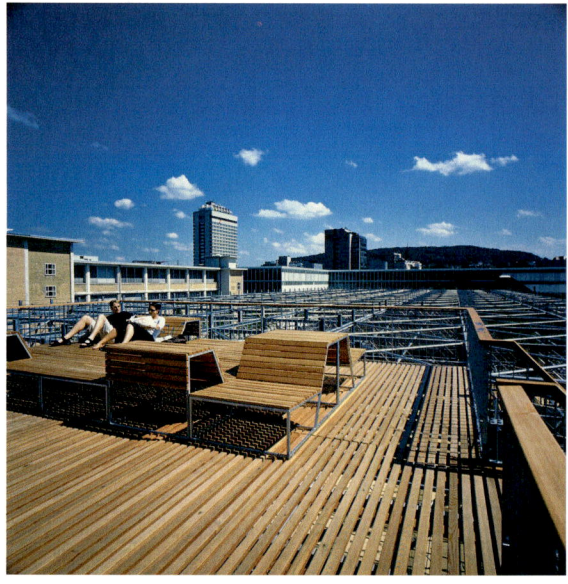

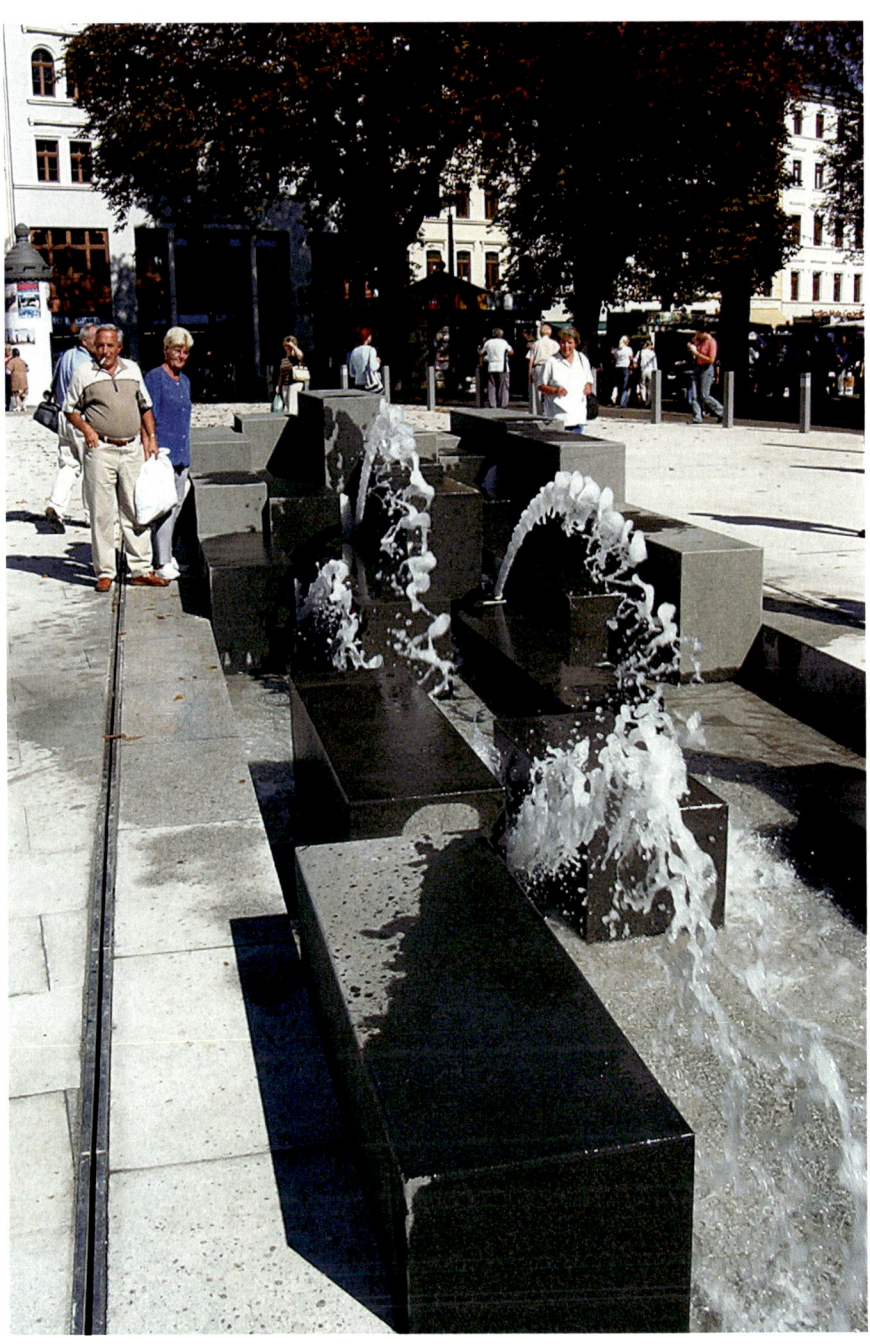

Der Marienplatz in Görlitz bildet den zeitgenössisch gestalteten Übergang zwischen Gründerzeitvierteln und historischer Altstadt.
Entwurf: Rehwaldt Landschaftsarchitekten, Dresden, 2000–2002
The Marienplatz in Görlitz is a contemporary design for the transition between late 19th-century quarters and the historic old town.
Design: Rehwaldt Landschaftsarchitekten, Dresden, 2000–2002

113

Das Wasserband ist belebendes und identitätsstiftendes Element des Platzes
The ribbon of water is an enlivening element of the square, making up part of its identity

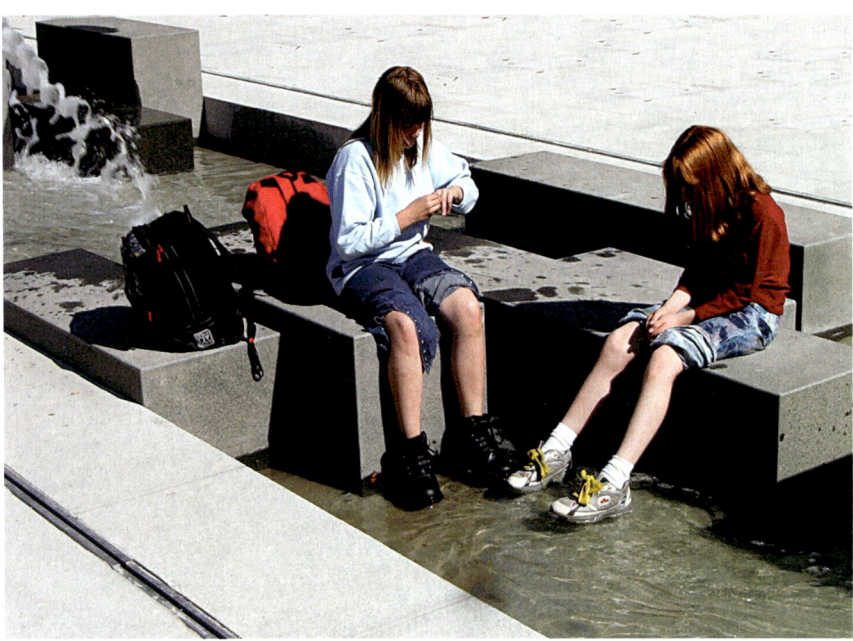

Eine ebenso bergende wie großzügige Raumwirkung – das ist der Clou der ‚Neuen Gärten' von Stephan Lenzen (RMP Landschaftsarchitekten, Bonn) auf dem Dycker Feld bei Schloss Dyck im Kreis Neuss. Die flächige Verwendung von Chinaschilf (Miscanthus) – lebendiger, bewegter als ein Maisfeld – fasziniert an der neuen Anlage am Hauptstandort der nordrhein-westfälischen Dezentralen Landesgartenschau 2002. Der ‚parc agriculture' in der Agrarlandschaft ist ein spannungsvoller Kontrapunkt zum barocken Wasserschloss und einem Landschaftspark aus dem 19. Jahrhundert.

24 Gärten (25 mal 25 Meter) bilden, rasterförmig eingefügt, als Inseln im ‚Miscanthusmeer' die innere Struktur des zum Park gewordenen Flurstücks. Im Frühjahr sind die Gärten auf dem Feld weithin sichtbar, im Verlauf des Sommers versinken sie langsam im flüsternden Gräserlabyrinth. Die Entwürfe für die Themengärten stammen teils vom Preisträger, teils von namhaften Landschaftsarchitekten und vom landschaftsarchitektonischen Nachwuchs.

Neben den Sichtachsen (Rasenbänder) sind die Feld-Orangerien (kubische Glas-Holz-Stahl-Architektur) verbindende Elemente zum historischen Park und dem neuen Eingangsbereich des Zentrums für

A spatial effect that is as secluded as it is sweeping - that is the key to the 'New Gardens' by Stephan Lenzen (RMP Landschaftsarchitekten, Bonn) on the Dycker Feld near Schloss Dyck in the Neuss district. The extensive use of Japanese silver grass (Miscanthus) – more lively and mobile than a corn field – is a fascinating feature in the new park at the main site for this North-Rhine Westphalian Dezentrale Landesgartenschau (regional horticultural show) in 2002. The "parc agriculture" in this farming landscape forms an exciting counterpoint to the Baroque moated castle and a 19th-century landscaped park.

24 gardens (25 by 25 m), set on a grid pattern, are islands in the 'Miscanthus sea', forming the inner structure of the meadowland that has become a park. The gardens in the field are visible over a considerable distance, then over the summer they sink slowly into the whispering grass labyrinth. The designs for the themed gardens come partly from the prizewinner, partly from distinguished landscape architects and younger colleagues in the profession.

As well as the sight axes (bands of lawn) the field orangeries (cubic glass-timber-steel architecture) form connecting elements to the historic park and the new entrance area to the Schloss Dyck Centre for

Neue Gärten – Dycker Feld New Gardens – Dycker Feld

von/by Imma Schmidt

Gartenkunst und Landschaftskultur auf Schloss Dyck. Der Gartensolitär Chinaschilf wandelt sich derzeit zur energetisch und bautechnisch interessanten Nutzpflanze. So symbolisiert Miscanthus, drei bis vier Meter hoch werdend, auch das Wechselspiel zwischen Natur und Kultur.

Garden Art and Landscape Architecture. The Japanese silver grass, usually a garden solitaire, is presently being transformed into an energetic and structurally interesting plant with practical uses. Thus the Miscanthus, growing to a height of three to four metres, also symbolizes the interplay of nature and culture.

Zwischen orange blühenden Sträuchern, Stauden, Sommerblumen und Zwiebelgewächsen bilden orange getönte Plexiglasscheiben die vertikale Struktur im ‚Orangefarbenen Garten'
The planting in the 'Orange Garden' is made up of shrubs with orange flowers, herbaceous plants, summer flowers and bulbs. Orange-tinted perspex panes make up the vertical structure

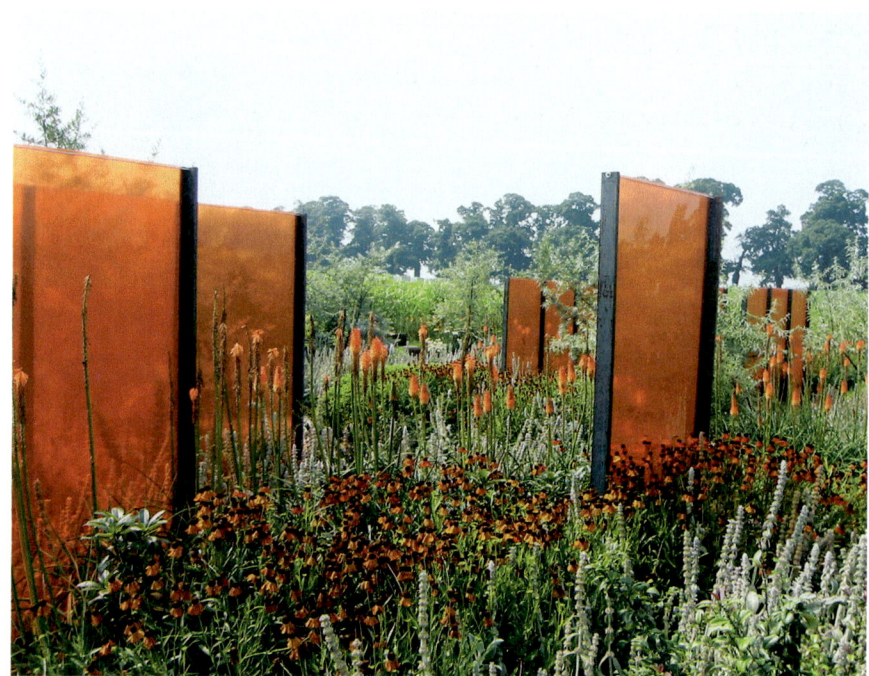

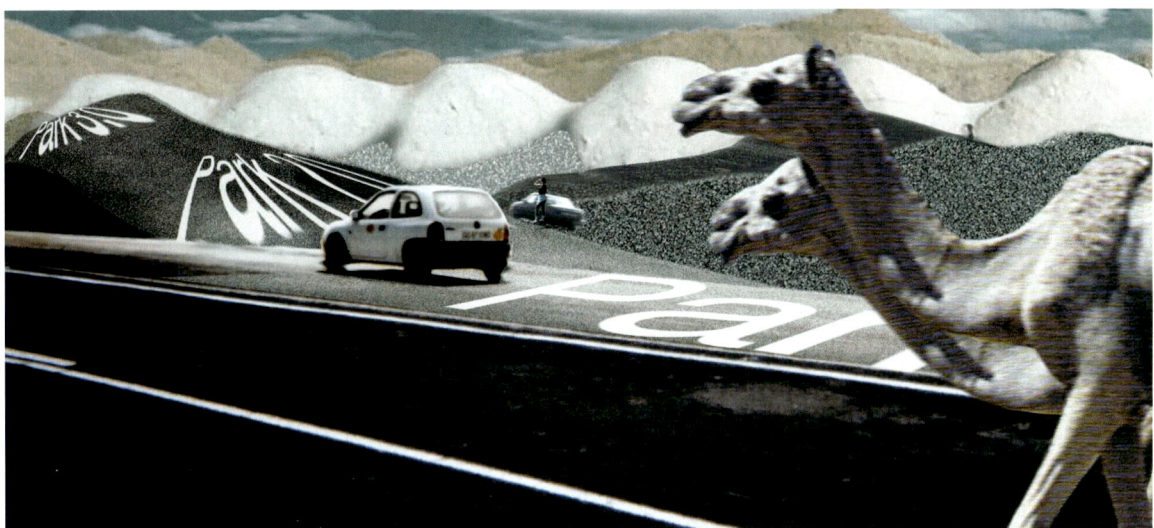

Die Bergbautechnik des bis 2030
aktiven Tagebaus wird gezielt
zur Gestaltung interessanter
Landschaftsformationen einge-
setzt. Eine Straße erschließt die
Wüste im Wandel.
Entwurf: Becker Giseke Mohren
Richard, Berlin und archiscape,
Berlin, 2002
The open-cast mining technolo-
gy, which is due to operate until
2030, is deliberately used to
create interesting landscape
formations. A road gives access
to the changing desert.
Design: Becker Giseke Mohren
Richard, Berlin and archiscape,
Berlin, 2002

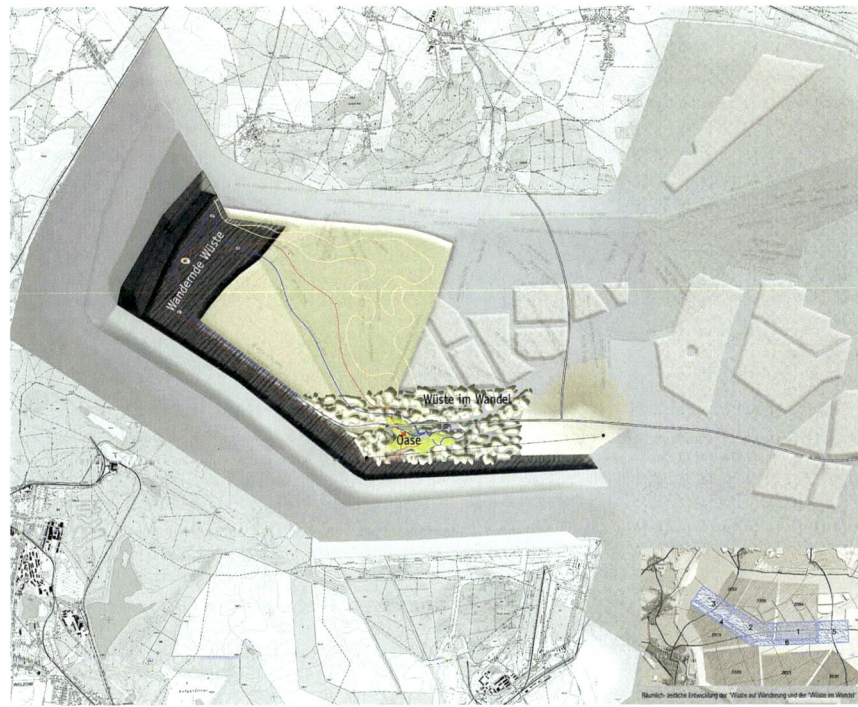

Drei verschiedene Wüsten-
formen erlebt der zukünftige
Besucher im Tagebau Welzow-
Süd: die ,Wüste im Wandel',
die ,wandernde Wüste'
und die ,Oase'
Future visitors will experience
three different forms of desert
in the open-cast mining area
of south Welzow: the 'changing
desert', the 'wandering
desert' and the 'oasis'

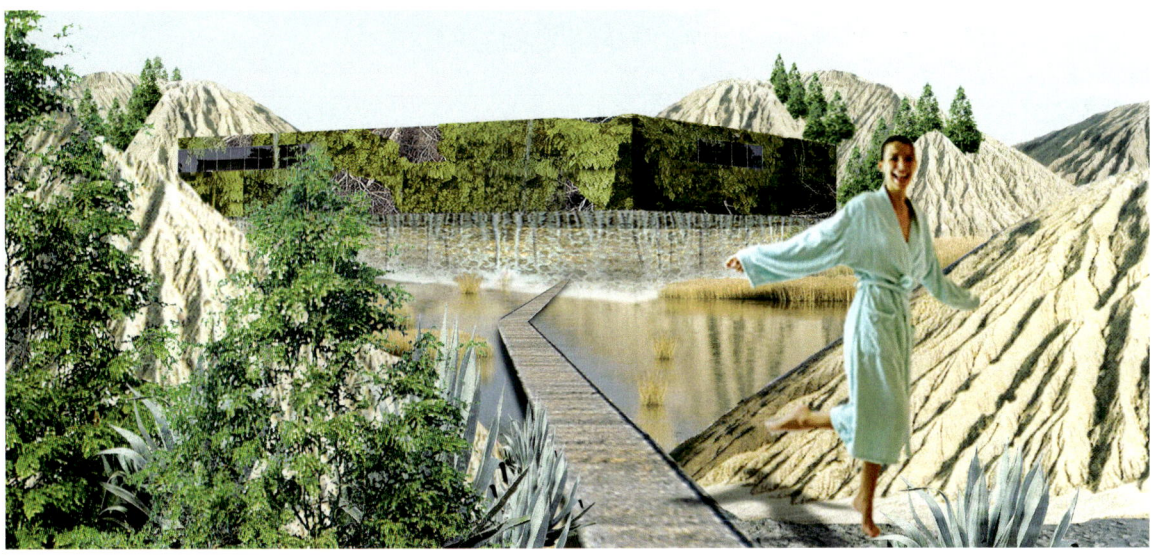

Die Oase ist als
Besucherzentrum der
Ausgangspunkt für
Wüstenerkundungen.
Auch Hotels, Restaurants
und Wellnessangebote
werden hier zu finden sein
The oasis visitors centre is
the starting-point for explo-
ring the desert. There will
also be hotels, restaurants
and wellness facilities

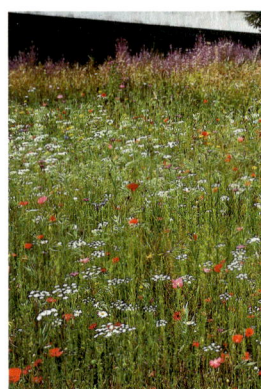

Über die Pflanze lässt sich eine
Art von Natur in die Städte hineintragen
Plants make it possible to bring
a kind of nature into towns

Kein Kommentar zur modernen Landschaftsarchitektur, der nicht denselben Ton anstimmt: Es gebe keine gute Pflanzenverwendung mehr. Die Ursachen sind meist ebenso schnell bestimmt: Es gebe kein Geld für gute Planung, die Pflege sei nicht gewährleistet, es fehle den Landschaftsarchitekturbüros an Know-how, schon die Ausbildung der Studierenden sei unzureichend.

Worauf zielt die Kritik eigentlich genau ab? Beklagt man sich darüber, dass Pflanzen in der Freiraumplanung kaum noch Berücksichtigung finden? Wird bemängelt, dass neu entworfene Pflanzkombinationen uninspiriert sind und nicht im Geringsten die Möglichkeiten dieses Materials nutzen? Oder regt man sich über technische Pflanz- und Pflegefehler auf, die dazu führen, dass Pflanzen absterben oder Pflanzungen nach kurzer Zeit unattraktiv und verwahrlost aussehen?

Alle drei Aspekte – der inhaltliche, der ästhetische und der technische – sind beklagenswert. Die beiden zuletzt genannten haben zweifellos etwas mit der Ausbildung von Landschaftsarchitekten zu tun. Es gibt – dies gilt zumindest für alle deutschen Universitäten – nur eine sehr reduzierte Vermittlung der Gestaltung mit Pflanzen. Ursache dieses Ausbildungsmangels ist ironischer Weise auch die Tatsache, dass die Pflanzenverwendung traditionell als selbstverständlicher Mittelpunkt der Profession verstanden wurde. So hielten es die Lehrenden nicht für notwendig, diesen Bereich weiter zu entwickeln. Forschung und Theoriebildung fanden kaum statt, und der Gang in den Botanischen Garten, das ‚je mehr je besser‘, war lange Zeit Maßstab für eine gute Pflanzenverwendung.

Neuerungen in der Pflanzenverwendung gingen von anderen Disziplinen aus, etwa der Soziologie und der Geographie (Kasseler Schule) oder von der Ökologie und ihrer Naturgartenbewegung der 1970er Jahre, die viel Wissen über Pflanzen

Pflanze zwischen Ökologie, Technik und Design   Plants between ecology, technology and design

von/by Norbert Kühn

No one commenting on modern landscape architecture fails to say it: plants are not used properly any more. The causes are usually identified just as quickly: there is no money for good planning, maintenance is not guaranteed, the landscape architecture practices do not have the necessary expertise, even student training is inadequate.

What exactly is this criticism aiming at? Are people complaining that plants are scarcely considered any more in open-air planning? Is the criticism that newly designed plant combinations are lacking in inspiration and do not exploit the potential of the material properly at all? Or is everyone getting worked up about errors in planting and care that cause the plants to die or make planting look unattractive and neglected after a short time?

All three aspects – theoretical, aesthetic and technical – are lamentable. The last two mentioned undoubtedly have something to do with landscape architects' training. Very little is taught about designing with plants – at least in German universities. Ironically, this is partly because plant use was always seen as the core of the profession, and so taken for granted. So the teachers did not feel it necessary to develop this area any further. There was scarcely any research or theoretical training, and a trip to the Botanical Gardens, the notion of "the more the better", was for a long time the yardstick for good plant use.

Innovations in plant use came from other disciplines like sociology and geography (Kassel School), or from ecology with its natural garden movement in the seventies, which introduced a lot of knowledge about the beneficial effects of plants. But unfortunately, both movements quickly acquired a streak of ideological dogmatism, and their strained to hypocritical relationship with design and beauty prevented any efforts at combining plants according to artistic or aesthetic criteria.

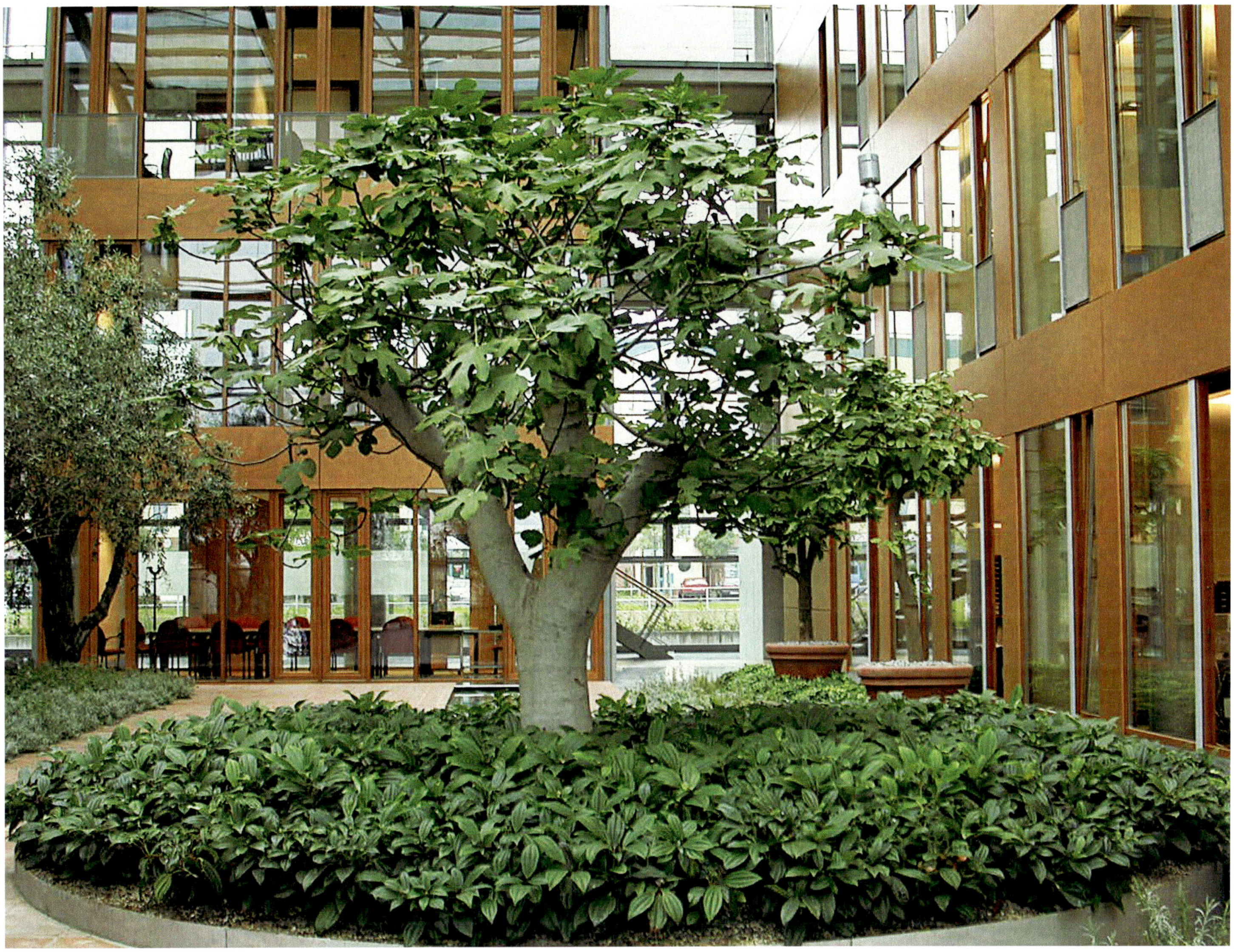

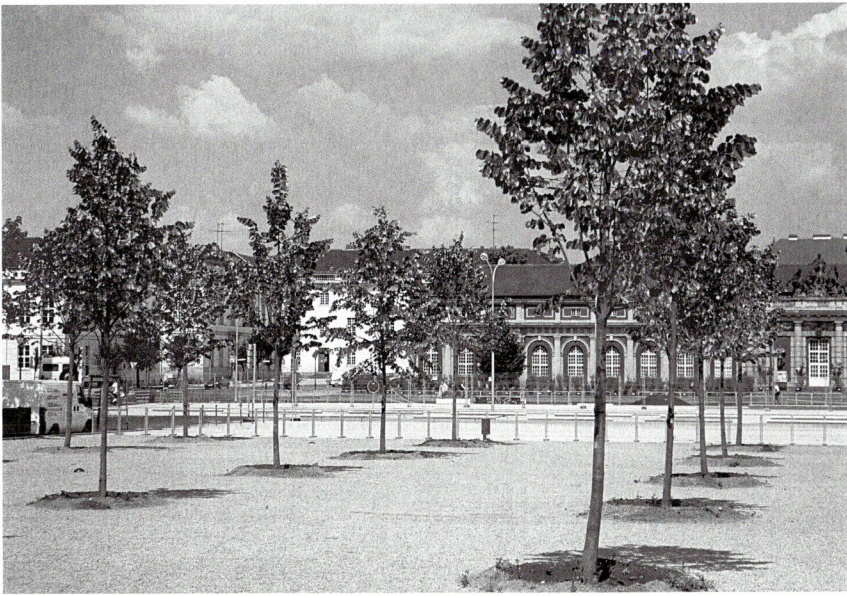

Die Einheit von Bedeutung,
Funktion und Raum wird im
Neuen Lustgarten in Potsdam
unter anderem durch Baum-
pflanzungen betont.
Wettbewerb 1998. 1. Preis: Dietz
Joppien Architekten, Potsdam /
Frankfurt mit Barbara Willecke,
Berlin. Realisierung 2001: Dietz
Joppien Architekten mit Seebauer,
Wefers und Partner, Berlin,
2000–2002
Tree planting is one of the featu-
res emphasizing the unity of mea-
ning, function and space in the
New Pleasure Garden in Potsdam.
Design: Dietz Joppien Architekten,
Potsdam and Barbara Willecke,
Berlin and Seebauer, Wefers und
Partner, Berlin 2000–2002

Mit ihrer neuen Hauptverwaltung
erfüllt die LBS in Hannover die
hohen Anforderungen an zeit-
gemäße Baukultur. Vier Land-
schaften entstanden durch die
Kombination der Elemente
Pflanze, Stein und Wasser.
Entwurf: Isterling und Partner
Landschaftsarchitekten,
Hamburg, 2000–2001
The new LBS (North German
Home Loan Association) head-
quarters in Hanover meets the
high demands made on contem-
porary building culture. Four
landscapes are created by combi-
ning plants, stones and water.
Design: Isterling und Partner
Landschaftsarchitekten,
Hamburg, 2000–2001

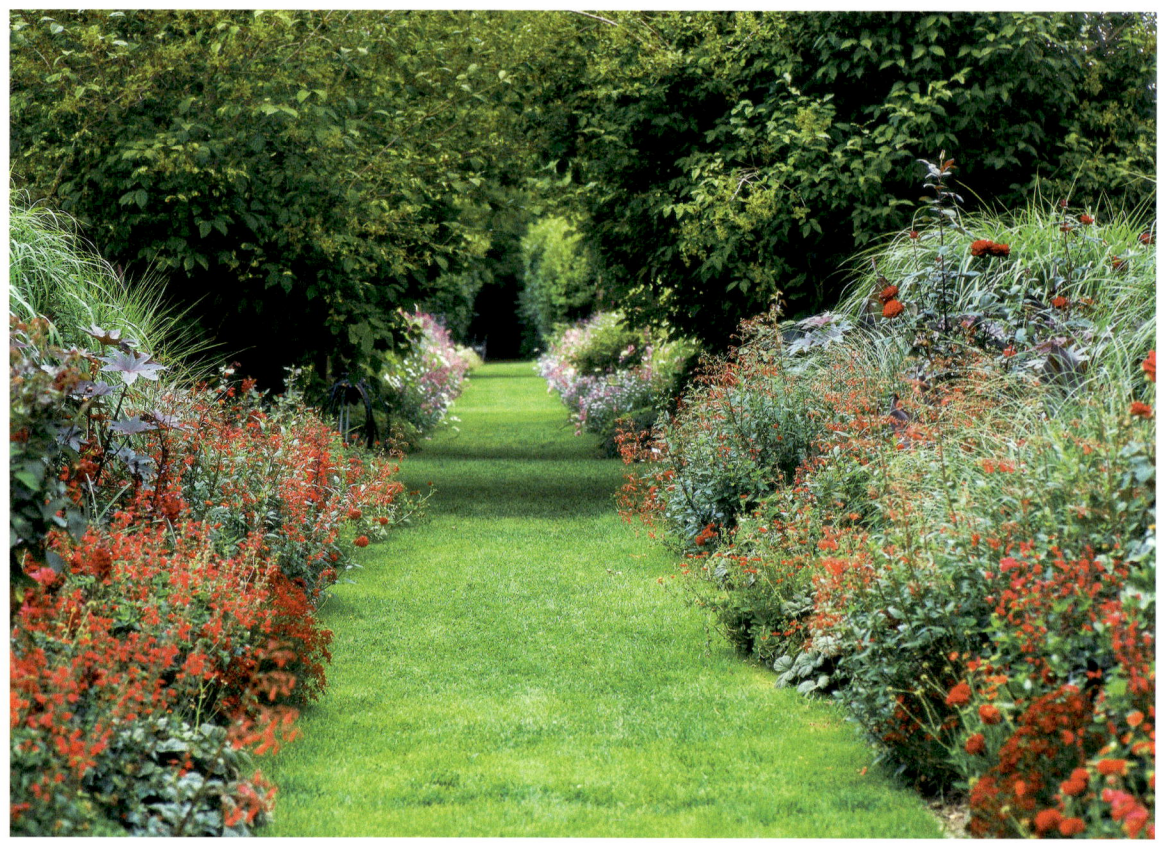

Um dauerhaft gute Low-Budget-
Planungen zu erzielen, sind
neben ökologischem Grundla-
genwissen auch Kenntnisse zur
Populationsbiologie gefragt.
Sichtungsgarten Weihenstephan
Knowledge about population
biology as well as basic ecology
are needed to achieve long-term
low budget planning.
Weihenstephan specimen garden

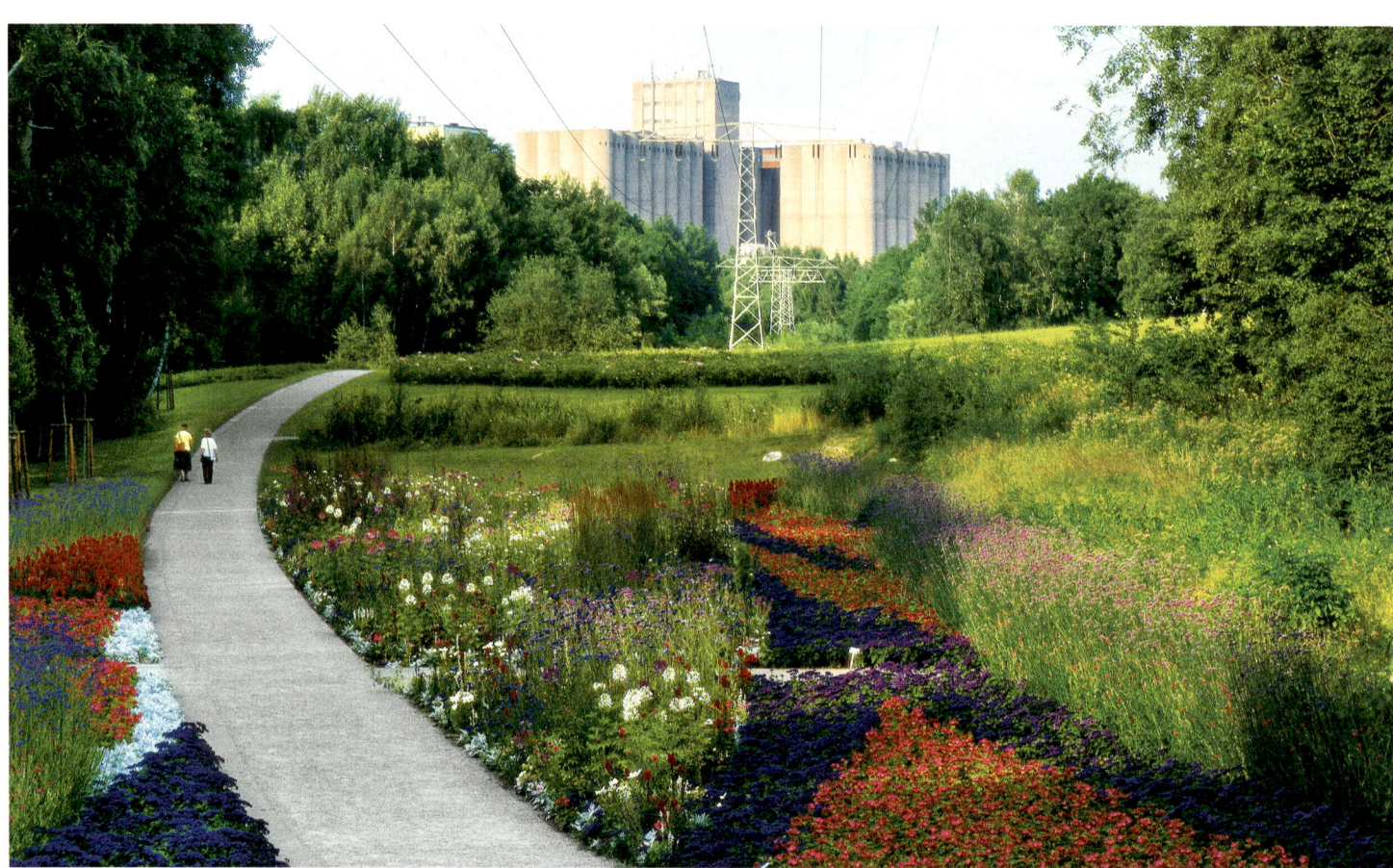

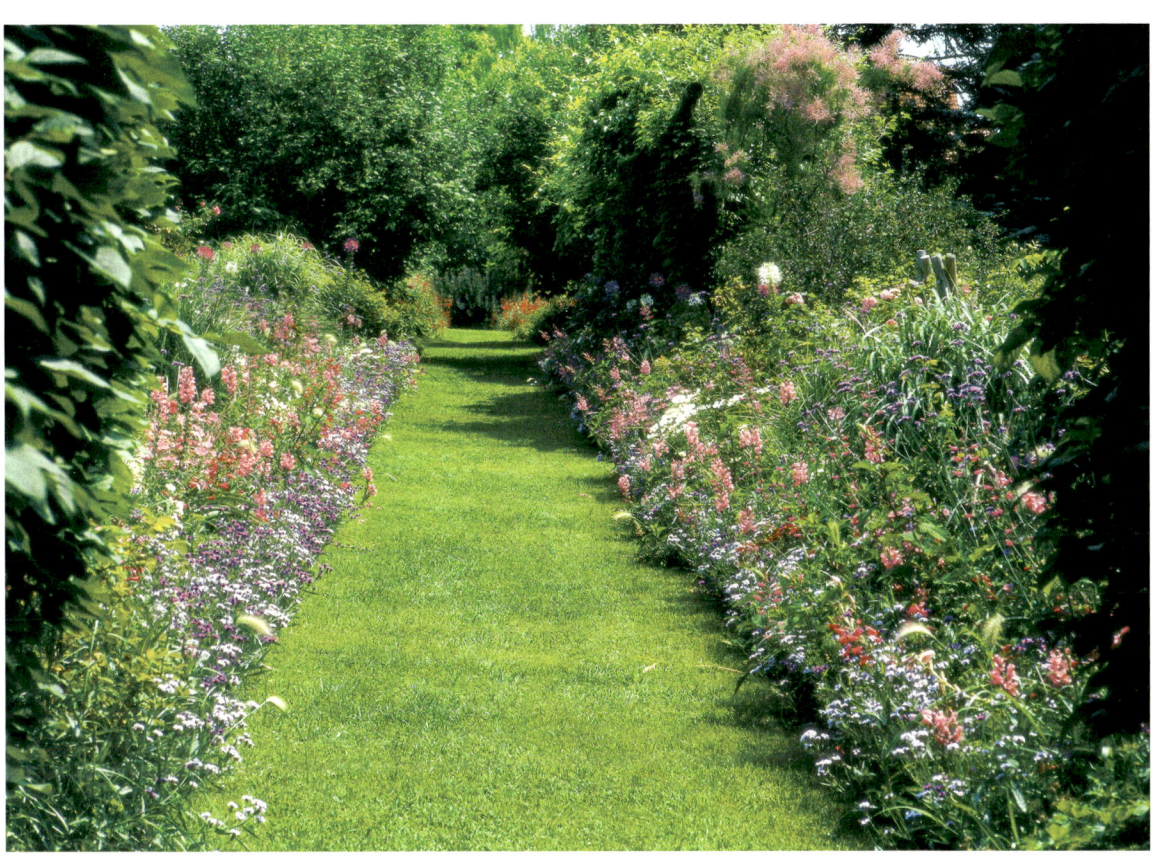

Naturhafte Pflanzweisen mit raffinierten Farbkonzepten wurden durch die Zielsetzungen der internationalen Bewegung *Perennial Perspectives* angeregt. Sichtungsgarten Weihenstephan
Natural planting with sophisticated colour concepts was stimulated by the aims of the international *Perennial Perspectives* movement. Weihenstephan specimen garden

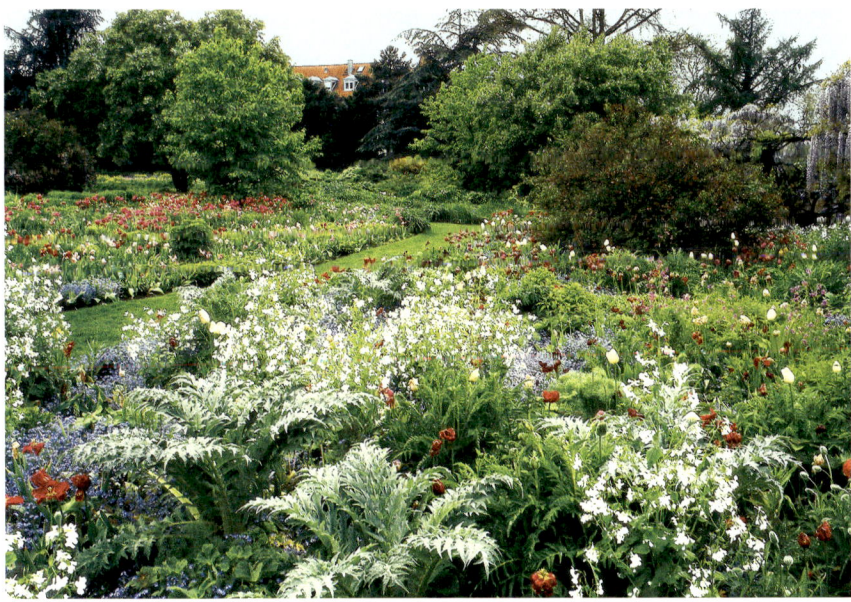

Neuartige Staudenkombinationen werden im Sichtungsgarten Hermannshof in Weinheim gezeigt
Innovative herbaceous combinations are shown at the Hermannshof specimen garden in Weinheim

Ein souveräner Umgang mit Formen, Farben und Texturen begeistert heute in vielen Gartenschaubeiträgen. Landesgartenschau Eberswalde
Masterly handling of shapes, colours and textures are exciting features at many of today's horticultural shows. Eberswalde Horticultural Show

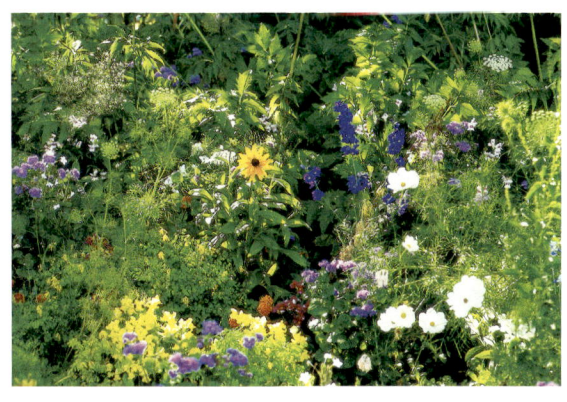

Zunehmend zeugen Beiträge auf Gartenschauen wieder von einer ausgefeilten Kunst der Pflanzenverwendung. Landesgartenschau Eberswalde, 2002
Contributions to horticultural shows increasingly demonstrate refined plant use skills. Eberswalde Horticultural Show, 2002

Pflanze zwischen Ökologie, Technik und Design

und deren Wohlfahrtswirkungen einbrachte. Leider entwickelten jedoch beide Richtungen sehr schnell einen ideologischen Dogmatismus und verhinderten mit ihrem verkrampften bis heuchlerischen Verhältnis zu Gestaltung und Schönheit jegliche Bestrebungen, Pflanzen nach künstlerisch-ästhetischen Gesichtspunkten zu kombinieren. Die Lust auf Pflanzen wurde verdorben durch die Einteilungen in gut und böse, d. h. in heimisch oder nicht heimisch bzw. in biozönotisch wertvoll oder nicht. Die Folgen der dadurch geschaffenen Verunsicherung halten bis heute an.

Die Wiederentdeckung der Pflanzenverwendung

Gibt es wirklich keine gute Pflanzenverwendung mehr? Zunehmend zeugen Beiträge auf Gartenschauen wieder von einer äußerst ausgefeilten Kunst der Pflanzenverwendung. Offensichtlich hat eine Gegenbewegung eingesetzt.

Vorbereitet wurde diese Entwicklung durch *Perennial Perspectives*, eine Bewegung, die in den 1990er Jahren von den Niederlanden ausging und in der sich naturhafte Pflanzweisen mit raffinierten Farbkonzepten verbanden (z. B. bei Rob Leopold, Piet Oudolf, Henk Gerritsen oder Urs Walser). Ein ungewöhnlich souveräner Umgang mit Formen, Texturen und vor allem Farben begeistert heute in vielen Gartenschaubeiträgen: etwa jener von Christine Orel auf der Bundesgartenschau Magdeburg 1999 und der IGA Rostock 2003. Oder im Sichtungsgarten Weihenstephan, wo englisch anmutende Farbrabatten entstanden. Neuartige und inspirierende Staudenkombinationen gibt es auch im Sichtungsgarten Hermannshof in Weinheim. Warum finden diese wegweisenden Beiträge so wenig Widerhall in alltäglichen Planungssituationen? Im öffentlichen Grün hat die traditionelle Schmuckbepflanzung offensichtlich ausgedient. Dort wird Multifunktionalität

124

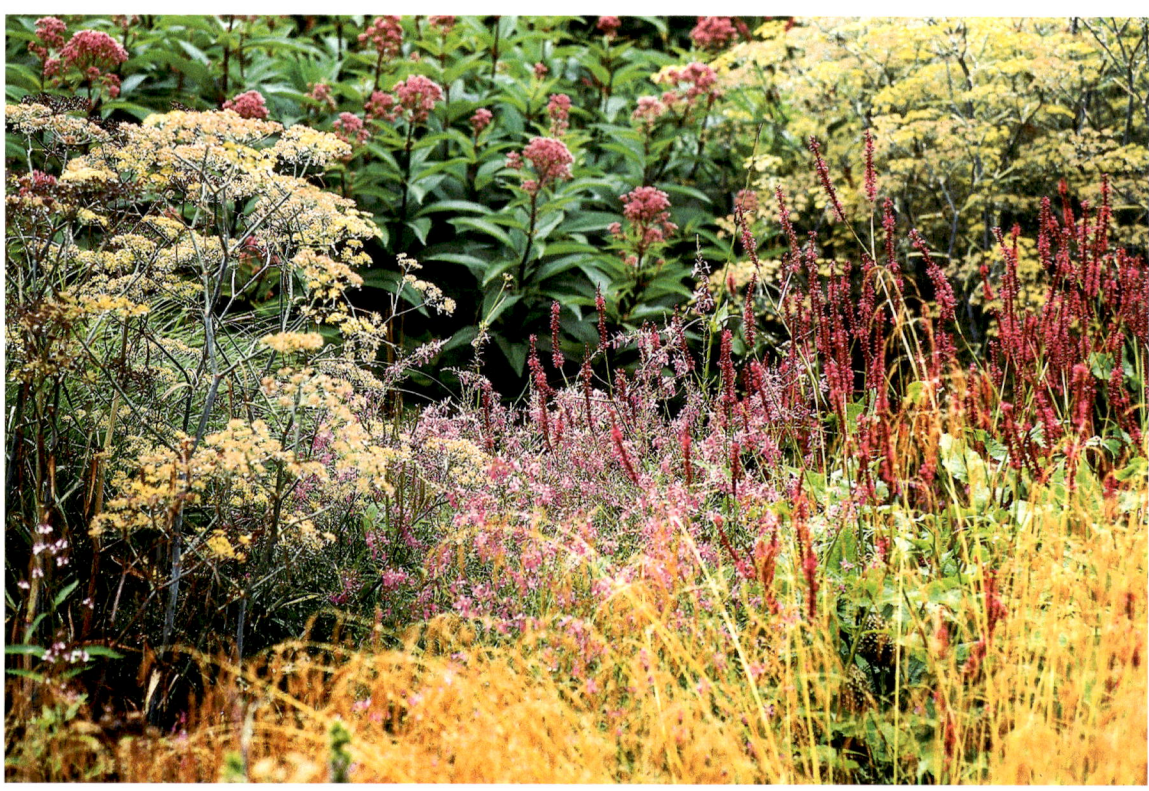

Eine traditionelle Gestaltung ist derzeit nur im geschützten Rahmen denkbar: im Park, in Schaugärten, im historischen Grün oder in Privatgärten
At present, traditional design is possible only in a protected context: in a park, show gardens, in the historical green space or in private gardens

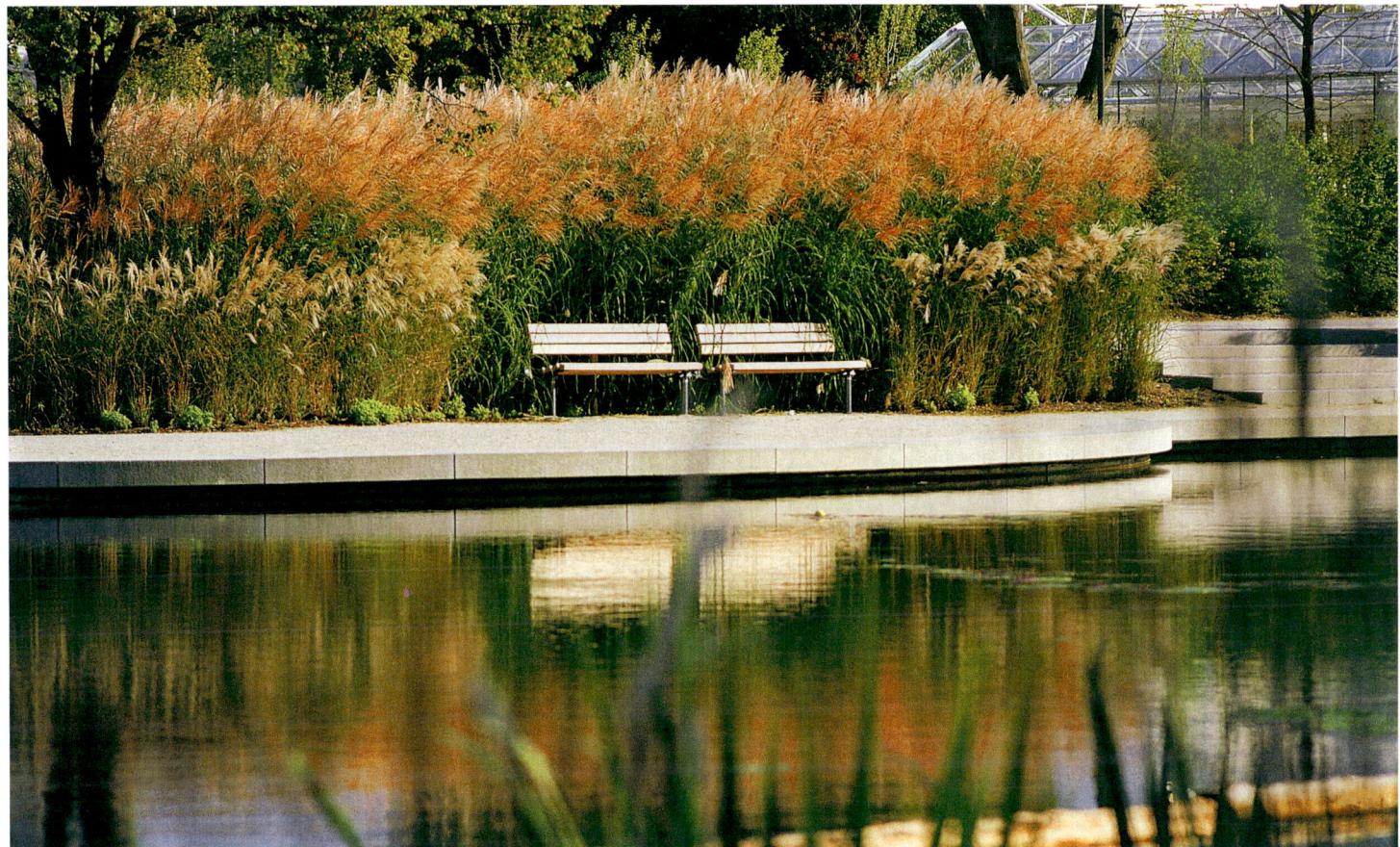

Pleasure taken in plants was ruined by their being divided into good and bad, i.e. into native or non-native, or biocoenotically valuable or not. The consequences of the uncertainty this caused are still with us today.

The rediscovery of plant use

Is it true that plants are not used well any longer? Exhibits at horticultural shows increasingly revert to a highly sophisticated approach to plant use. Obviously a counter-movement has started. The way was prepared for this development by *Perennial Perspectives*, an idea that started in the Netherlands in the 1990s, combining natural planting methods with subtle colour concepts (e.g. in the work of Rob Leopold, Piet Oudolf, Henk Gerritsen or Urs Walser). Many of today's horticultural show contributions trigger enthusiasm through their unusually assured handling of shapes, textures and, above all, colours. Christine Orel's contribution at the National Horticultural Show in Magdeburg in 1999 and the International Horticultural Show in Rostock in 2003 are cases in point. Another one is the Weihenstephan specimen garden, where English-looking beds of colour were created. There are also new and inspiring combinations of herbaceous perennials in the Hermannshof specimen garden in Weinheim. Why do these pioneering contributions evoke so little response in everyday planning situations?

Traditional decorative planting has obviously had its day in public green spaces. Multifunctionality is required here and consequently, the same motifs are repeated: plant use declines into a randomness that would take some beating. The lowest common denominator is grass as the way of pinning the use of a place down as little as possible. Long-term expenditure, on maintenance, for example, is a favourite public budget cut. As decorative beds in public spaces do not seem to

Im neuen Stadtpark in Memmingen bewirken die Ufer-promenaden mit ihren naturna-hen Bepflanzungen eine große Anziehungskraft
Entwurf: Mahl Gebhard, München, 1996–2000
The natural planting on the embankment promenades in the new municipal park in Memmingen is a great attraction.
Design: Mahl Gebhard, Munich, 1996–2000

verlangt und infolgedessen wiederholen sich die immer wieder gleichen Motive: Die Pflanzenverwendung verfällt in eine nicht zu überbietende Beliebigkeit. Kleinster gemeinsamer Nenner ist der Rasen als geringst mögliche Festlegung der Nutzung einer Fläche.

Dauerausgaben zum Beispiel für die Pflege gehören zu den bevorzugten Streichposten in öffentlichen Haushalten. Der geäußerte Unmut darüber hält sich in Grenzen. Vielleicht stellen Schmuckbeete im öffentlichen Raum tatsächlich keine Bereicherung mehr dar, sind nur ein weiterer Reiz in der sowieso reizüberflutenden Umwelt.

Insofern stellt sich die Frage nach einer neuen Ästhetik im öffentlichen Raum nicht nur aus finanziellen Gründen.

In der privaten Gartengestaltung wird die Kunst der traditionellen Schmuckpflanzung hingegen allmählich wieder entdeckt, was sich anhand immer neuer gehobener Gartenmagazine am Kiosk ebenso ablesen lässt wie an den unzähligen Schlossgarten-Festivals, Gartenmessen und ‚Offenen Pforten‘, die sich landauf landab ereignen. Lifestyle hat das Wohnzimmer verlassen – und ist vor allem im Privatgarten angekommen. Der Landschaftsarchitekt lässt Wasser fließen, kann Garagenauffahrten beheizen, perfekte Kulissen für die Gartenliege zaubern oder Energieströme nach fernöstlichen Prinzipien umlenken. Gerade private Auftraggeber denken aber vor allem an Pflanzen, wenn sie von einem Garten sprechen – und zwar an eine Gestaltung mit Pflanzen, wie sie auf Gartenschauen präsentiert wird.

Die Profession sollte sich darum bemühen, den zu verteilenden Kuchen nicht den Baumärkten und Gartencentern mit angeschlossenem ‚Fachplaner‘ zu überlassen.

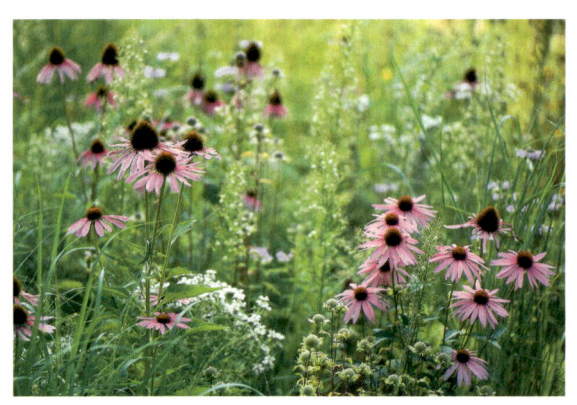

Klug eingesetzt, leisten Pflanzen einen Beitrag zu nachhaltiger, pflegeextensiver und somit kostengünstiger Freiraumgestaltung
Cleverly used, plants contribute to a sustainable, maintenance-extensive and therefore cost-efficient design of open spaces

represent much of a plus any longer, but are just one more item in an environment of excessive sensory bombardment, the question of a new aesthetic in public places needs to be raised not just for financial reasons.

In private garden design, on the other hand, the art of traditional decorative planting is gradually being rediscovered. This is shown by new quality gardening magazines in kiosks and by the countless palace garden festivals, garden fairs and 'open days' that are happening up and down the country. Lifestyle has left the living room – and landed in private gardens. Private clients in particular think above all about plants when they are discussing gardens – and indeed about plant design of the kind featured at horticultural shows.

So the profession should make an effort not to hand the cake that is to be divided up over to the garden centres with their own 'specialist planners'.

Ideas from historical gardens

Interest in old horticultural skills is obviously on the increase, as house-and-garden events show. So plant use is given a further boost. Historical gardens are rediscovered as tourist attractions and promoted by local authorities and foundations. Knowledge that had hitherto been buried is rediscovered in the context of the most authentic possible attempts at reconstruction. And new interpretation of old themes is seeing current plant use making an appearance in historical gardens, as for example in the flower garden in Herrenhausen, Hanover, designed by Guido Hager. This shows that the theme of plant use is still being vigorously addressed. But how can these developments be applied to designing public space?

At times when saving seems to be the supreme requirement, it is easy to say that there is no money. The fact that budgets for plants in open spaces in particular are

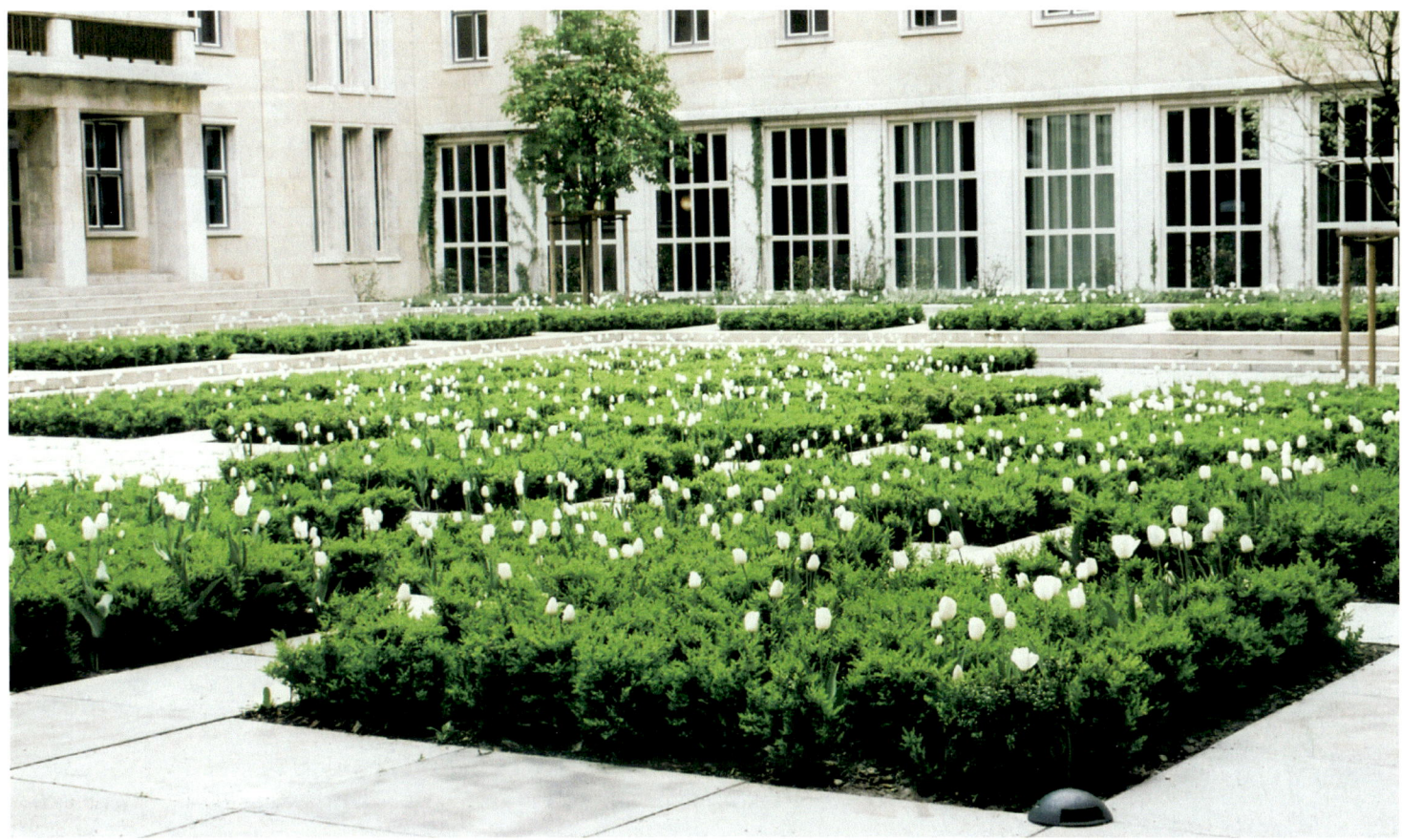

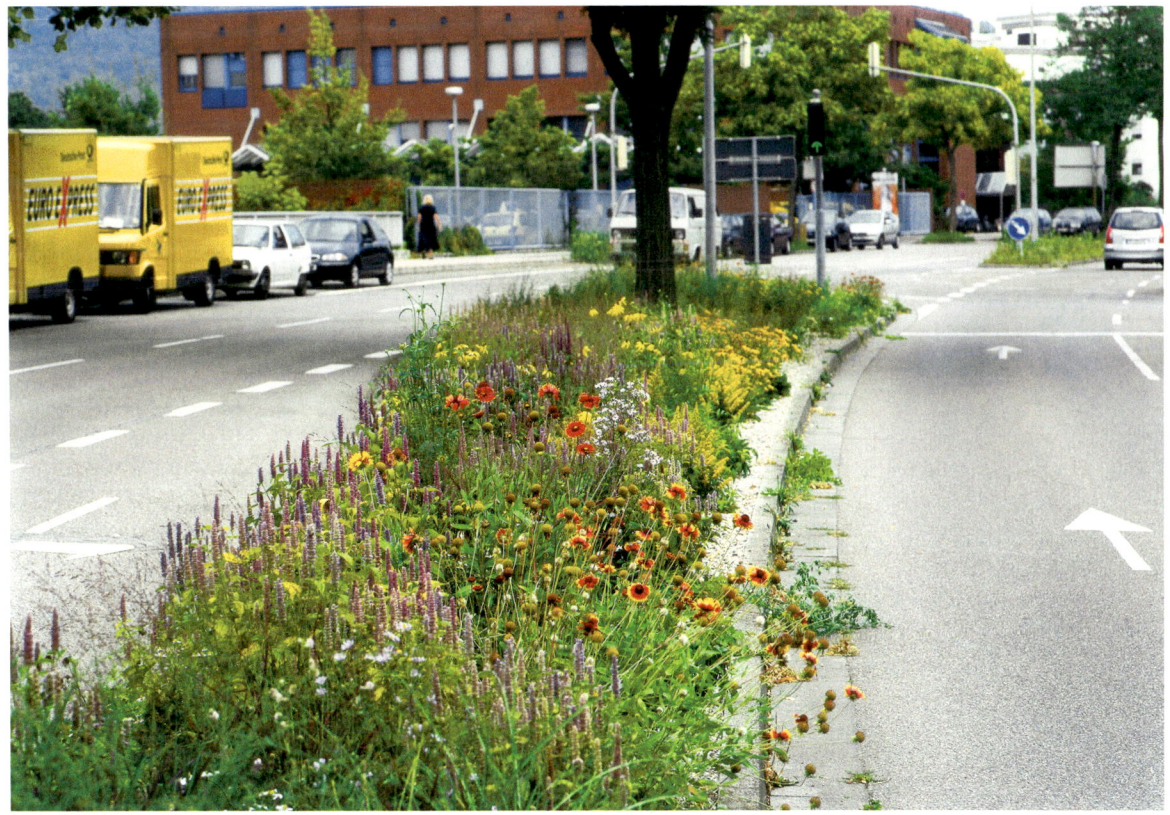

Im Garten des Bundesfinanz-
ministeriums spiegelt sich der
Gestaltungsprozess –
Aufbrechen, Verwandeln und
erneutes Zusammensetzen –
wider.
**Entwurf: Regina Poly, Berlin,
1998 – 2002**
The creative process – breaking
up, transforming and putting
back together again – is reflected
in the garden of the Finance
Ministry.
Design: Regina Poly, Berlin,
1998 – 2002

**Pflanzen stellen in der Land-
schaftsarchitektur das wichtigste ästhetische Strukturierungsmerkmal für Freiräume dar**
In landscape architecture, plants
represent the most important
aesthetic structuring element
for open spaces

Pflanze zwischen Ökologie, Technik und Design

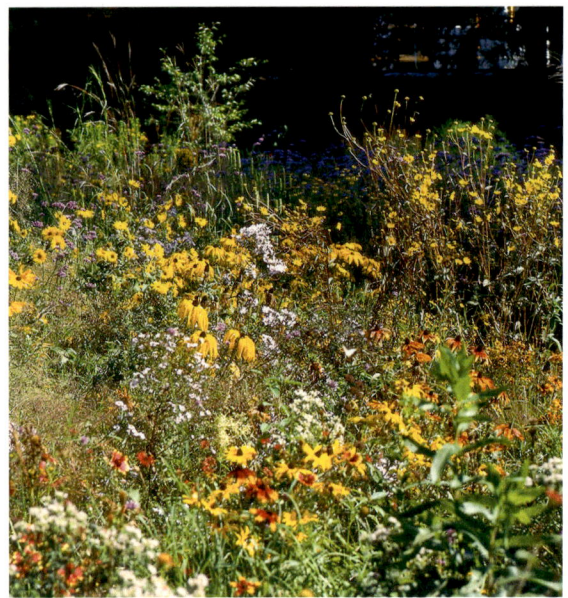

Ein mögliches Konzept für den Umgang mit großen Restflächen könnte die Etablierung von Prärievegetation sein
Establishing prairie vegetation is one possible concept for handling large residual areas

Ideen aus historischen Gärten

Mit den Home-and-Garden Veranstaltungen steigt offensichtlich das Interesse an alter Gartenkunst. So erhält die Pflanzenverwendung neue Impulse. Historische Gärten werden als touristische Anziehungspunkte neu entdeckt und von Kommunen und Stiftungen gefördert. Im Zusammenhang mit möglichst authentischen Rekonstruktionsversuchen wird bislang verschüttetes Wissen zur historischen Pflanzenverwendung aufgedeckt. Über Neuinterpretationen alter Themen (wie im von Guido Hager gestalteten Blumengarten in Hannover-Herrenhausen) hält mitunter auch eine aktuelle Pflanzenverwendung Einzug in die historischen Anlagen.

All diese Beispiele beweisen, dass es nach wie vor eine lebendige Auseinandersetzung mit dem Thema Pflanzenverwendung gibt. Wie aber lassen sich diese Entwicklungen auf die Gestaltung des öffentlichen Raumes übertragen?

In Zeiten, in denen Sparen als oberstes Gebot erscheint, fällt es leicht, sich darauf heraus zu reden, dass kein Geld vorhanden ist. Dass Haushaltsmittel ausgerechnet für Pflanzen im Freiraum für entbehrlich gehalten werden, zeigt nicht zuletzt, welch geringen Stellenwert man ihnen beimisst. Schlecht geplante und ausgeführte Beispiele führen weiter in die Missachtung.

Mit hohem technischen Aufwand werden Ideen häufig allein deshalb realisiert, weil sie als ‚innovativ‘ gelten. Vielleicht sollten sich Landschaftsarchitekten die Frage stellen, warum man es früher vermied, Linden unter Glasdächer zu setzen, 80-jährige Kiefern zu verpflanzen, alte Obstbäume aus der Normandie einfliegen zu lassen oder *Amelanchier* auf 20 Meter hohe Säulen zu platzieren. Jegliche Bodenhaftung scheint verloren gegangen zu sein – und damit letztlich der Bezug zum Material Pflanze.

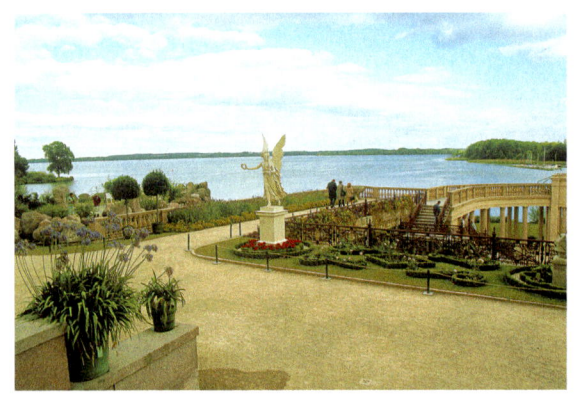

Die Treppenwangen der Orangerieterrassen des Schlosses Schwerin sind im Sommer mit Kübelpflanzen wie Agaven und Schmucklilien besetzt. Entwurf: Stefan Pulkenat, Gielow
In summer, container plants such as agaves and agapanthi occupy the sides of the stairs leading down from the terraces of the orangery at Schloss Schwerin. Design: Stefan Pulkenat, Gielow, 1995-2002

considered unnecessary shows not least how little value is placed on them. Badly planned and executed examples lead to further disregard.

When elaborate technical efforts are involved, ideas are often realized simply because they are seen as innovative. Landscape architects should ask themselves why people used to avoid putting lime trees under glass, replanting 80-year-old pines, having old fruit trees flown in from Normandy or placing Amelanchier on tall columns. Any sense of relying on experience and tradition seems to have been lost – and thus any sense of relationship with plants as material.

If the future of plant use really were to lie solely in realizing ideas that had previously been considered technically impossible, then landscape architects would definitely have had their day as integrating planners: you would need a construction architect to provide the ideas and an engineering practice for technical execution. This development is already being anticipated by new courses like Urban Horticulture and Urban Forestry, which will turn out experts with both technical and plant knowledge. The use of plants is then restricted to questions about the choice of substrate, watering, plant protection and maintenance.

Plant use in public spaces could ultimately be wiped out by minimal demands on the one hand and design ideas on the boundaries of the possible on the other. It is more necessary than ever to mediate between the two poles of design will and design possibilities, and offer lasting solutions. Plant use in landscape architecture has to offer new planting ideas, so that landscape architecture design can again evolve from plant potential: plants are not just the most important aesthetic structuring characteristic for open spaces, but can, if used cleverly, also contribute to maintenance-extensive and thus affordable open space design. This has already been shown by the treatment of former industrial areas – e.g. IBA Emscher Park.

Sollte die Zukunft der Pflanzenverwendung allein in der Realisation solcher Ideen stecken, die bisher als technisch unausführbar erachtet wurden, dann hätte der Landschaftsarchitekt als integrierender Planer in der Tat ausgedient: Man bräuchte den Hochbauarchitekten als Ideengeber und ein Ingenieurbüro für die technische Ausführung. Diese Entwicklung wird bereits von neuen Studiengängen wie *Urban Horticulture* und *Urban Forestry* vorbereitet, die Experten mit technisch-pflanzlichen Kenntnissen ausbilden. Die Pflanzenverwendung beschränkt sich dann auf Fragen der Substratwahl, der Bewässerung, des Pflanzenschutzes und der Pflege.

Pflanzenverwendung im öffentlichen Freiraum könnte zwischen Minimalansprüchen einerseits und Gestaltungsideen an der Grenze des Ausführbaren andererseits zerrieben werden. Notwendiger denn je müssen zwischen den beiden Polen Gestaltungswillen und Gestaltungsmöglichkeiten vermittelt und dauerhafte Lösungsansätze angeboten werden. Pflanzenverwendung in der Landschaftsarchitektur muss neue Pflanzideen anbieten, um den landschaftsarchitektonischen Entwurf wieder aus dem Potenzial der Pflanze heraus entwickeln zu können. Denn Pflanzen stellen nicht nur das wichtigste ästhetische Strukturierungsmerkmal für Freiräume dar, sondern können, klug eingesetzt, auch einen Beitrag zu nachhaltiger, pflegeextensiver und damit kostengünstiger Freiraumgestaltung leisten. Dies hat bereits der Umgang mit ehemaligen Industrieflächen – wie auf der IBA Emscher Park – gezeigt.

Aktuelle Beispiele finden sich etwa in den großen Restflächen, wie sie durch den Stadtumbau im Osten der Bundesrepublik auftreten. Auch für den suburbanen Raum der Ballungsgebiete mit seinen teils noch landwirtschaftlich genutzten Restflächen werden neue Konzepte gesucht. In solchen Bereichen werden tempo-

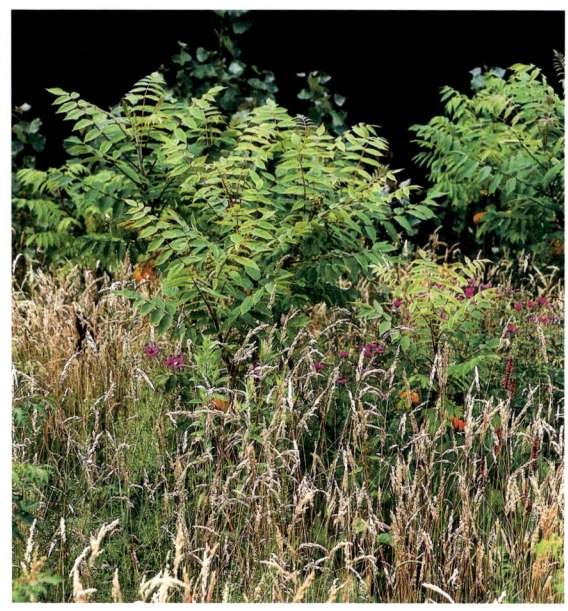

Bei der Verwendung von Prärievegetation sind Planer gefordert, die gestalterische, gärtnerische und ökologische Kenntnisse zusammenbringen
When using prairie vegetation, planners have to combine creative, horticultural and ecological knowledge

129

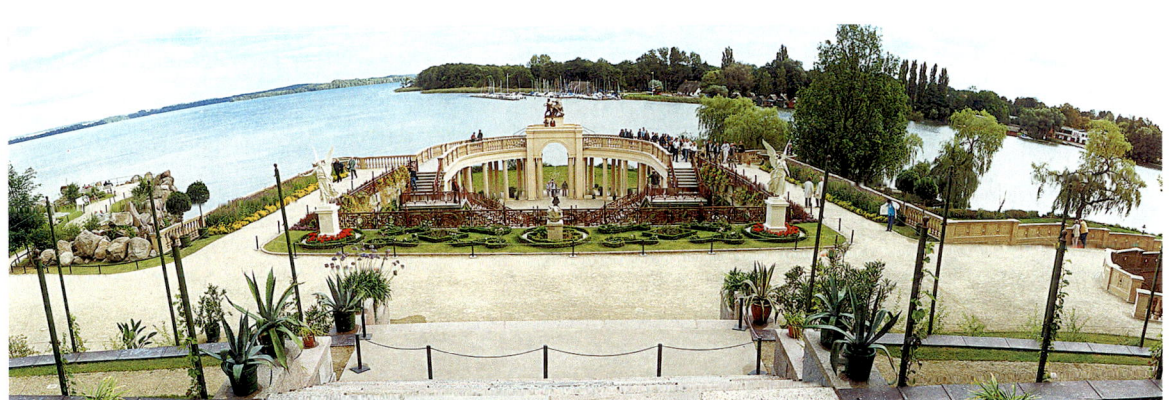

Current examples are to be found in the large residual areas resulting from urban change in East Germany. New concepts are also being sought for the suburban spaces of the conurbations, with their residual areas that are still used for agriculture. Large areas can be greened quickly, make a striking ecological impact, they can be designed appropriately in aesthetic terms – and cleared away again if need be. Plants are a way of bringing 'a kind of nature' into our towns and cities. This would be a new contribution that garden culture could make.

Since recently, various models have been discussed at colleges, in specimen gardens and planning offices, and also in trade magazines: sowing annuals in fields and re-cultivation annually, use of spontaneous vegetation, planting herbaceous meadows, using forest-like wooded areas or establishing prairie vegetation. All these ideas are at the trial stage (for example in recent projects like the landscape park in Riem, Munich or in the suburban parks of East Berlin).

Die Orangerieterrassen bieten Ausblicke auf die Schweriner Parklandschaft mit dem gestalteten Seeufer
The terraces of the orangery offer views on the park landscape of Schwerin with the landscaped bank of the lake

räre Nutzungen wichtig, bei denen Pflanzen eine große Rolle spielen können. Große Flächen sind schnell zu begrünen, zeichnen sich durch ökologische Wirkungen aus, lassen sich ästhetisch ansprechend gestalten – und bei Bedarf abräumen. Über die Pflanze lässt sich eine Art von Natur – konkret und symbolisch – in die Städte hineintragen, ein neuer gartenkultureller Beitrag.

Seit kurzem werden verschiedene Modelle an Hochschulen, in Sichtungsgärten und Planungsbüros sowie in Fachzeitschriften diskutiert: Ansaat von Einjährigen auf Feldern und jährliche Neubestellung, Nutzung der spontanen Vegetation, Anlage von Staudenwiesen, Anlage von forstartigen Gehölzflächen oder die Etablierung von Prärievegetation. All diese Ideen befinden sich in der Erprobungsphase (zum Beispiel in neueren Projekten wie im Landschaftspark München-Riem oder in den Suburbanen Parks im Berliner Osten).

Stadtprärie

Am Beispiel der ‚Prärie' wird deutlich, wie wichtig es ist, dass gestalterisches und (pflanzen-) ökologisches Wissen ineinander greifen. Dieses Wissen beschränkt sich nicht allein darauf, die Standortanforderungen einer Pflanze zu kennen. Um dauerhaft gute Planungen leisten zu können, ist es notwendig, populationsbiologische Eigenschaften (beispielsweise Alterungsgeschwindigkeit, Ausbreitungsart, Ausbreitungsvermögen) und die Voraussetzungen für den Fortbestand von Pflanzenbeständen zu kennen (Konkurrenz, Koexistenz, Sukzession).

Prärien sind Hochstaudengemeinschaften aus dem Norden Amerikas. Sie sind dauerhaft und je nach Artenzusammensetzung äußerst reichblühend. Bekannt hierzulande sind vor allem die vielen, im Hochsommer gelb blühenden *Asteraceae* (wie zum Beispiel *Helenium, Heliopsis, Rudbeckia Helianthus, Coriopsis*). In der Regel

Urban prairie

The 'prairie' example demonstrates how important it is for design and (botanical) ecological knowledge to be interlinked. This knowledge is not merely restricted to knowing a plant's location requirements. To bring off planting that works in the long term, it is necessary to be familiar with population-biological qualities (for example, speed of ageing, propagation mode and ability) and the requirements for plant stocks to continue to exist (competition, co-existence, succession).

Prairies are tall herbaceous communities from North America. They are hardy and bloom luxuriantly according to the way the species are put together. The most familiar examples here are the *Asteraceae* which have yellow flowers in high summer (like for example *Helenium, Heliopsis, Rudbeckia Helianthus, Coriopsis*). As a rule, prairies consist of grasses, and are similar to our meadows in this respect. If they are to be valuable additions to the urban environment, species from a plant community have to be put together in a new way, following aesthetic design criteria like abundant blossom and colour. In horticultural terms, it is necessary to know the planting conditions and also to be able to apply the appropriate care (using fire, for example). Plant communities established in this way have to be so assembled as to function in the long run, i.e. the species have to be selected so that they can co-exist under the given location conditions. Here, planners must be able to bring together the necessary design, horticultural and ecological knowledge.

It is only under these conditions that new ideas and convincing ways of executing them can emerge to point the way forward again: plants make a valuable addition to open space!

bestehen Prärien aus Gräsern und sind in dieser Hinsicht unseren Wiesen ähnlich. Damit sie eine urbane Bereicherung darstellen, müssen die Arten einer Pflanzengemeinschaft nach ästhetisch-gestalterischen Kriterien wie Blütenfülle und -farbe neu zusammengestellt werden. Gärtnerisch ist es notwendig, dass man die Anlagebedingungen kennt und auch die entsprechende Pflege (zum Beispiel durch Feuer) durchführen kann. Die so etablierten Pflanzengemeinschaften müssen in ihrer Zusammensetzung auf Dauer funktionieren, d. h. die Arten müssen so gewählt sein, dass sie unter den gegebenen Standortvoraussetzungen miteinander koexistieren können. Hier sind Planer gefordert, die gestalterische, gärtnerische und ökologische Kenntnisse zusammen bringen können.

Nur unter solchen Voraussetzungen könnten neuartige Ideen und überzeugende Ausführungen entstehen, die wieder deutliche Zeichen setzen: Die Pflanze ist eine Bereicherung des Freiraums!

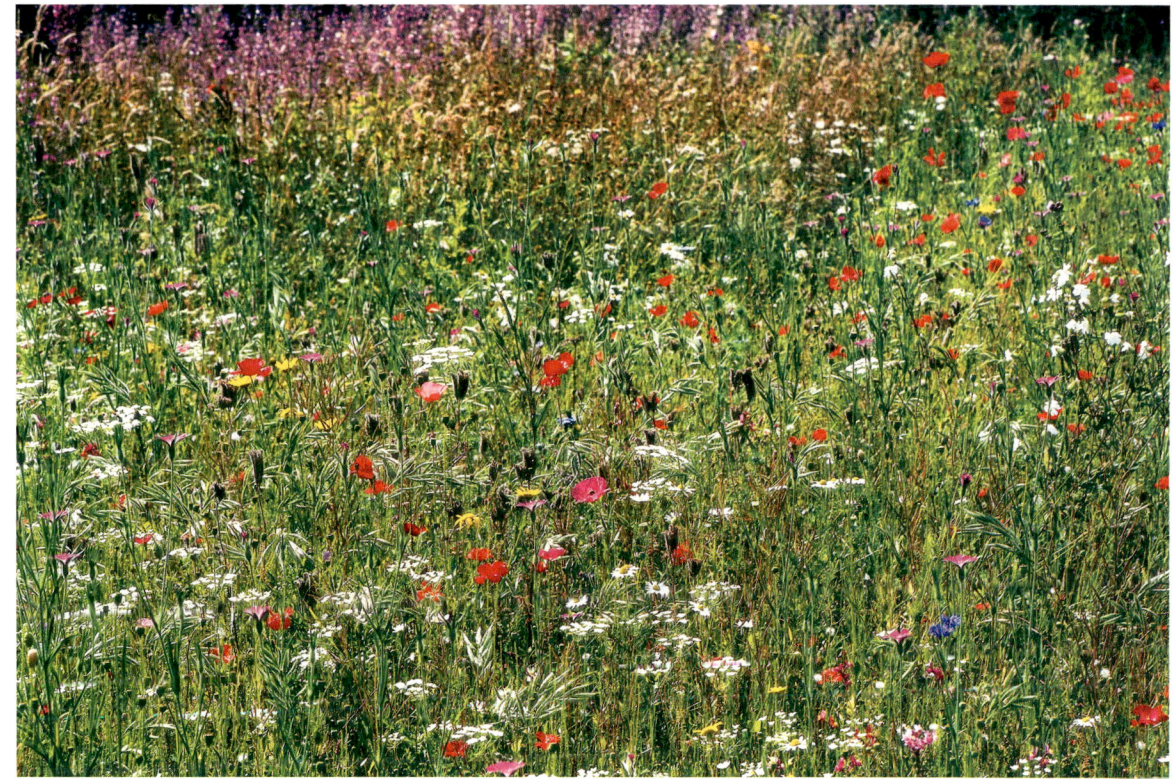

Damit Präriepflanzen eine urbane Bereicherung darstellen, müssen die Arten einer Pflanzengemeinschaft nach ästhetisch-gestalterischen Kriterien zusammengestellt werden

If prairie plants are to enhance the urban scene, species from a single plant community have to be assembled using aesthetic and creative criteria

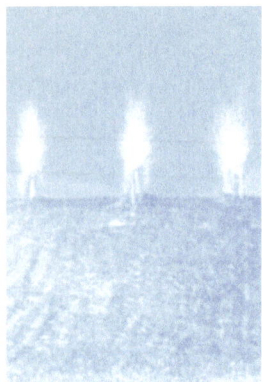

„Jeder Ort, sei er noch so bloß, besitzt Eigenschaften und eine Geschichte, die nur für ihn gelten."
"Every place, however bleak, has qualities and a story that are all its own."

Christophe Girot[1]

Vor 20 Jahren hat sich der Bochumer Philosoph Bernhard Waldenfels zu seinen Gängen durch die Landschaft aufgemacht. Das erklärte Ziel der Wanderungen war der Versuch, den Menschen aus dem Bann der bloß visualisierten Landschaft zu befreien und ihn als leibhaften Weltbewohner wieder zum Teilnehmenden und Handelnden zu machen. Im Verlauf seiner Argumentation hat Waldenfels die Bedeutung des Raumes herausgearbeitet, der „zu dem Fundus der Befindlichkeiten" gehört, „aus dem wir ständig schöpfen".[2] Herkunfts-, Lebens- und Aufenthaltsorte unterscheiden sich durch den Grad an affektiver Verankerung, über die wir mit solchen Räumen verbunden sind. Diese Verankerung ist stark an den Herkunfts- und zumindest nicht schwach an den Lebensorten, die unsere Heimaten sind, wobei der Herkunftsort eine vorgefundene und vermittelte, der Lebensort eine angeeignete oder Wahlheimat ist. Der Aufenthaltsort mit geringer oder ohne Verankerung ist hingegen eine ‚Unheimat', ein austauschbarer Ort, ein partielles Hier, ein Da-Sein ohne Leib und Seele, argumentiert der Philosoph unter der Überschrift „Heimat in der Fremde".[3]
Angesichts wachsender Mobilität nähern sich Heimat und Aufenthaltsort in ihrer jeweiligen Qualität an. Der Unterschied von Vertrautem und Fremdem schwindet, was zu einer für den Menschen problematischen Nivellierung führt. „Mangelnde Strukturierung, die zu Monotonie und Gleichförmigkeit führt, fördert die Austauschbarkeit der Umweltaspekte. Mangelnde Zentrierung, die mit einer Übermobilität zusammenhängt, schwächt die Verankerung im Raum und gleicht den Lebensraum dem homogenen Raum an, der nur noch austauschbare Raumstellen enthält. Wenn Raumstrukturen ihre Bewohner prägen, so schafft der Raum ohne Eigenschaften Menschen ohne Eigenschaften und Eigenschaften ohne Menschen. ‚Erlebnisse ohne den, der sie erlebt' (R. Musil)."[4]

Slowscapes: Werte für die Landschaftsgestaltung Slow Scapes – Landscape Design Values

von/by Jürgen Schultheis

20 years ago, Bernhard Waldenfels, a philosopher from the Ruhr-University in Bochum, set out on his country walks. The declared aim of these expeditions was that he wanted to release people from the spell of a landscape that was there only to be looked at, and make them living inhabitants of the world again, participants and actors. In the course of his argument, Waldenfels defined the significance of space, which is "part of the stock of things that are the case, which we constantly draw upon ".[2] Such spaces include places that people come from, where they live and spend time, and they have various qualities. They differ in the degree of emotion by which we are attached to them. These bonds are very strong in places from which people originate, and certainly not weak in the places that are our homes; the place of origin is found and mediated, the place where we live is an acquired or chosen home. But a place where we spend time with few or no bonds is a 'non-home', an interchangeable place, a partial here, a place for being-there without body and soul: this is how the philosopher argues under the title "Home in a strange land".[3]
With the increase of mobility, home and places where we spend time are getting closer to each other in terms of quality. The difference between the familiar and the strange is diminishing, leading to a levelling that people find problematical. "A lack of structure, which leads to monotony and uniformity, tends to make aspects of our surroundings interchangeable. The lack of a centre, which is associated with undue mobility, weakens our ties with a space and makes the space in which we live more like the homogeneous space that contains only interchangeable points in space. If spatial structures shape the people who inhabit them, the space without qualities creates people without qualities and qualities without people. 'Experiences without the person experiencing them' (R. Musil)."[4]

Heimat als affektive Verankerung

Waldenfels' Rekurs auf die lange verpönte Heimat, auf die affektive Verankerung im Raum und sein Hinweis auf die Bedeutung dieser Faktoren für den Menschen können auch als Erinnerung an die Bedeutung des Ortes gelesen werden, zu dem Raum dann wird, wenn er als unverwechselbarer Lebensraum wahrgenommen wird. Solche qualifizierten Räume sind fast durchweg Kulturlandschaften, von Menschen gemachte Umwelten, die in ihrer Materialität entweder Land- oder Stadtschaften, häufiger noch beides zusammen sind. Denn im regionalen Maßstab verlandschaftet die Stadt und die Landschaft verstädtert. Kulturraum als gemachte Umwelt enthält immer seine je eigene Geschichte im Sinn einer Ereigniskette menschlicher Einwirkungen, die in die Stadtlandschaft eingeschrieben sind und so etwas wie den *genius loci* schaffen. Heimaten – ob nun Herkunfts- oder Lebensorte – sind Räume, in denen die Eigenheit des Ortes den Menschen zu Bindungen verführt hat, die rückwirken können auf die Qualität des Raumes.

Indessen ist der Ort bedroht, wo er peripherisiert wird, wo Landschaft nicht mehr ist als eine „Summe hunderter nebeneinandergestellter Objekte, die keinen Bezug mehr zum äußeren Rahmen haben"[5]. Geist ist flüchtig, wo ihn die Kraft verlässt. Aus dem Ort wird eine anonyme Welt ohne Urheber, eine Welt, „die wir tagtäglich durchqueren und oft ignorieren". So entsteht die periphere Landschaft, der eigenschaftslose Raum, der „keine klare visuelle, räumliche oder soziale Kodierung mehr" besitzt, in der ortsgebundene Identität nicht mehr wächst, weil der *genius loci* im gestaltlosen Neben- und Gegeneinander der Objekte auf der Strecke geblieben ist und nicht mehr entstehen kann.

Home as emotional rootedness

Waldensfels' recourse to the long-scorned concept of home, to emotional bonds with space and his reference to the meaning of these factors for human beings can also be seen as remembering the significance of the place that space becomes if it is perceived as an unmistakable habitat. Spaces with these qualities are almost all cultural landscapes, i.e. man-made environments, which in their material quality are either landscapes or townscapes, more often both at the same time. For at the regional level, the countryside is becoming citified and the city countrified. Cultural space as a man-made environment always contains its own story in the sense of a chain of events caused by human interventions that are inscribed in the townscape and create something like a *genius loci*. Homes – whether as places we come from or places we live in - are spaces in which the particular qualities of the location have seduced people into forming bonds that in turn can retroact on the quality of the space.

However, locations are under threat when they are marginalized, when landscape is nothing more than a "sum of hundreds of juxtaposed objects completely oblivious to their setting" (Girot).[5] The spirit flees when its force abandons it. The place becomes an anonymous world without initiators, a world "that we cross daily and often ignore" (ibid.). Thus the peripheral landscape emerges, the space without qualities, that has "no clear visual, spatial or social coding any longer" (ibid.). In it, place-bound identity no longer grows because the genius loci has been left behind in the shapeless juxtaposition and confrontation of objects and can no longer come into being.

Lebenswelten ohne Bilder

Ob periphere Landschaft oder Zwischenstadt: Der Prozess einzelner rationaler, im ganzen aber chaotischer Entscheidungen hat Züge einer unbewussten Zerstörung von Stadtlandschaft, die niemanden alarmiert, weil es für diese Stadtlandschaft – die regionalisierte Lebenswelt – keine Erzählung und deshalb keine Bilder gibt. Es mangelt an einer Ästhetik des Zwischenraums: Er bleibt unbeachtet und ohne Wert.

Der Prozess der Globalisierung beschleunigt die von Waldenfels diagnostizierte Nivellierung der Herkunfts- und Lebenswelt. Manuel Castells hat unter dem Stichwort „Netzwerkgesellschaft"[6] im Blick auf die international vernetzten Metropolregionen darauf hingewiesen, dass durch die „computer mediated communication" Raum und Zeit transformiert und die Orte ihrer kulturellen, historischen und geographischen Bedeutung beraubt werden. Dabei entsteht eine neue räumliche Logik: Der „space of flows" als weltweiter Strom von Informationen und Kapital zwischen den Knoten des Metropolennetzes steht gegen die historisch gewachsene, räumliche Organisation unserer Alltagserfahrung, dem „space of places". Der Kosmopolitismus der die Ströme organisierenden Elite steht gegen den Lokalismus der die Metropolregionen noch prägenden Menschen.

In den Metropolen schafft sich die Elite ihre eigenen Räume und bildet Netzwerke, die sich auch räumlich manifestieren. So entsteht laut Castells in den Metropolregionen eine vereinheitlichte, symbolische Umwelt, die die historische Ausprägung der Orte auflöst. Castells spricht deshalb vom ahistorischen „space of flow" und einem infolgedessen weltweit entstehenden und homogenen Lebensstil der Informations-Elite, der sich vom Konsum bis auf die Architektur auswirkt. Zugleich aber wächst die Sehnsucht nach der Verwurzelung gerade wegen der Bedingun-

Life-worlds without images

Whether we speak of peripheral landscape or 'Zwischenstadt' (in-between, intermediate city): the process of individually rational but, at a general level, chaotic decisions has elements of an unconscious destruction of urban landscape that alarms nobody, because there is no narrative for this urban landscape – the regionalized life-world – and therefore no images. We are lacking an aesthetic of the space in between: no attention is paid to it, and it is not valued.

The process of globalization accelerates the levelling of worlds of origin and living that Waldenfels diagnosed. Under the heading "network society",[6] Manuel Castells pointed out, with respect to the internationally networked metropolitan regions, that "computer-mediated communication" was transforming space and time, and robbing places of their cultural, historical and geographical significance. This was leading to a new spatial logic: the "space of flows", as a world-wide stream of information and capital between the nodes of the metropolitan network stands against the historical developed, spatial organization of our everyday experience, the "space of places". The cosmopolitanism of the elite organizing the streams is set against the localism of the people who still shape the metropolitan regions.

In the cities, the elite creates its own spaces and builds networks that also manifest themselves spatially. Thus, according to Castells, a uniform, symbolic environment is emerging in the metropolitan regions, which dissolves the historical characters of places. Castells therefore speaks of the ahistorical "space of flow", and a consequential homogeneous life-style for the information elite that is emerging worldwide, affecting everything from consumption to architecture.

But at the same time, people are increasingly longing to be rooted, precisely because of the conditions of modern work and an increasing demand of flexibility.

gen modernen Arbeitens und dem immer stärker eingeforderten Maß an Flexibilität. „Delokalisierung und Virtualität werden in einem bisher nicht gekannten Maße das Bedürfnis nach dem wirklichen Ort, nach authentischer Zugehörigkeit erzeugen", hat der Philosoph und Unternehmensberater Reinhard Sprenger[7] notiert. Inzwischen gibt es unter den Stichworten „Creative Class" (Richard Florida) und „Creative Metropolis" (Ilse Helbrecht) Hinweise darauf, dass die Stärkung des Ortes – zumindest als wahrgenommenes und geschätztes Profil einer Metropolregion – künftig zu wichtigen Faktoren des ökonomischen Erfolgs großer Agglomerationen werden könnte, weil die für das wirtschaftliche Wachstum wichtige Elite gerade diese Orte sucht. Florida hat daraufhin gewiesen, dass die „Creative Class" – etwa Ingenieure, Architekten, Designer, Lehrer, Künstler, Musiker – sich heute nicht mehr über das Unternehmen verankert, sondern über den Ort: „Location is supplanting the corporation"[8]. Und Helbrecht stellt im Blick auf die Creative Metropolis fest: „What place signifies, is important"[9].

Heterogene Orte einer homogenen Welt

Ein paradoxer Prozess: Diejenigen, die faktisch die treibenden Kräfte einer Homogenisierung sind, verlangen zugleich ein stärkeres Maß an Heterogenisierung. Solche heterogenen Räume zu schaffen oder zu bewahren, also Orte im besten Sinne des Wortes, gerade auch als personenbezogener weicher Standortfaktor, heißt auch, Zwischenstadt zu kultivieren, periphere Landschaft aufzuwerten und den *genius loci* zu revitalisieren.

Einmal als notwendiges politisches Programm erkannt, auch um ökonomischen Erfolg und damit Wohlfahrt zu sichern, bräche für Landschaftsarchitektur die Zeit gerade erst an. Die Landschaftsarchitekten wären dann mit größerem räumlichen

"De-localization and virtuality will create a need, to a hitherto unknown extent, for a real place, for an authentic sense of belonging," as the philosopher and business consultant Reinhard Sprenger[7] noted. In the meantime, under the headings "Creative Class" (Richard Florida) and "Creative Metropolis" (Ilse Helbrecht), it has been stated that reinforcing the sense of place – at least as the perceived and esteemed profile of a metropolitan region – could become an important factor in the economic success of large conurbations in future because the elite that is important for economic growth is seeking out precisely these places. Florida has pointed out that the "Creative Class" – engineers, architects, designers, teachers, artists, musicians – no longer bond via the company, but via the location: "Location is supplanting the corporation."[8] And of the Creative Metropolis, Helbrecht says: "What place signifies, is important."[9]

Heterogeneous places in a homogeneous world

A paradoxical process: the very people who are in fact the driving forces behind homogenization are at the same time demanding a greater degree of heterogenization. Creating or maintaining such heterogeneous spaces, in other words places in the best sense of the word, also means cultivating the 'Zwischenstadt', enhancing the value of peripheral landscape and revitalizing the *genius loci*.

Once this is acknowledged as a necessary political programme, for the sake of economic success and thus welfare as well, landscape architecture's time will have come. Landscape architects with their greater spatial know-how would then be the curators, the tenders and healers of a damaged, peripheralized landscape. The Slow Scapes that Christophe Girot spoke about[10] would be space in which to linger, to slow down, they would become bridges between town and country. The aes-

Know-how die Kuratoren, die Pfleger und Heiler einer beschädigten, peripherisierten Landschaft. Räume des Verweilens, der Entschleunigung, Brücken zwischen Stadt- und Landschaft wären die „Slowscapes", von denen Christophe Girot[10] gesprochen hat: poetische, leise Landschaften, Orte der Langsamkeit, die über ihre Ästhetik aus peripheren Landschaften, aus Aufenthaltsorten, wo Menschen gegenwärtig sind ohne Leib und Seele, Lebensorte machten mit ihrem Angebot zur emotionalen Wiederverankerung.

Solche Orte, die wieder Eigenschaften ausbilden, entstehen derzeit – wenngleich nicht unter der Aufmerksamkeit, die sie verdienen: Ob im Südraum Leipzig, in den Niederlanden mit dem Vinex-Programm oder im schwedischen Ensköping, wo in einer vergleichsweise kleinen Stadt mit Beteiligung der Bürger zahlreiche Parks entstanden sind, die Orte des Verweilens und Flanierens, Orte der Langsamkeit sind.

In diesem Prozess könnten die Phänomenologie mit ihrem zentralen Begriff der Lebenswelt, die Regionalökonomie mit dem aufkommenden Topos der kreativen Klasse und die Landschaftsarchitektur mit der Pflege des *genius loci* und dem Begriff der Slowscapes auf wundervolle Weise zusammenwirken, um die Basis zu legen, auf der die Menschen Halt finden. „Die Überfülle der Gegenwart reduziert sich, indem wir in der Welt heimisch werden. Doch wie definitiv das geschieht, darauf kommt alles an."[11]

thetic of such slow places would turn peripheral landscapes, i.e. places in which people are present without life and soul, into places for life that offer new ways of emotional bonding.

Places like these, where qualities can develop, are already emerging – though they are not attracting the attention they deserve: whether they are in south Leipzig, in the Netherlands with its Vinex programme or in Ensköping in Sweden, where in a relatively small town numerous parks have been created with citizens' participation; these are all places to linger and play the flâneur, slow places.

Within this process, phenomenology with its central concept of the life-world, regional economy with the emergent topos of the creative class and landscape architecture with its tending of the genius loci and with the concept of Slow Scapes, could all work wonderfully together to create a basis on which people could find their feet. "The superabundance of the world is reducing as we come to feel at home in the world. But everything depends on how definitive is the process of this coming about."[11]

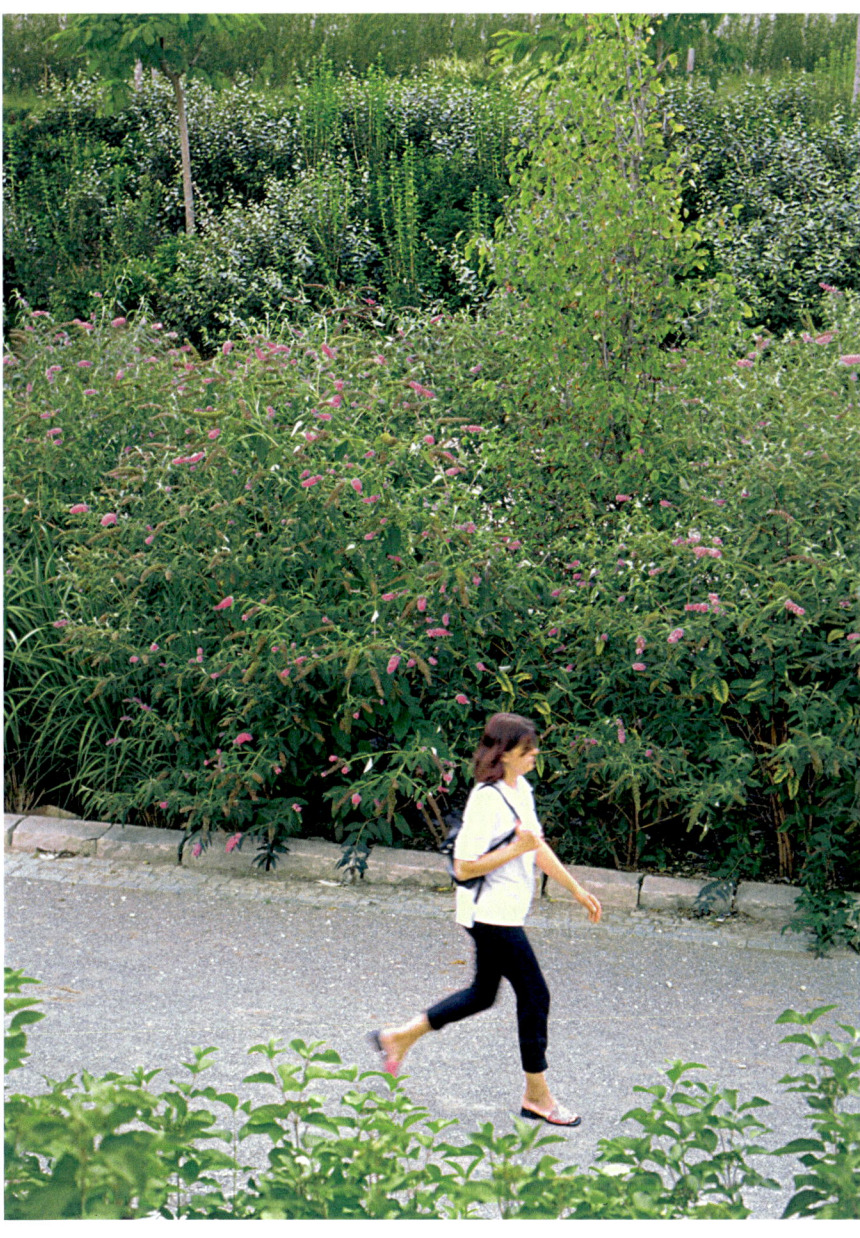

Lebensräume sind von
Menschen geprägte Umwelten,
die entweder Landschaften oder
städtische Räume, häufig beides
zusammen sind
Living spaces are environments
shaped by humans, which are
either landscapes or urban
spaces, often both at the same
time

Anmerkungen

1 Girot 2000: *Zwischen Raum und Ort*. Stuttgart.
2 Waldenfels 1994: *Gänge durch die Landschaft*. In: *In den Netzen der Lebenswelt*.
   Frankfurt am Main.
3 Waldenfels 1994: *Heimat in der Fremde*. In: In den Netzen der Lebenswelt. Frankfurt am Main.
4 Ebd.
5 Girot 1999: *Ansätze zu einer allgemeinen Landschaftstheorie*. In: Topos 28/1999.
6 Castells 2000: *The Information Age*. Vol. 1: The Rise of the Network Society. Oxford.
7 Sprenger 2000: *Nein zum großen Ja*. In: Brand eins 10/2000.
8 Breen 2001: *Where are you on the talent map*. In: Fast Company 42/2001.
9 Helbrecht 1998: *The Creative Metropolis*. In: Wolkenkuckucksheim 1/1998.
10 Girot 2002: *Statt Volkspark und Themenpark – ein Plädoyer für Zeiträume*.
   In: Kornhardt, Pütz, Schröder (Hg.): *Mögliche Räume*. Hamburg.
11 siehe Anm. 3

Footnotes

1 Girot 2000: *Zwischen Raum und Ort*. Stuttgart.
2 Waldenfels 1994: *Gänge durch die Landschaft*. In: In den Netzen der Lebenswelt. Frankfurt/Main.
3 Waldenfels 1994: *Heimat in der Fremde*. In: In den Netzen der Lebenswelt. Frankfurt/Main.
4 Ibid.
5 Girot 1999: *Towards a general theory of landscape*. In: TOPOS 28/1999.
6 Castells 2000: *The Information Age*. Vo. 1: The Rise of the Network Society. Oxford.
7 Sprenger 2000: *Nein zum großen Ja*. In: brand eins 10/2000.
8 Breen 2001: *Where are you on the talent map*. In: Fast Company 42/2001.
9 Helbrecht 1998: *The Creative Metropolis*. In: Wolkenkuckucksheim 1/1998,
10 Girot 2002: *Statt Volkspark und Themenpark – Ein Plädoyer für Zeiträume*. In: Kornhardt, Pütz,
   Schröder (ed.) 2002: *Mögliche Räume*. Hamburg.
11 Waldenfels 1994: *Heimat in der Fremde*. In: In den Netzen der Lebenswelt. Frankfurt/Main.

Slowscapes: Werte für die Landschaftsgestaltung

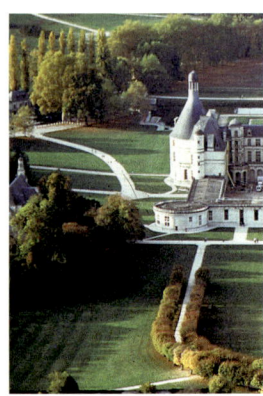

Das Schloss Chambord (Frankreich) ist Element einer Kulturlandschaftskette entlang der Loire, die 2002 zum Welterbe erklärt wurde
Château Chambord (France) is one element in a chain of cultural landscapes along the Loire River, which was declared a World Heritage Site in 2002

Historische Gartenanlagen, die für die Erholung und Ruhe des städtisch geprägten Menschen des 21. Jahrhunderts zunehmende Bedeutung haben, benötigen die grundlegende Einbindung in eine nachhaltige Regionalentwicklung. Umgekehrt können solche Stätten als Motor für die lokale und regionale wirtschaftliche Entwicklung dienen. Gärten und Parkanlagen könnten im Hinblick auf internationale Kooperation und Verständigung Modellcharakter bekommen, wie z. B. der deutsch-polnische Muskauer Park, der gerade für die Welterbeliste nominiert wurde.

Die Nominierung von Kulturlandschaften bedeutet einen Paradigmenwechsel in der Umsetzung der UNESCO-Welterbekonvention und somit eine anthropologische Wende: Nach der Anerkennung monumentaler Kulturdenkmäler einerseits und von Naturlandschaften, den klassischen Nationalparks, andererseits hat sich die Konvention dem Menschen geöffnet. 2002 eröffnete der Weltgipfel in Johannesburg wiederum neue Perspektiven, sowohl durch Vereinbarungen zu internationalen Kooperationen, als auch durch die kurz zuvor verabschiedete ‚Johannesburger Deklaration' afrikanischer Staaten zum Welterbe. So lautet eine der Hauptfragen, der sich die Konvention in der nächsten Dekade stellen muss: Wie kann Natur- und Kulturschutz mit nachhaltiger ökonomischer und sozialer Entwicklung vereinbart werden?

Klassische Gärten

Im Rahmen der ersten weltweiten Umweltkonferenz in Stockholm (United Nations Conference on the Human Environment) wurde 1972 von der Generalkonferenz der UNESCO ein einzigartiges internationales Schutzinstrument verabschiedet: in der Welterbekonvention (The Convention Concern-

Welterbe Kulturlandschaft World Heritage Cultural Landscape

von/by von Mechtild Rössler

Historical gardens, which are becoming increasingly significant for recreation and rest in the lives of citified 21st-century people, need to be thoroughly tied into sustainable forms of regional development. Conversely, sites of this kind can drive local and regional economic development. Gardens and parks can act as models in terms of international co-operation and understanding. An example here is the German-Polish Muskau Park, which has just been nominated for the World Heritage List.

Nominating cultural landscapes represents a change of paradigm in implementing the World Heritage Convention, and thus an anthropological change: after recognizing cultural monuments on the one hand and natural landscapes, the classical national parks, on the other, the convention has now opened up to people. In 2002, the world summit in Johannesburg in turn explored new perspectives, both in the field of international co-operation and also through the 'Johannesburg Declaration' on World Heritage by African states, made shortly beforehand. So one of the main questions the convention has to face in the next decade is: how can the conservation of nature and culture be reconciled with lasting economic and social development?

Classical gardens

In 1972, as part of the first world environment conference in Stockholm (United Nations Conference on the Human Environment), the UNESCO General Conference passed a unique international protection instrument: nature and culture came together in a single text for the first time in the World Heritage Convention (The Convention Concerning the Protection of the World Cultural and Natural Heritage).

Rationalismus und Absolutismus vorwiegend in Frankreich im 17. Jahrhundert. Die Epoche des Barock wirkte über Frankreich hinaus europaweit stilprägend. Schloss und Park Kromeríz (Tschechische Republik) am Fluss Morava und am Fuß der Chriby-Berge sind ein außergewöhnlich gut erhaltenes Beispiel einer europäischen Barockresidenz mit ihren Gärten. Auch Schönbrunn (Österreich), bis 1918 die Residenz der Habsburger, zeigt ein großartiges barockes Ensemble. Das von den Architekten Johann Bernhard Fischer von Erlach und Nicolaus Pacassi geplante Schloss mit den Gärten und dem ersten Zoo der Welt (1752) ist ein Gesamtkunstwerk aus baulichen und gärtnerischen Anlagen. Es wird inzwischen nicht mehr staatlich verwaltet, sondern von einer Privatgesellschaft nach ökonomischen Gesichtspunkten vermarktet.

An diesem Beispiel zeichnet sich eine neue Tendenz ab, die eine ökonomische Nutzung der Welterbestätten immer deutlicher neben ihre gesellschaftliche verordnete Bewahrung treten lässt. Chance und Risiko liegen hier dicht beieinander. Denn Schutz und Pflege von Architektur- und insbesondere Gartenkunstwerken sind so aufwendig, dass Einnahmen aus touristischer Nutzung durchaus benötigt werden. Zugleich aber sind diese Welterbestätten gegenüber einer hohen Besucherfrequenz äußerst empfindlich. Um die Auswirkungen dieses im Grunde willkommenen Interesses auf das einzelne Objekt der Welterbeliste zu mildern, bietet sich ein Weg an, der in den letzten Jahren für die Arbeit des Welterbekomitees immer wichtiger wurde: die Betonung des räumlichen und regionalen Kontextes.

Kein heute als Welterbe gesichertes Gartenkunstwerk oder Bauwerk entstand als isoliertes Einzelobjekt. Wenn heute der jeweilige Kontext zeitgeschichtlich wie räumlich wieder deutlich wird, vermittelt dies nicht nur sehr viel mehr über die

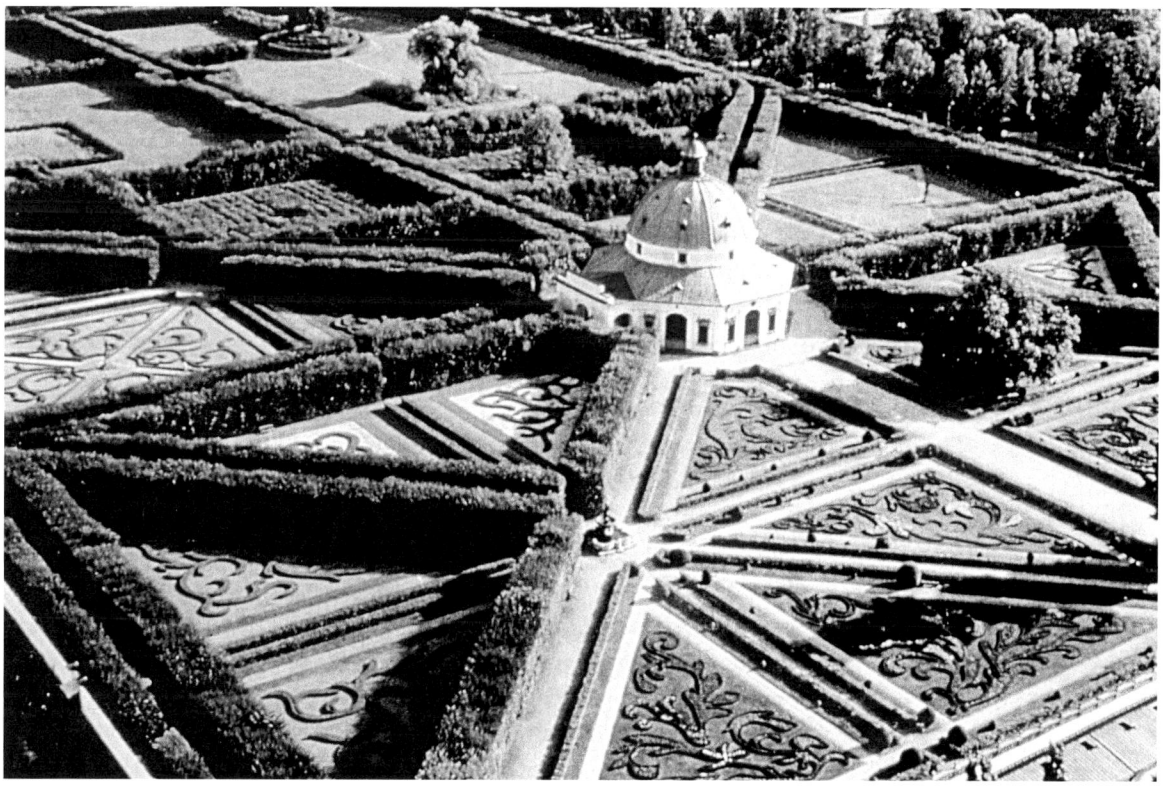

Schloss Kromeríz ist eine gut erhaltene europäische Barockresidenz mit ihren Gärten
The Kromeriz Palace is a well-preserved European Baroque residence with gardens

eigentliche Bedeutung einer Welterbestätte, sondern hilft zugleich, die Besucher-
ströme denkmalverträglich zu lenken.

Gartenwelten in Gefahr?

Die Präambel der Welterbekonvention von 1972 stellt bereits die gravierende
Problematik des Kultur- und Naturerbes fest, das „zunehmend von Zerstörung
bedroht ist, nicht nur durch die herkömmlichen Verfallsursachen, sondern auch
durch den Wandel der sozialen und wirtschaftlichen Verhältnisse, der durch noch
verhängnisvollere Formen der Beschädigung oder Zerstörung die Lage verschlim-
mert; ... dass der Verfall oder der Untergang jedes einzelnen Bestandteils des
Kultur- oder Naturerbes eine beklagenswerte Schmälerung des Erbes aller Völker
der Welt darstellt; [und] ... dass der Schutz dieses Erbes auf nationaler Ebene
wegen der Höhe der erforderlichen Mittel und der unzureichenden wirtschaftlichen, wissenschaftlichen und technischen Hilfsquellen des Landes, in dem sich
das zu schützende Gut befindet, oft unvollkommen ist."

Die Gärten und Kulturlandschaften dieser Welt sind nicht frei von solchen schäd-
lichen Einflüssen und Zerstörungen. Einige wurden bereits auf die Liste ‚Welterbe
in Gefahr' aufgenommen, etwa die Kulturlandschaft der Philippinischen Reisterrassen und auch die Festung und die Shalimar-Gärten in Lahore, Pakistan. Das
vor 375 Jahren erbaute Bewässerungssystem und die Ummauerung der Shalimar-
Gärten in Lahore wurden durch die Verbreiterung einer an die Gärten angrenzen-
den Straße teilweise zerstört. Die Eintragung in die ‚Rote Liste' im Jahr 2000 erfolgte auf Antrag der pakistanischen Regierung. Das Gartenreich Dessau-Wörlitz ist
ein anderes Beispiel für Gefahren, denen viele Stätten ausgesetzt sind: Die
Parkanlagen, ein Beispiel aufklärerischer Prinzipien in der Landschaftsgestaltung,

144

requires and the insufficient economic, scientific, and technological resources of
the country where the property to be protected is situated."

The gardens and cultural landscapes of this world are not immune from damage
and destruction of this kind. Some of these had already been placed on the "World
Heritage in Danger" list, like for example the cultural landscape of the Philippine
rice terraces and also the fortress and Shalimar Gardens in Lahore, Pakistan. The
375-year-old irrigation system and walls of the Shalimar Gardens in Lahore were
partially destroyed when a road adjacent to the gardens was widened. They were
placed on the 'Red List' in the year 2000, at the request of the Pakistani government.

The Wörlitz gardens in Dessau (Germany) are another example of dangers to
which many sites are exposed: the park, an example of Enlightenment principles
applied to landscape design, extends over about 150 square kilometres; it was
overwhelmed by the Elbe floods in August 2002. Millions of money are needed to
refurbish the gardens and buildings, whose foundations were badly damaged by
the rising waters.

Need to catch up outside Europe

If we consider the geographical distribution of designed parks and gardens on the
World Heritage List, it is soon clear that there are very few properties outside
Europe. The early high cultures, the Middle Ages or the Moorish garden culture, are
much more rarely represented than gardens of more recent date, like the
Renaissance or Baroque periods, for example. The 'Occident' is much more strongly
represented than the 'Orient', and some regions of the world have so far put no gardens at all forward for the World Heritage.

erstrecken sich auf etwa 150 Quadratkilometern; im August 2002 wurden sie Opfer der Elbe-Flut. Gelder in Millionenhöhe sind notwendig, um die Gärten und die Gebäude wieder herzurichten, die in ihren Fundamenten stark durch den Wasseranstieg gelitten haben.

Nachholbedarf außerhalb Europas

Betrachtet man die geographische Verteilung von gestalteten Gärten und Parkanlagen auf der Welterbeliste, fällt auf, dass sich außerhalb Europas kaum Objekte finden lassen.

Die frühen Hochkulturen, das Mittelalter oder die maurische Gartenkultur sind weitaus seltener vertreten als die aus jüngerer Zeit datierenden Gartenanlagen beispielsweise der Renaissance und des Barock. Das ‚Abendland‘ ist stärker vertreten als der ‚Orient‘, und einige Erdregionen haben bislang gar keine Gartenanlagen für das Welterbe vorgeschlagen.

Eine Ausnahme bildet die japanische Gartenkultur, die Natur in harmonischer Weise in den Garten einbezieht. Kyoto, die frühe Hauptstadt Japans, illustriert nicht nur die Entwicklung der Japanischen Holzarchitektur, sondern ist Zentrum einer Gartenkunst, die weltweit weitreichenden Einfluss hatte.

Die klassische chinesische Gartengestaltung, die Naturlandschaften in Miniaturform nachahmt, ist insbesondere in den Gärten der historischen Altstadt von Suzhou vertreten. Diese Gärten sind Meisterwerke der Gartenkunst des 11. bis 19. Jahrhunderts, die gleichzeitig die metaphysische Bedeutung der natürlichen Schönheit in der chinesischen Kultur verwirklichen.

Gärten und Landschaften der arabischen Welt, aus Afrika oder aus Zentral- und Lateinamerika sind hingegen auf der Welterbeliste kaum vertreten. Hier besteht

Das Dessau-Wörlitzer Gartenreich, gebauter Ausdruck der Aufklärung, wurde durch die Elbe-Flut im Sommer 2002 empfindlich geschädigt
The gardens in Wörlitz, Dessau, a built expression of the Enlightenment, were severely damaged by the Elbe floods in summer 2002

145

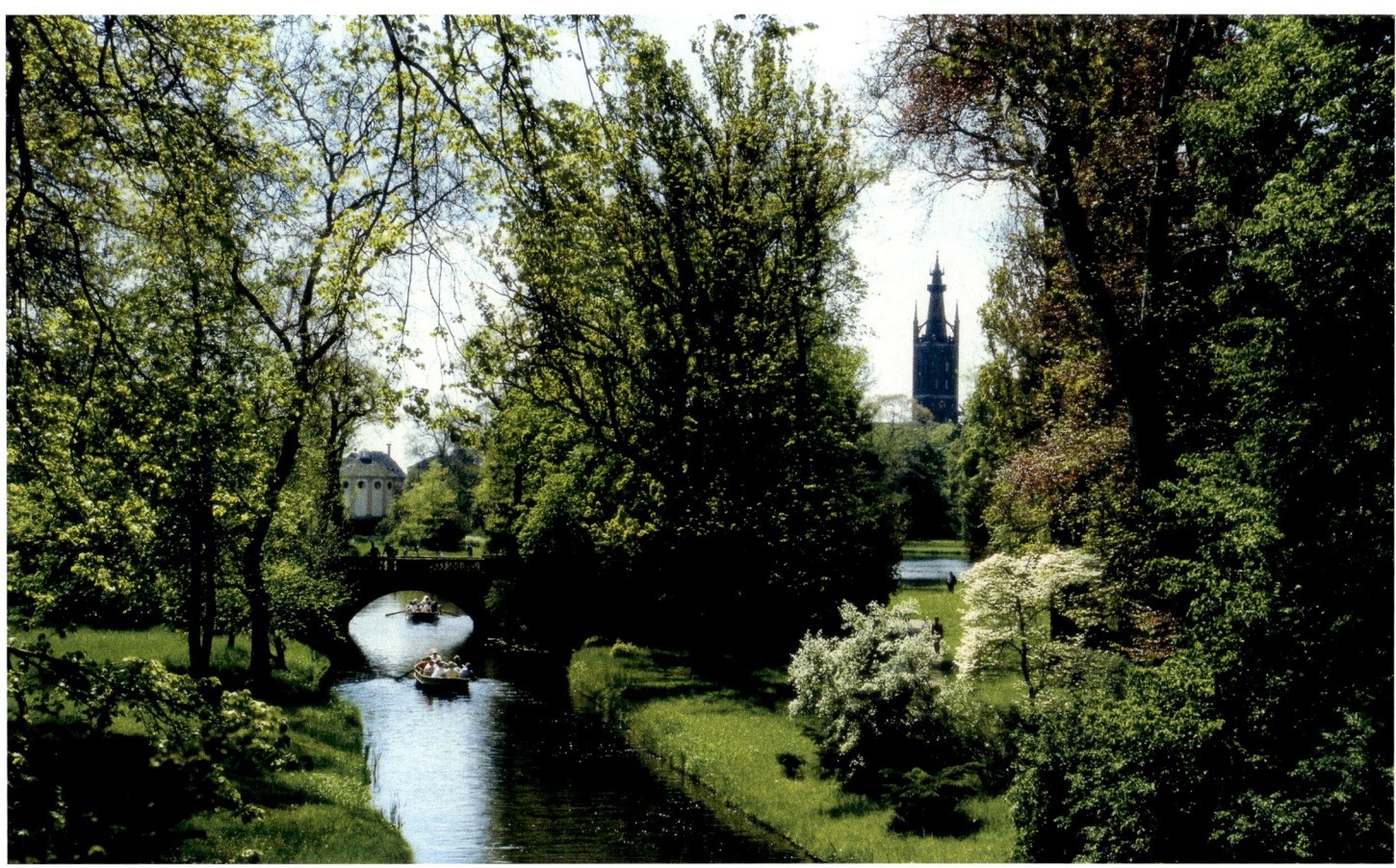

ein erheblicher Nachholbedarf, um das Welterbekonzept in diesem Teil der Erde bekannter zu machen und die betreffenden Staaten zum Schutz des einzigartigen Erbes anzuregen.

Vom Einzelobjekt zur Kulturlandschaft

Die Auseinandersetzung mit dem Welterbe zeigt, welche unterschiedlichen geistes-, sozial- und kulturgeschichtlichen Bedeutungen ein Bauwerk, ein Garten oder eine Landschaft im weltweiten Vergleich haben können. Viele der historischen Gärten wurden vor 1992 als Teil von Architekturensembles in die Welterbeliste aufgenommen. Im Dezember 1992 traf das Welterbekomitee während seiner 16. Sitzung eine für den nachhaltigen Schutz von sowohl Natur- als auch Kulturdenkmälern weitreichende Entscheidung: Nicht nur Einzelobjekte (Monumente, Gartenanlagen bzw. Naturparks) oder Ensembles können für die Liste des Welterbes nominiert werden, sondern auch Kulturlandschaften von außergewöhnlicher Bedeutung.

Den langen Weg von der Unterschutzstellung der Einzelobjekte bis zur besonderen Beachtung der Kulturlandschaft beschreibt das Beispiel der Kulturlandschaft von Aranjuez (Spanien), die im Jahr 2001 auf die Welterbeliste aufgenommen wurde. Hier ist eine einzigartige Verbindung der historisch gewachsenen, komplexen und vom Menschen geprägten landschaftlichen Struktur sichtbar: die Verbindung von Wasserwegen und geometrischem Landschaftsdesign, von Stadt- und Agrarlandschaft, von Wald und Bauwerken, entwickelt über Jahrhunderte hinweg. Gleichzeitig kommt hier ein wichtiges Element der Gartenwelt des 18. Jahrhunderts zum Ausdruck: der Schutz und die Akklimatisation und genetische Weiterentwicklung von exotischen Pflanzen.

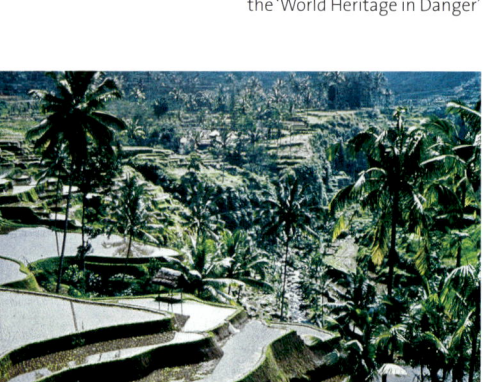

Die Kulturlandschaft der philippinischen Reisterrassen gehört zum ,Welterbe in Gefahr'
The cultural landscape of the Philippine rice terraces is part of the 'World Heritage in Danger'

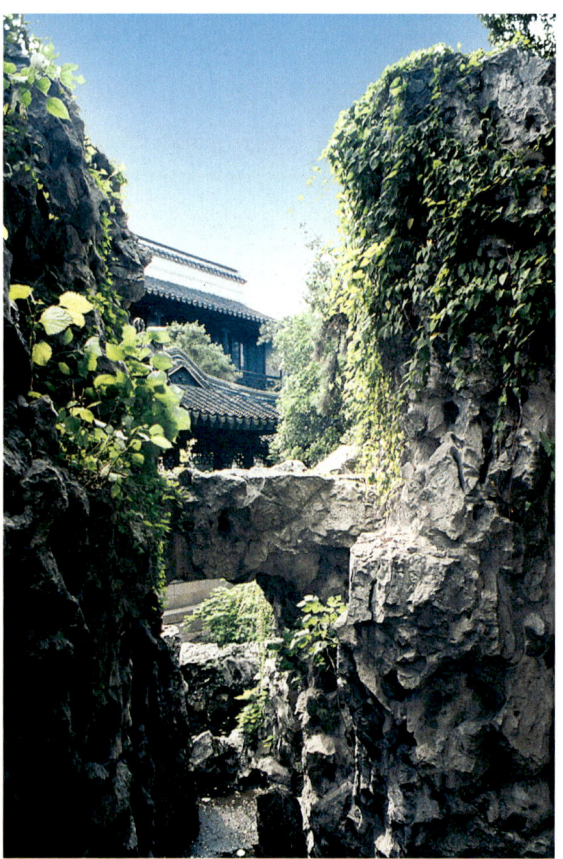

Die Gärten des 11. bis 19. Jahrhunderts in der historischen Altstadt von Suzhou sind ein Beispiel für chinesisches Gartendesign
The 11th to 19th-century gardens in the historic old town of Suzhou are an example of Chinese garden design

One exception is Japanese garden culture, which includes nature in gardens in a harmonious fashion. Kyoto, the former capital of Japan, not only demonstrates the development of Japenese timber architecture, but is the centre of a specific garden art that has been influential all over the world.

Classical Chinese garden design, which imitates natural landscapes in miniature form, is represented particularly in the gardens of the historical old town of Suzhou. These gardens are masterpieces of 11th to 19th century garden art, at the same time realizing the metaphysical significance of natural beauty in Chinese culture. In contrast with this, gardens and landscapes from the Arab world, from Africa or Central and Latin America are scarcely to be found on the World Heritage List. There is a great deal of catching up to be done here, to make the World Heritage concept better known in these regions and encourage the countries involved to protect their unique heritage.

From the individual item to the cultural landscape

Examining the World Heritage shows what different significance a building, a garden or a landscape can have in terms of intellectual, social and cultural history if compared world-wide. Many of the historical gardens were placed on the World Heritage List before 1992 as part of an architectural ensemble. In December 1992 the World Heritage Committee made a far-reaching decision at its 16th meeting about the lasting protection of both natural and cultural monuments: nominations for the World Heritage List are not to be restricted to individual items (monuments, gardens or nature parks) or ensembles, cultural landscapes of outstanding importance can be put forward as well.

Ein weiteres Beispiel ist die Kulturlandschaft von Lednice-Valtice (Tschechische Republik): Zwischen dem 17. und dem 20. Jahrhundert wurde eine ganze Region durch die gestalterische Tätigkeit der Fürsten von Liechtenstein transformiert. Das gesamte Südmoravien wurde durch den Architekten Johann Bernhard Fischer von Erlach als Parkregion nach den Prinzipien der englisch-romantischen Landschafts-architektur völlig umgestaltet. Auf 200 Quadratkilometern entstand eine der größten künstlerisch gestalteten Kulturlandschaften Europas. Gleichzeitig wurde die biologische Diversität erhöht; zahlreiche Seen entstanden, so dass diese Gegend heute auch in der 1971 verabschiedeten Ramsarkonvention zum Schutz von Feuchtgebieten anerkannt ist. Ferner waren die Experimentalgärten von Gregor Mendel, dem Begründer der modernen Genetik, Teil der Gartenanlagen.

Drei Kategorien von Kulturlandschaften werden im Operativen Programm der Welterbekonvention von 1992 unterschieden:
• von Menschen künstlerisch gestaltete Landschaften (Parks und Gärten) wie bei-spielsweise die Gärten von Versailles oder Lednice-Valtice;
• Landschaften, die ihren unverwechselbaren Charakter der Auseinandersetzung des Menschen mit der Natur verdanken, wie die Philippinischen Reisterrassen oder Cinque Terre (Italien);
• Landschaften, die in einem religiös-spirituellen oder historischen Kontext ste-hen, wie beispielsweise der Tongariro National Park (Neuseeland), die heiligste Stätte der Maori.

Spirituelle Stätten
Erst in den letzten Jahren wurden die assoziativen Werte von Gartenanlagen und Kulturlandschaften anerkannt. Kalwaria Zebrzydowska in Polen ist eine Kultur-

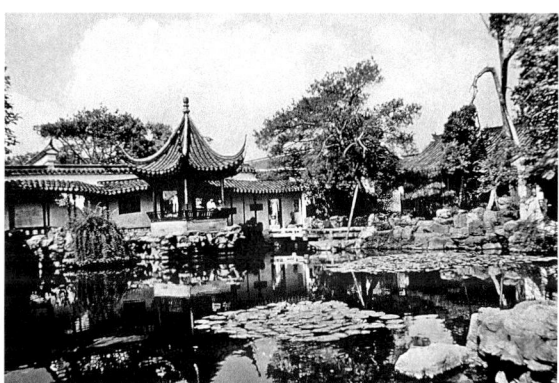

Die Bauten in den Suzhou-Gärten (China) bilden zusammen mit den nachgestalteten Seen, Bergen und den Pflanzen ein harmoni-sches Landschaftsbild
The buildings in the Suzhou gar-dens (China) make up a harmo-nious landscape with the lakes, hills and plants that have been added to the design

The example of the cultural landscape of Aranjuez in Spain, placed on the World Heritage List in 2001, shows the long route travelled from protecting individual properties to paying special attention to cultural landscapes. Here it is possible to see a unique combination of the historically developed, complex and man-shaped landscape structure: the combination of waterways and geometrical landscape design, of urban and agricultural landscape, of woodland and buildings, developed over the centuries. At the same time an important element of the 18th century gar-den world is expressed here: the protection, acclimatization and further genetic development of exotic plants.

Another example is the cultural landscape of Lednice-Valtice (Czech Republic): a whole region was transformed by the creative activities of the Princes of Liechtenstein from the 17th to the 20th century. South Moravia was completely transformed by the architect Johann Bernhard Fischer von Erlach into a region of parkland, following the principles of romantic English landscape architecture. One of the largest artistically designed cultural landscapes in Europe came into being, extending over 200 square kilometres. At the same time, bio-diversity was increa-sed; numerous lakes were created, so that this region is now also acknowledged by the 1971 Ramsar Convention on Wetland. The experimental gardens created by Gregor Mendel, the founder of modern genetics, also became part of the site.

Three cultural landscape categories are identified in the programme of the 1992 World Heritage Convention:
• landscapes designed artistically by man (parks and gardens), like for example the gardens of Versailles or Lednice-Valtice;
• landscapes that owe their unmistakable character to man's coming to terms with nature, like the Philippine rice terraces or Cinque Terre (Italy);

Spirituelle Landschaften wie die polnischen Kalvarienberge gehören zur Welterbe-Kategorie ‚Assoziative Kulturlandschaften'
Spiritual landscapes like the Polish Calvaries are in the World Heritage category of 'associative cultural landscapes'

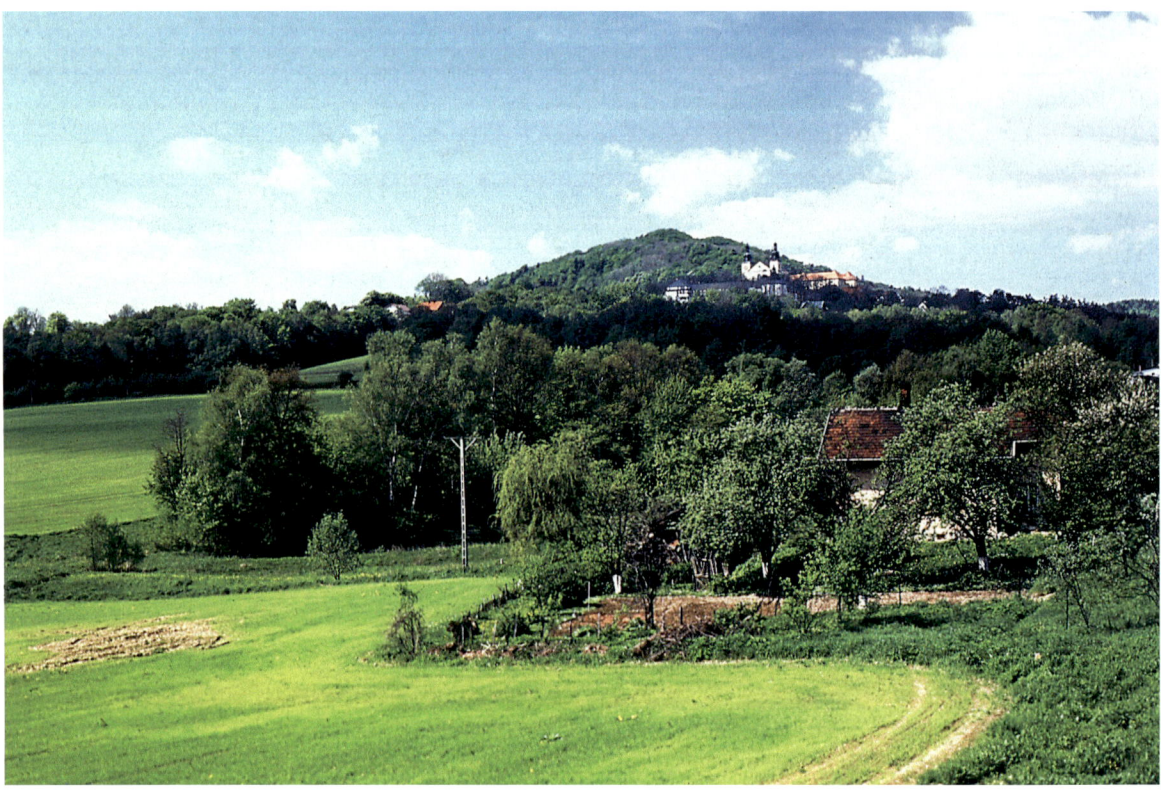

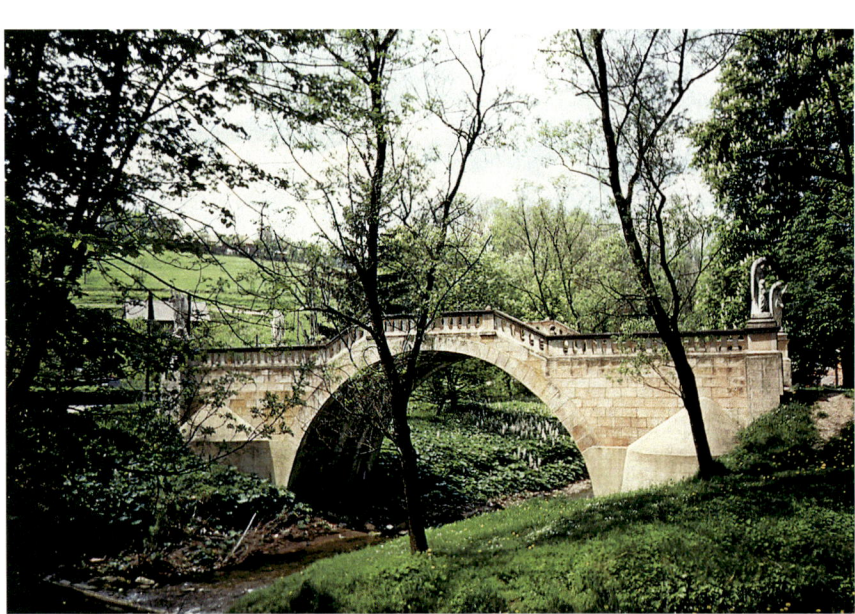

In dieser Landschaft finden seit dem 17. Jahrhundert christliche Prozessionen statt.
Christian processions have been taking place in this landscape since the 17th century

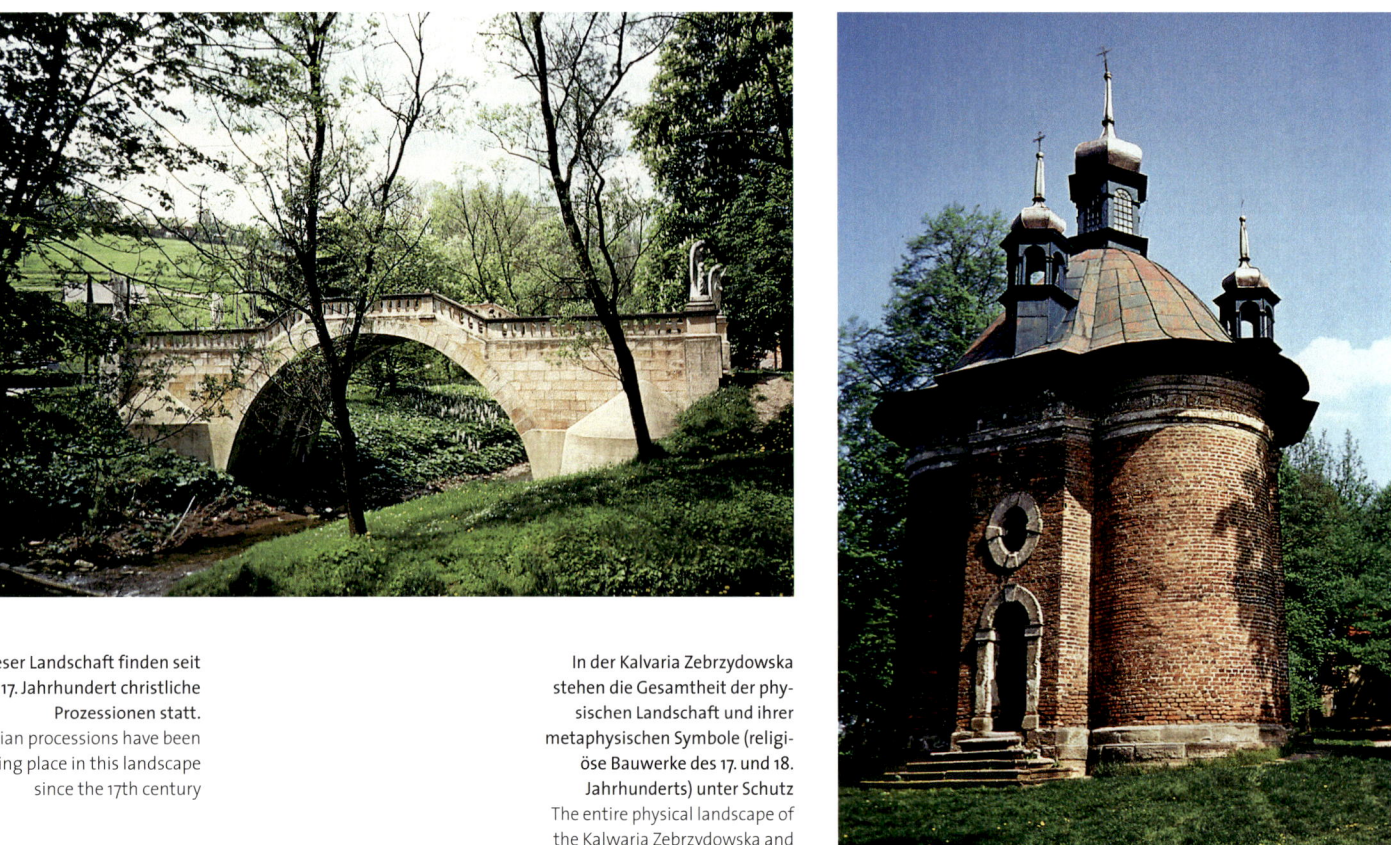

In der Kalvaria Zebrzydowska stehen die Gesamtheit der physischen Landschaft und ihrer metaphysischen Symbole (religiöse Bauwerke des 17. und 18. Jahrhunderts) unter Schutz
The entire physical landscape of the Kalwaria Zebrzydowska and its metaphysical symbols (17th and 18th-century religious buildings) are listed

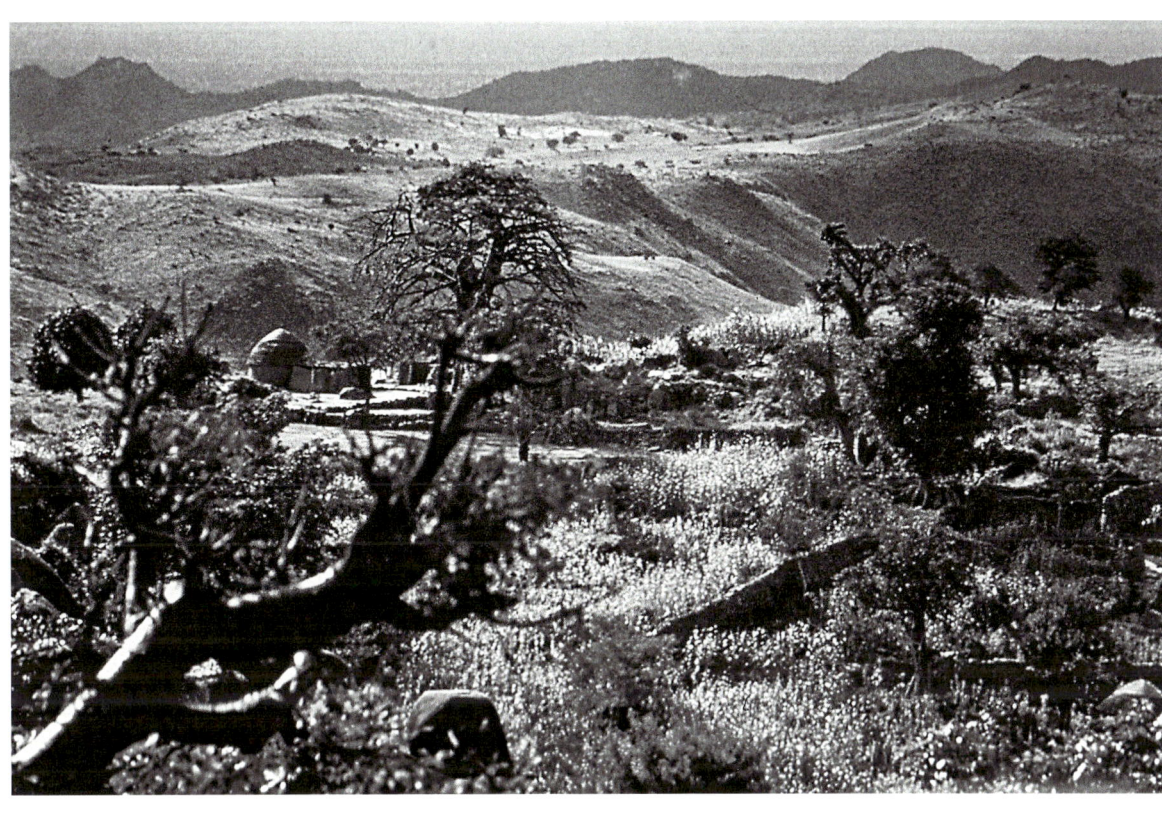

In Sukur, Nigeria, verbinden sich materielle und spirituelle Kultur in einem Ensemble aus Dörfern, Terrassenfeldern und heiligen Symbolen
In Sukur (Nigeria) material and spiritual culture combine in an ensemble of village, terraced fields and sacred symbols

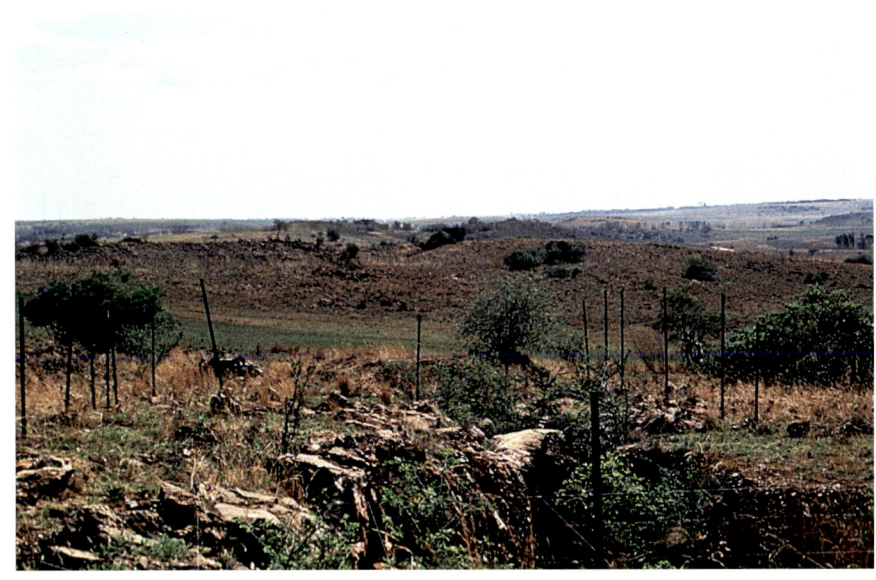

Fossile Knochenfunde von Hominiden sowie Höhlenmalereien deuten auf das Tal von Sterkfontein in Südafrika als ‚Wiege der Menschheit'
Fossil hominid bone finds and cave paintings suggest that the Sterkfontein Valley in South Africa might be the 'cradle of humanity'

landschaft mit spiritueller Bedeutung, die stellvertretend für die Kalvarienberge in Osteuropa steht. In der Hügellandschaft finden Prozessionen an den symbolischen Plätzen der christlichen Passionsgeschichte statt. Seit dem 17. Jahrhundert ist diese Pilgerkultur und -tradition unverändert.

Die spirituellen Stätten unter den Kulturlandschaften haben eine besondere Bedeutung für außereuropäische Kulturen. Seit der Einführung der ‚Assoziativen Kulturlandschaft' in die Kategorien des UNESCO-Komitees wurden eine Reihe von Gebieten anerkannt, darunter der Royal Hill of Ambohimanga (Madagaskar), der aus einer königlichen Stadt und Beerdigungsstätte und einem Ensemble heiliger Orte besteht. Die rituellen Praktiken sind seit 500 Jahren überliefert, und Pilger kommen aus Madagaskar und anderen Teilen Afrikas.

Auch die Kulturlandschaft von Sukur (Nigeria) mit dem Häuptlingspalast, der von einem Hügel aus die Dörfer dominiert, ist mit ihren Terrassenfeldern und ihren heiligen Symbolen bis heute physischer Ausdruck der spirituellen und materiellen Kultur einer Gesellschaft.

Zehn Jahre nach der Entscheidung, auch komplexe Kulturlandschaften in die Welterbeliste aufzunehmen, hat sich dieses neue Konzept bewährt. Es spielt heute in der Umsetzung der Welterbekonvention eine wichtige Rolle. Die Konvention wurde für Kulturen und Regionen geöffnet, die bisher nicht oder kaum vertreten waren, wie zum Beispiel die Kultur Afrikas, die aus der engen Verbindung von natürlicher Umwelt und künstlerischem Schaffen entsteht.

Das Konzept der Kulturlandschaft hat andere Konventionen beeinflusst, etwa die neue Landschaftskonvention des Europarates, die im Juli 2000 verabschiedet wurde, und die nun den Europäischen Staaten zur Unterzeichnung offen steht. Die Definition des Europarates umfasst alle Landschaften, von der pristinen Natur-

• landscapes that are in a religious and spiritual or historical context, like for example the Tongariro National Park (New Zealand), the Maori holy of holies.

Spiritual sites

It is only in recent years that the associative values of gardens and cultural landscapes have been recognized. Kalwaria Zebrzydowska in Poland is a cultural landscape of spiritual significance, representing the Calvaries of Eastern Europe. In a naturally hilly landscape, processions are held at the symbolic points of the Stations of the Cross. This pilgrimage culture and tradition is unchanged since the 17th century.

The spiritual sites among cultural landscapes have a special significance for non-European cultures. Since the 'Associative Cultural Landscape' became a UNESCO Committee category, a series of areas have been recognized: the Royal Hill of Ambohimanga (Madagascar), which consists of a royal city and burial site and an ensemble of sacred places. The ritual practices have been handed down for 500 years, and pilgrims come from Madagascar and other parts of Africa.

The chief's palace still dominates the villages from a hill in the cultural landscape of Sukur (Nigeria); its terraced fields and sacred symbols still physically express the spiritual and material culture of a society.

This concept has proved its worth, ten years after the decision to include complex cultural landscapes in the World Heritage List. It plays an important part in implementing the World Heritage Convention. The Convention was opened up to cultures and regions that were not, or only scarcely, represented before, like for ex-

landschaft bis zur Stadtlandschaft. Abgesehen von ihrer schützenden Funktion soll die Konvention auch ein besseres Verständnis der Bevölkerung für die untrennbare Verbindung von Kultur und Natur bewirken.

Somit entwickelt sich inzwischen aus der Idee des Schutzes herausragender architektonischer und kultureller Objekte sowie einmaliger Naturlandschaften als Welterbe ein integrierter Ansatz sozialer, ökonomischer und kulturell motivierter Entwicklungskonzepte für ganze Regionen.

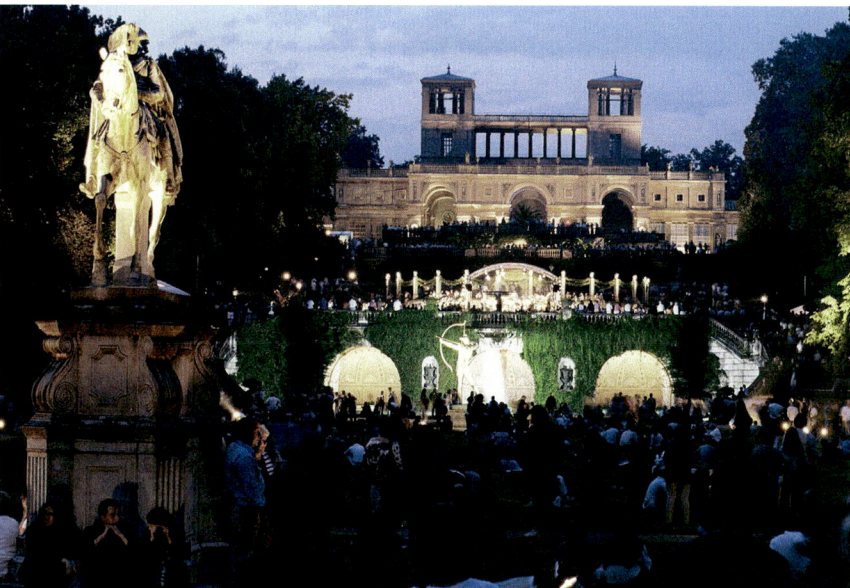

Die Gesamtanlage der Parks von Potsdam ist als Kulturgut von außergewöhnlicher Qualität ein Besuchermagnet
As a cultural heritage of extraordinary quality the total facility of the Parks of Potsdam draws visitors from all over

ample African culture, which arises from the close links between the natural environment and artistic creativity.

The concept of cultural landscape has influenced other conventions, for example the new Council of Europe Landscape Convention, adopted in July 2000 and now ready for signing by the European states. The definition laid down by the Council of Europe includes all landscapes, from pristine natural countryside to urban landscapes. Apart from its protective function, the convention is also intended to help the population to understand more readily how culture and nature are connected. Thus an integrated approach to social, economic and culturally motivated developments for entire regions is emerging from the idea of protecting outstanding architectural and cultural properties and unique natural landscapes as a World Heritage.

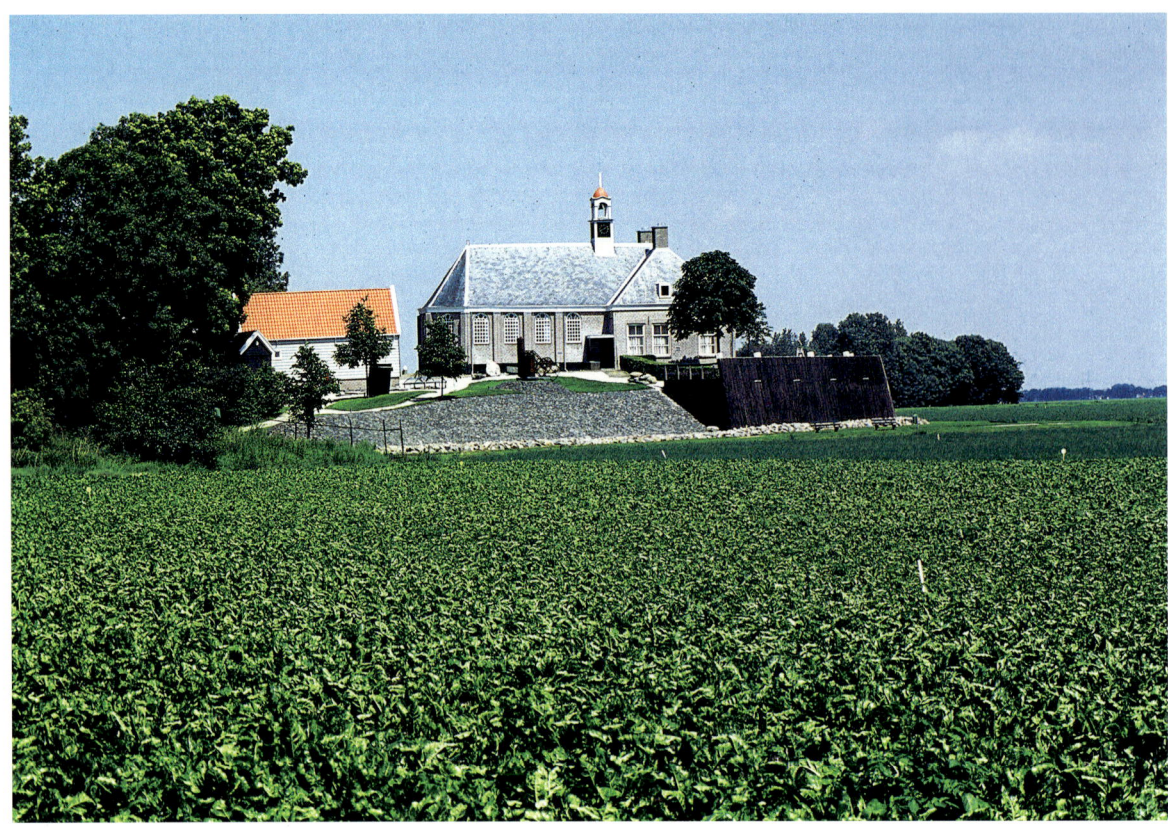

Der Landstrich Schokland in den Niederlanden wurde dem Meer abgerungen und ist ein Beispiel für die Auseinandersetzung zwischen Mensch und Natur
The Shokland area in the Netherlands was won back from the sea and exemplifies the conflict between man and nature

152

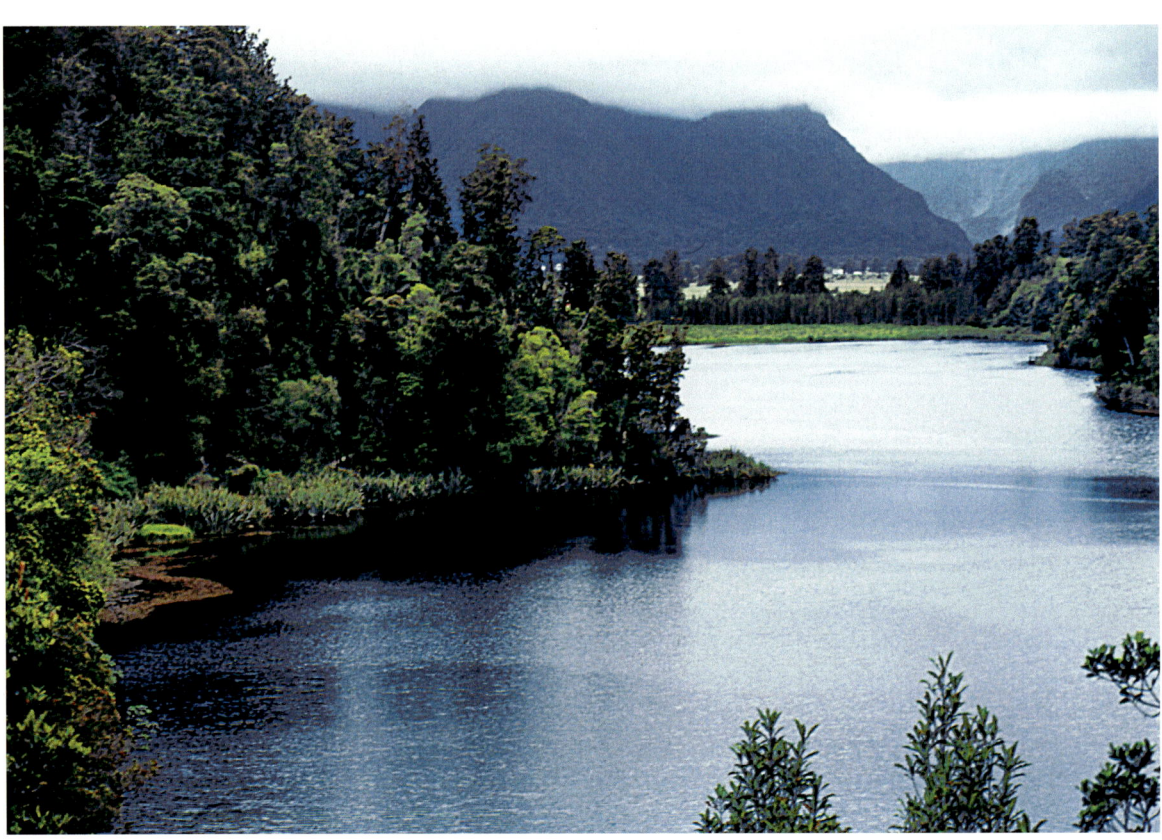

Glaziale Formationen, überlagert durch menschliche Eingriffe beim Abbau von Jade und Mineralien, prägen den beeindruckenden Naturpark Te Wahipounamu in Neuseeland
Glacial formations, superimposed with the effects of human intervention from exploiting jade and minerals, are the main features of the impressive Te Wahipounamu nature park in New Zealand

World Heritage Cultural Landscape

Der Muskauer Park wird durch
die grenzübergreifende
Zusammenarbeit von
Deutschland und Polen zu einem
Modell für die Entwicklung
neuer Regionalstrukturen. Die
Aufnahme in die Welterbeliste
ist beantragt
The Muskau Park, a cross-border
co-operation between Germany
and Poland, is a model for the
development of new regional
structures. Admittance to the
World Heritage List has been
applied for

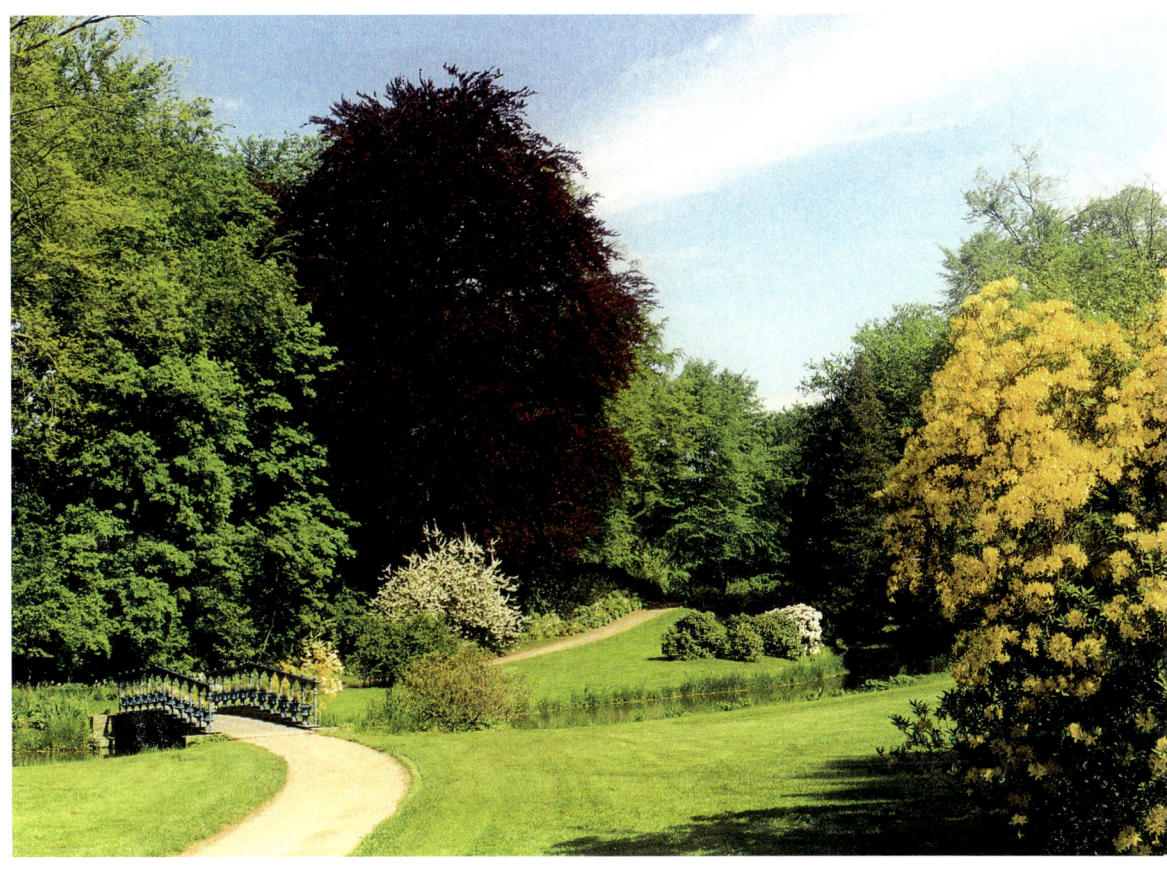

Literatur
von Droste, Rössler, Titchen (Hg.) 1999: *Linking Nature and Culture, Report of the Global Strategy Natural and Cultural Heritage Expert Meeting*, 25 to 29 March 1998, Amsterdam, The Netherlands. UNESCO/Ministry for Foreign Affairs/Ministry for Education, Science, and Culture, The Hague.
von Droste, Plachter, Rössler (Hg.) 1995: *Cultural Landscapes of Universal Value. Components of a Global Strategy*, Jena.

Literature
von Droste, Rössler, Titchen (ed.) 1999: *Linking Nature and Culture: Report of the Global Strategy, Natural and Cultural Heritage Expert Meeting*, 25 to 29 March 1998, Amsterdam, The Netherlands. UNESCO/Ministry for Foreign Affairs/Ministry for Education, Science, and Culture, The Hague.
von Droste, Plachter, Rössler (ed.) 1995: *Cultural Landscapes of Universal Value: Components of a Global Strategy*, Jena.

Preise

Prof. Jörg H. Stötzer, Büro Stötzer & Neher,
Sindelfingen und Berlin – Stadteingang Aalen:
Landschafts-Kunst im Aalener Dreieck
„Das Projekt hebt sich in besonderer Weise vom
Alltag der landschaftspflegerischen Begleitplanung
mit ihren alltäglichen Kompensationsmaßnahmen
ab und zeigt wohltuende Perspektiven auf."

cet-o, Berlin, und kunst + herbert, Hamburg –
Städtebauliches, landschaftsplanerisches Strukturkonzept für Hamburg-Neugraben/Fischbek 2002
„Mit dem Strukturkonzept wird in mutiger Weise auf
das zunehmende Problem reagiert, dass öffentliche
Flächen in städtischen Randbereichen oft nicht mehr
in herkömmlicher Weise bewirtschaftet werden
können."

Prizes

Prof. Jörg H. Stötzer, Büro Stötzer & Neher,
Sindelfingen and Berlin – Entrance to Aalen –
Landscape Art at the Aalener Dreieck
"This project stands out particularly from the hum-
drum compensatory measures of accompanying
landscape conservation in its everyday practice. It
reveals some agreeable alternatives."

cet-o, Berlin and kunst + herbert, Hamburg –
Urban and landscape planning concept for
Neugraben, Hamburg / Fischbek 2002
"This structural concept responds courageously to
the increasing problem that public spaces in peripheral urban areas can often no longer be managed
in the traditional way."

Deutscher LandschaftsArchitektur-Preis 2003 German Landscape Architecture Prize 2003

Würdigungen

Irene Burkhardt Landschaftsarchitekten BDLA,
München – Neubau eines Forschungs- und
Kompetenzzentrums für Bauchemie, Trostberg/
Oberbayern
„Die konzeptionelle Besonderheit der Innenraum-
gestaltung liegt in der Unterteilung in Klimazonen
und Kontinente."

Planergemeinschaft MFO-Park Burckhardt + Partner
AG, Zürich, und Raderschall Landschaftsarchitekten
AG, Meilen / Schweiz – MFO-Park, Zürich
„Das Element ‚Innenstadtpark' wird in die dritte
Dimension gedacht und in bereits vorhandene
Grünanlagen der Stadt Zürich eingebunden."

Häfner/Jiménez, Berlin – Lärmschutzanlage Neue
Daumstraße, Berlin-Spandau
„Die Gestaltung überzeugt durch ihren minimalisti-
schen Ansatz und den bewussten Einsatz land-
schaftsarchitektonischer Gestaltungsmittel."

Commendations

Irene Burkhardt Landschaftsarchitekten BDLA,
Munich – Research and competence centre for construction chemicals, Trostberg/Upper Bavaria
"The special conceptual feature of the interior design
lies in its division into climate zones and continents."

Planergemeinschaft MFO-Park Burckhardt + Partner
AG, Zurich, and Raderschall Landschaftsarchitekten
AG, Meilen / Switzerland – MFO-Park Zurich
"The 'inner city park' element is thought into the
third dimension and tied in with existing parks in
the city of Zurich."

Häfner/Jiménez, Berlin – Noise protection barrier for
Neue Daumstraße, Spandau, Berlin
"The design convinces with its minimalist approach
and the deliberate use of landscape architecture
design tools."

Gruppe F, Bauermeister, Koehler, Pütz, Berlin –
Wiesenpark an der Wuhle, Berlin-Marzahn
„In Zusammenarbeit mit Bewohnern entstand ein
Gelände, das durch landschaftsarchitektonische
Objekte den Menschen Begegnungsräume und neue
Kommunikationsmöglichkeiten eröffnet."

Stephan Lenzen, RMP Landschaftsarchitekten BDLA,
Bonn – Dycker Feld, Zentrum für Gartenkunst und
Landschaftskultur, Neuss
„Die Allee des alten Schlossparks bildet das Rückgrat
der neuen Gestaltung, Chinaschilf ist das bestim-
mende Gestaltungsmittel und schafft durch seinen
schnellen Wuchs übers Jahr hinweg immer neue
Raumeindrücke."

BGMR Becker Giseke Mohren Richard, Berlin, und
archiscape, Berlin – Machbarkeitsstudie zum IBA-
Projekt Wüste/Oase Welzow
„Die Arbeit geht über das klassische Nutzungsfeld
rekultivierter Bergbaufolgelandschaften hinaus und
macht den Zustand einer geschütteten ‚Zwischen-
landschaft' zum Ausgangspunkt einer gestalterischen Inszenierung und touristischen Nutzung."

Büro für Landschaftsplanung Mühlinghaus, Bensheim
und Oberhausen – Hochwasserschutz und naturna-
he Umgestaltung der Schuttermündung bei Kehl
„Das Projekt zeigt eindrucksvoll, wie durch Renatu-
rierung und naturnahen Rückbau der Schutter die
ursprüngliche Auenlandschaft mit ihren mäandrie-
renden Bächen wiederhergestellt werden kann."

Rehwaldt Landschaftsarchitekten, Dresden –
Marienplatz Görlitz
„Der sensible Einsatz von durchgehend einfachen
Materialien sowie die Implantate – Wasserband,
Frauenturm etc. – bilden ein gut funktionierendes
Gesamtkonzept."

Die Jury 2003

Volker Angres, Journalist, ZDF.Umwelt, Mainz
Susanne Burger, Landschaftsarchitektin, München
Adrian Hoppenstedt, Präsident des BDLA
Dr. Arch. Andreas Kipar, Landschaftarchitekt BDLA,
Mailand/Gelsenkirchen
Prof. Dr. Rolf Kuhn, Geschäftsführer der IBA Fürst-
Pückler-Land, Großräschen
Andreas Thierer, ComputerWorks, Lörrach
Christine Wolf, Landschaftsarchitektin BDLA,
Bochum

Gruppe F, Bauermeister, Koehler, Pütz, Berlin – An der
Wuhle meadowland park , Marzahn, Berlin
"Co-operation with the residents produced a site
that opens up places for people to meet and new
communication potential through carefully placed
landscape architecture objects."

Stephan Lenzen, RMP Landschaftsarchitekten BDLA,
Bonn – Dycker Feld, centre for garden art and landscape culture, Neuss
"The avenue from the old Schlosspark forms the
backbone of the new design. Japanese silver grass is
the key design tool; it grows so quickly that it creates
new spatial impressions throughout the year."

BGMR Becker Giseke Mohren Richard, Berlin, and
archiscape, Berlin – Feasibility study for the IBA
Project Welzow desert/oasis
"This piece of work goes beyond the classical uses for
reclaimed mining landscapes and makes the condition of a chaotic 'intermediate landscape' into the
starting-point for designed presentation and tourist
use."

Büro für Landschaftsplanung Mühlinghaus,
Bensheim and Oberhausen – Flood protection and
a natural new design for the confluence of the
Schutter near Kehl
"The project is an impressive demonstration of how
renaturalization and natural regression of the river
can restore the original floodplain landscape with its
meandering brooks."

Rehwaldt Landschaftsarchitekten, Dresden –
Marienplatz Görlitz
"The sensitive use of simple materials throughout
and the implants – water ribbon, Frauenturm etc. –
form a successful overall concept."

The 2003 Jury

Volker Angres, journalist ZDF.Umwelt, Mainz
Susanne Burger, landscape architect, Munich
Adrian Hoppenstedt, president of the BDLA
Dr. Arch. Andreas Kipar, BDLA landscape architect,
Milan/Gelsenkirchen
Prof. Dr. Rolf Kuhn, managing director of IBA Fürst-
Pückler-Land, Großräschen
Andreas Thierer, ComputerWorks, Lörrach
Christine Wolf, BDLA landscape architect, Bochum

155

Zitiert werden jeweils die
wichtigsten Sätze aus den
Begründungen der Jury zu den
Preisen und Würdigungen.
Quotations are from the state-
ments made by the jury to
acknowledge the prizes and
commendations.

Über den BDLA

Im Bund Deutscher Landschaftsarchitekten BDLA haben sich Garten- und Landschaftsarchitekten zusammengeschlossen, um ihre beruflichen Interessen zu vertreten. Zu den Zielen des BDLA gehört die sozial und ökologisch orientierte Siedlungs- und Landschaftsentwicklung sowie Freiraumplanung auf der Basis von fundierten planerischen und gestalterischen Kenntnissen. Mit dem seit 1993 verliehenen Deutschen LandschaftsArchitektur-Preis würdigt der BDLA, ohne Beschränkung auf seine Mitglieder, herausragende Planungsleistungen, die sowohl ästhetisch anspruchsvolle Lösungen als auch ökologische Zielsetzungen aufweisen. Der BDLA ist Mitglied der European Foundation for Landscape Architecture EFLA und der International Federation of Landscape Architects IFLA.
Der Bundesverband hat seinen Sitz in Berlin.

Über die Autoren

Prof. Gerd Aufmkolk, geb. 1943, studierte Landschaftsplanung an der TU Berlin. Selbstständig seit 1974. Büro ‚Werkgemeinschaft Freiraum' in Nürnberg in Partnerschaft mit Franz Hirschmann und Rainer Sinke. Honorarprofessur an der TU München. Landschaftsplanungen vor allem im Zusammenhang mit städtebaulichen Projekten in Bayern und Nordrhein-Westfalen, Wettbewerbe, Objektplanungen. Deutscher LandschaftsArchitektur-Preis 1997 für das Projekt ‚Szenarien zur Entwicklung einer Kulturlandschaft'.

Prof. Dr. Jörg Dettmar, geb. 1958, studierte Landespflege/Landschaftsarchitektur an der Gesamthochschule Paderborn Abteilung Höxter (FH) und Landschaftsarchitektur an der Universität Hannover. Von 1983 bis 1987 selbstständige Tätigkeit als Landschaftsplaner. Von 1987 bis 1991 Wissenschaftlicher Mitarbeiter an der Universität Hannover. 1992 Promotion zum Dr. Ing. mit einer vegetationskundlichen Untersuchung über Industrieflächen und -brachen im Ruhrgebiet. Danach Tätigkeit in verschiedenen Planungsverwaltungen in Niedersachsen und Hamburg. Von 1995 bis 1999 Bereichsleiter bei der IBA Emscher Park GmbH. Seit Anfang 2000 Professor für Entwerfen und Freiraumgestaltung am Fachbereich Architektur der TU Darmstadt.

About BDLA

The Federation of German Landscape Architects BDLA is the professional association of garden and landscape architects in Germany. Among its goals is the socially and ecologically oriented development of the environment as well as open space planning on the basis of substantial planning and design skills.
With the German Landscape Architecture Prize, awarded since 1993 and open also to non-members, the Federation acknowledges outstanding achievements that combine high aesthetic an ecological quality. The Federation is a member of the European Foundation for Landscape Architecture EFLA an of the International Federation of Landscape Architects IFLA.
The national organization of the BDLA is based in Berlin.

About the authors

Prof. Gerd Aufmkolk, b. 1943, studied landscape planning at the Technical University of Berlin. Free-lance from 1974. Practice 'Werkgemeinschaft Freiraum' in Nuremberg in partnership with Franz Hirschmann and Rainer Sinke. Honorary chair at the Technical University of Munich. Landscape planning above all in connection with urban development projects in Bavaria and North-Rhine Westphalia, competitions, project planning, German Landscape Architecture Prize 1997 for the project 'Scenarios for developing a cultural landscape'.

Prof. Dr. Jörg Dettmar, b. 1958, studied natural resource development / landscape architecture at the Comprehensive University of Paderborn, Höxter division, and landscape architecture at the University of Hanover. From 1983 to 1987, free-lance work as a landscape planner. From 1987 to 1991, academic assistant at the University of Hanover. 1992 Engineering doctorate for a study of vegetation on industrial areas and industrial waste land in the Ruhr Basin. Then worked in various planning departments in Lower Saxony and Hamburg. From 1995 to 1999, departmental head at IBA Emscher Park GmbH. From early 2000, professor of design and open space design in the architecture department of the Technical University of Darmstadt.

Joseph Disponzio is a landscape architect. Taught landscape architecture at the Harvard University Graduate School of Design in 1997, then visiting professor in the 'growth and structure of cities' department at Bryn Mawr College. At the time of writing he

Joseph Disponzio ist Landschaftsarchitekt. Er war 1997 Lehrbeauftragter für Landschaftsarchitektur an der Harvard University Graduate School of Design, danach Gastprofessor im Bereich ‚Wachstum und Struktur von Städten' am Bryn Mawr College. Gegenwärtig unterrichtet er Landschaftsgeschichte und Landschaftsarchitektur am College of Environment and Design of the University of Georgia. Seine Wissenschafts- und Forschungsinteressen liegen in der Geschichte und Theorie von modernen und zeitgenössischen Landschaften.

Adrian Hoppenstedt, geb. 1945, studierte Landespflege an der Universität Hannover. Mitbegründer und Teilhaber der Planungsgruppe Ökologie + Umwelt GmbH Hannover, Mitbegründer des Umweltplanungsbüros ÖKOCHANCE in Budapest/Ungarn. Seit 2001 Ordentliches Mitglied des Deutschen Rates für Landespflege (DRL). Seit 2001 Präsident des BDLA.

Annette Jensen, geb. 1962, studierte Politikwissenschaften und Germanistik in Heidelberg und Hamburg. Von 1990 bis 1998 Redakteurin bei der *taz - die tageszeitung*. Dort Mitgründerin des Ressorts Wirtschaft und Umwelt mit den Schwerpunkten Klima- und Verkehrspolitik, Ostdeutschland und Finanzpolitik. Arbeitet heute als freie Journalistin in Berlin zu wirtschaftlichen, umwelt- und bildungspolitischen Fragen sowie zur Zukunft der Arbeits- und Lebenswelt.

Prof. Dr. Norbert Kühn, geb. 1964, studierte Landespflege an der TU München-Weihenstephan. Promotion am Lehrstuhl für Vegetationsökologie der TUM-Weihenstephan. Seit Juni 1998 Dozent für Freilandpflanzenkunde und -verwendung an der TU Berlin, Fachgebiet Landschaftsökologie. 2003 Berufung zum Professor an die TU Berlin.

Dr. Mechtild Rössler studierte Geographie, Germanistik und Soziologie an der Universität Freiburg. Promotion 1988 im Fachbereich Geowissenschaften der Universität Hamburg. 1989/90 Mitarbeit im Forschungszentrum des Museums ‚Cité des Sciences et de l'Industrie' (Paris). 1990/91 Gastprofessorin für Geographie an der University of California (Berkeley, USA). Seit 1991 Mitarbeiterin der UNESCO in Paris und seit 1992 im Welterbezentrum zuständig für Naturerbe und Kulturlandschaften der Welterbekonvention. Derzeit Chefin des für Europäische Regionen zuständigen Welterbezentrums der UNESCO.

is teaching landscape history and landscape architecture at the University of Georgia's College of Environment and Design. His academic and research interests lie in the history and theory of modern and contemporary landscapes.

Adrian Hoppenstedt, b. 1945, studied natural resource development at the University of Hanover. Co-founder and partner of the Ökologie + Umwelt GmbH planning group, Hanover, co-founder of the ÖKOCHANCE environment planning practice Budapest/Hungary. From 2001, full member of the German Natural Resource Development Council (DRL). From 2001, president of the BDLA.

Annette Jensen, b. 1962, studied political science and German in Heidelberg and Hamburg. From 1990 to 1998, editor at *taz - die tageszeitung*. There, co-founder of the economics and environment department, focusing on climate and transport policy, East Germany and financial policy. Now works in Berlin as a free-lance journalist writing on economic, environmental and education policy and the future of the world of work.

Prof. Dr. Norbert Kühn, b. 1964, studied natural resource development at the Technical University of Munich-Weihenstephan. Doctorate in the department of vegetation ecology at the same institution. From June 1998, he taught outdoor botany and plant use at the Technical University of Berlin, specializing in landscape ecology. Appointed professor at the TU Berlin in 2003.

Dr. Mechtild Rössler studied geography, German and sociology at the University of Freiburg. Doctorate in 1988 in the earth sciences department at the University of Hamburg. 1989/90, worked in the research centre at the 'Cité des Sciences et de l'Industrie' museum in Paris. 1990/91, visiting professor of geography at the University of California at Berkeley. From 1991, employed by UNESCO in Paris and from 1992 in the World Heritage Centre, responsible for the natural heritage and cultural landscapes listed by the World Heritage Convention. At the time of writing, director of the European regions department in the UNESCO World Heritage Centre.

Amber Sayah is editor of the *Stuttgarter Zeitung*. Numerous publications on art and architecture, Bundesarchitektenkammer journalists' prize. From 1998, involved with the *Ludwigsburger Architekturquartett*, which subjects buildings from the region to a critical assessment in public debate.

Amber Sayah ist Redakteurin der *Stuttgarter Zeitung*. Zahlreiche Veröffentlichungen über Kunst und Architektur, Journalistenpreis der Bundesarchitektenkammer. Seit 1998 beteiligt am *Ludwigsburger Architekturquartett*, das neuere Bauten aus der Region in öffentlicher Debatte einer kritischen Betrachtung unterzieht.

Imma Schmidt, geb. 1956, ist Landschaftsarchitektin und arbeitet seit Anfang der 1990er Jahre freiberuflich als Fachjournalistin. Mitglied der Redaktion *LA Landschaftsarchitektur/grünForumLA*. Hinzu kommen Presse- und Öffentlichkeitsarbeit, Veranstaltungsorganisation und -moderation und Projektentwicklung, unter anderem des Zentrums für Gartenkunst und Landschaftskultur auf Schloss Dyck (Mittelpunkt der Dezentralen Landesgartenschau 2002). Sie ist maßgeblich beteiligt an der Entwicklung der Straße der Gartenkunst zwischen Rhein und Maas.

Thies Schröder, geb. 1965, studierte Landschaftsplanung an der Technischen Universität Berlin. Fachjournalist im Bereich Landschaftsarchitektur, Städtebau und Regionalentwicklung. Zu seinen Buchpublikationen zählen *Berlin, Berlin – Architektur für ein neues Jahrhundert* (Berlin 1995), *Die Idee der Natur* (Frankfurt/Main 1997), *Inszenierte Naturen. Zeitgenössische Landschaftsarchitektur in Europa* (Basel Berlin Boston 2001) sowie *Gartenkunst 2001* (mit Michael Kasiske, Basel Berlin Boston 2001). Schröder leitet die ts redaktion in Berlin.

Jürgen Schultheis, geb. 1959, Politologe. Stellvertretender Leiter des Ressorts Rhein-Main & Hessen der *Frankfurter Rundschau*. Beschäftigt sich seit einigen Jahren mit den Themen Regionalisierung und Zukunft der Regionen. Gast beim Kolleg der Daimler-Benz-Stiftung ‚Lebensperspektiven in der Zwischenstadt' unter Leitung von Prof. em. Thomas Sieverts. Zahlreiche Veröffentlichungen und Moderationen zum Thema.

Christian Welzbacher, freier Journalist. Unter anderem Mitarbeiter der Zeitschrift *Archis*, der *Frankfurter Allgemeinen Zeitung* und verschiedener Bauzeitschriften. 2001 Kritiker-Förderpreis der Bundesarchitektenkammer. 2002 Stipendium des Internationalen Journalistenprogrammes (IJP) für einen zweimonatigen Arbeitsaufenthalt in den Niederlanden. Seit Mitte 2002 Stipendiat der Gerda-Henkel-Stiftung Düsseldorf für eine Promotion zum Thema ‚Staatsarchitektur der Weimarer Republik'.

Imma Schmidt, b. 1956, is a landscape architect and has been working as a free-lance specialist journalist since the early 1990s. Member of the *LA Landschaftsarchitektur/grünForumLA* editorial board. Also press and publicity work, organizing and presenting events and project development, including the Castle Dyck Centre for Garden Art and Landscape Architecture which was a focal point of the regional horticultural show ('Dezentrale Landesgartenschau') 2002. She is considerably involved developing the Garden Art Road between the Rhein and the Maas.

Thies Schröder, b. 1965, studied landscape planning at the Technical University of Berlin. Journalist specializing in landscape architecture, urban and regional development. His books include *Berlin, Berlin – Architektur für ein neues Jahrhundert* (Berlin 1995), *Die Idee der Natur* (Frankfurt am Main 1997), *Changes in Scenery. Contemporary European Landscape Architecture* (Basel Berlin Boston 2001) and *Garden Art 2001* (with Michael Kasiske, Basel Berlin Boston 2001). Schröder heads the editorial office 'ts redaktion' in Berlin.

Jürgen Schultheis, b. 1959, political theorist, second editor of the Rhine-Main and Hesse sections of the *Frankfurter Rundschau*. Has been addressing the themes of regionalization and the future of the regions for some years. Guest of the Daimler-Benz Foundation course "Life perspectives in the 'Zwischenstadt'", under the direction of Prof. Emer. Thomas Sieverts. Numerous publications and presentations on the subject.

Christian Welzbacher, free-lance journalist. Work for publications including the magazine *Archis*, the *Frankfurter Allgemeine Zeitung* and various building magazines. 2001 Bundesarchitektenkammer critics promotion prize, 2002 International Journalists' Programme (IJP) scholarship for a two month stay in the Netherlands. From mid 2002, scholar at the Gerda-Henkel-Foundation, Düsseldorf, for a doctorate on 'State Architecture for the Weimar Republic'.

Bildnachweis Illustration credits

Aurin, Angela: 113 u.
Bach, Christian: 151
Batt, B. und Huber, K.: 107 u.
BGMR: 118, 119
birkigt-quentin: 60, 61
Bresch, Jochen: 116, 117 u.
Broermann, Klaus: 89 m., u.
Brüser, Tina: 38, 39, 49
Burkhardt, Irene: 104, 105
Büro Kubitza: 75
cet-o: 99, 100, 101, 103
Charaffi, Fabian / UNESCO: 138, 139
Die LandschaftsArchitekten Bittkau-Bartfelder +
  Ingenieure: 83 o.
Dietz Joppien Architekten: 58, 59, 121 u.
Dreppenstedt, Claas: 30
DS Landschapsarchitecten: 29 o.
Forbes, Inez / UNESCO: 152 u.
Gewässerdirektion südlicher Oberrhein: 117 o., u.
Girot, Christophe: 137
Grau, Steffen: 55 o.
Grünflächenamt Hannover: 32 m.
Gruppe F: 110, 111
Häfner/Jiménez: 108, 109
Hagel, Haakon: 33 u. r.
Hanke + Partner: 86
Heintze Landschaftsarchitekten: 32 u., 33 o.
Heinze, Sven O.: 44 u.
Huth, Susanne: 45
Isterling & Partner Landschaftsarchitekten BDLA: 74,
  121 o.
Janson + Wolfrum: 78, 79
Joosten, Hanns: 28, 29 u., 34, 35
Kluska, Peter: 76
Kolat, Canan: 115 u.
Kraus, Tim Corvin: 50, 56, 57
Kühn, Dr. Norbert: 120, 122, 123, 124, 126, 127 u., 128 o.,
  129 o., 130, 131
Kunze, Hans-Wulf: 31 o. l., u.
Lacoudre, Anthony/UNESCO: 152 o.
Lindemann, Klaus E. R.: 32 o.
Lio, Michael: 42, 43
Logo Verde: 84
lohrer.hochrein: 31 o. r.
Mahl Gebhard Landschaftsarchitekten: 88, 89, 125
Michor, Klaus: 83 u. r.
Mitkovska, J. A./UNESCO: 148 u.
Mudra, Thomas: 72
Müller-Naumann, Stefan: 52 u.
Neumann Gusenburger: 53
Neumann, Klaus D.: 51, 52 o.

Pauly, Karl: 115 u.
Planergemeinschaft MFO-Park: 106, 107 u.
Planungsbüro Grebe + Steinert: 81 o., u. r.
Poly, Regina: 77, 127 o.
Pütz, Gabriele: 153
Pulkenat, Stefan: 128 u., 129 u.
Rehwaldt, Till: 112, 113 o.
RMP Landschaftsarchitekten: 114, 115 o.
Sá, Jacqueline de: 71, 83 u. l.
Schirmer und Partner: 36, 37
Schmidt, Rainer: 54, 55 u.
Schoppe, H. O. Dieter: 73
Schröder, Thies: 145
Sieraczynsky/UNESCO: 148 o.
Spaceunit Network: 85
Spier-Donati, M./UNESCO: 146 o.
Stötzer & Neher: 93, 94, 95, 96, 97
TGP Landschaftsarchitekten: 90, 91
UNESCO: 141, 142, 143, 146 u., 147, 149
Vogt, Gabi: 44 o.
Voskamp Landschaftsarchitektur: 87
Werkgemeinschaft Freiraum: 81 u. l.
WES & Partner: 8, 9, 10, 11, 12, 13, 14, 15, 16, 17, 18, 19, 20,
  21, 22, 23, 24, 25, 26, 27

Index of Names and Projects

164